[加] 戴维·欧瑞尔（David Orrell）◎著
闫丛丛 侯卫蔚◎译

量子经济学

中国科学技术出版社
·北京·

Money, Magic, and How to Dismantle a Financial Bomb: Quantum Economics for the Real World by DAVID ORRELL
Copyright ©2022 DAVID ORRELL
This edition arranged with Icon Books Ltd., UK & The Marsh Agency Ltd. through BIG APPLE AGENCY, LABUAN, MALAYSIA.
Simplified Chinese edition copyright ©2022 China Science and Technology Press Co., Ltd.
All rights reserved.
北京市版权局著作权合同登记　图字：01-2022-3562。

图书在版编目（CIP）数据

量子经济学 /（加）戴维·欧瑞尔（David Orrell）著；闫丛丛，侯卫蔚译 . — 北京：中国科学技术出版社，2023.4

书名原文：Money, Magic, and How to Dismantle a Financial Bomb: Quantum Economics for the Real World

ISBN 978-7-5046-9926-8

Ⅰ . ①量… Ⅱ . ①戴… ②闫… ③侯… Ⅲ . ①经济学—研究 Ⅳ . ① F0

中国国家版本馆 CIP 数据核字（2023）第 032332 号

策划编辑	申永刚　牛岚甲	责任编辑	申永刚
封面设计	创研设	版式设计	蚂蚁设计
责任校对	张晓莉	责任印制	李晓霖

出　　版	中国科学技术出版社
发　　行	中国科学技术出版社有限公司发行部
地　　址	北京市海淀区中关村南大街 16 号
邮　　编	100081
发行电话	010-62173865
传　　真	010-62173081
网　　址	http://www.cspbooks.com.cn

开　　本	880mm×1230mm　1/32
字　　数	259 千字
印　　张	13
版　　次	2023 年 4 月第 1 版
印　　次	2023 年 4 月第 1 次印刷
印　　刷	北京盛通印刷股份有限公司
书　　号	ISBN 978-7-5046-9926-8/F · 1096
定　　价	79.00 元

（凡购买本社图书，如有缺页、倒页、脱页者，本社发行部负责调换）

目 录

○ 绪论

○ 第1章　嬗变
1.1　量子炼金术　034
1.2　博物学家　035
1.3　现实当真如此吗？　038
1.4　免费的午餐　041
1.5　土地银行　044
1.6　黑魔法　055

○ 第2章　穿透术
2.1　魔法学校　067
2.2　万物皆数字　069
2.3　虚拟现实　072
2.4　量子具有性别特色　075
2.5　阿波罗的货币　082

○ 第3章　是，亦非是
3.1　新范数　091
3.2　叠加　095
3.3　兼而有之　099

	3.4 神奇的一分钱	102
	3.5 信用量子	104

第4章 消失术

4.1	调高音量	117
4.2	消极的魔法	120
4.3	前方高能	123
4.4	软科学	127
4.5	洪水猛兽	131
4.6	量子禁忌	134
4.7	魔幻现实主义	138

第5章 原子货币

5.1	开采美元	153
5.2	一件微不足道的事情	156
5.3	保留符木	159
5.4	熵	161
5.5	强核力	169

第6章 不是相交而是波浪

6.1	X 特殊标记	177
6.2	交易倾向性	181
6.3	价格震荡指标	186
6.4	量子质量	190
6.5	不确定性原理	192

| | | 6.6 | 理论盲区 | 196 |

○ 第 7 章	7.1	巧手	206
实用转换	7.2	有效用是什么意思？	209
	7.3	避之不及	212
	7.4	添加一些本轮	215
	7.5	接受一种你能理解的新理论	218

○ 第 8 章	8.1	精神干涉	232
思想与	8.2	纠缠电路	235
货币	8.3	移动高山	238
	8.4	不要把事实带入争论	241
	8.5	资不抵债	243
	8.6	量子阈值效应	246

○ 第 9 章	9.1	逃出牢笼	261
纠缠的	9.2	末日机器	263
抉择	9.3	把博弈论和量子联系起来	265
	9.4	量子纠缠程度	268
	9.5	公众物品	271
	9.6	打开科学之门	274

○ 第 10 章	10.1	与天使对话	286
机器人	10.2	纯粹的机器	287
大脑	10.3	算命师	290
	10.4	数学家	295
	10.5	如何预测未来？	299
	10.6	量子预测	303

○ 第 11 章	11.1	置换术	319
华尔街的	11.2	代号炼金术	321
量子漫步	11.3	校准错误	324
	11.4	超自然分布	326
	11.5	平价期权	329
	11.6	光速选项	333

○ 第 12 章	12.1	大众何在？	348
货币的	12.2	电费账单	354
力量	12.3	不要关灯	357
	12.4	货币的颜色	361
	12.5	快速的时代	364

○ 第 13 章	13.1	增殖反应堆	375
拆弹小组	13.2	我们何时才会害怕？	376

13.3	三步走战略	379
13.4	让人纠缠的货币魔术	384
13.5	量子跃迁	387
13.6	秘密	393
13.7	消极魔法	396

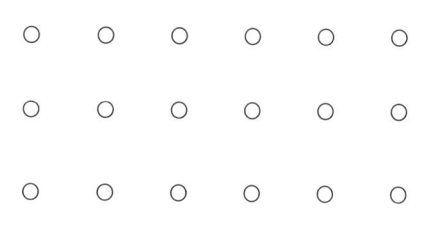

绪论

O

一直以来，货币总让人联想到某种魔法，而金融则总让人联想到炼金术。说到底，不过是在一张纸上印上了数字，怎么就会被人当成是金子做的呢？

货币还有其他一些显而易见的神奇属性，它生于无形——消失时也不过就如一缕青烟。它可以跨越空间，可以无限增长，也可以在毫无征兆的情况下突然崩溃。

货币跟世上一切万物都不一样——唯一的例外就是，它也遵循宇宙的基本运行规律。

通过借鉴量子经济学这一新兴领域的发现，希望本书能引导读者了解货币、金融以及量子背后的原理——并揭示出我们该如何拆除金融这样一枚威胁到社会凝聚力、金融稳定性乃至整个星球的"核弹"。

* 核化 *

图 1 和图 2 展示了两种乍看之下毫不相干的现象。图 1 的照片拍摄于 1945 年，是一台核装置的首次大爆炸，也就是三位一体核试验（Trinity test）。图 2 的照片是我在多伦多所住的

街道上的一栋空房子。这张照片是我女儿拍摄的,她要完成高中地理课的一个项目。当时正值新冠疫情肆虐期间,学校全部关闭,采用线上教学。学生们要在家附近选取一些有趣的事物拍照,还要在照片上简单写几句话,她选择了这所房子作为拍摄对象。这所房子彼时已经空了一年多,到我写作这本书时还空着。前门上的标志是拆迁通知,但时至今日,这所房子还在那儿立着。

图1 三位一体核试验

图2 多伦多的一栋空房子

我们第一次到这附近时,是想在这条街上租个住处,当时这所房子——一处在高价地段的独立房产——里面还住着一位老人。我跟他聊过几次天,了解到他曾经是一名化学工程师,还是一位气候变化怀疑论者(他告诉我他曾就这个话题给报社写过信)。一天,这所房子空了,我后来才知道他死了。这所房子明显被买卖过不止一次,但还是空着。它最后一次的售价是 224 万加元(约合 180 万美元)。我们做个类比你就会对这个数字更有概念了,这个价格在多伦多相当于个人收入中位数的 64 倍,对于有两个工薪成员的家庭来说,相当于其总收入的 32 倍。[1] 在安大略省收入为省最低工资标准的人压根儿不要想着入手,因为这笔费用相当于要连续全职工作 100 年才够,如果再算上生活费等杂费的话,得好几百年才够。[2] 这所房子的价格相当于全球中位数收入的 180 倍,对全世界大多数人而言,假如他们碰巧在网上看到这所待售的房子,简直是想都不敢想——尤其是对占世界约 10% 的极度贫困人群来说,这些人在极度贫困的地区生活,一天也就挣几美元,整个村子辛辛苦苦干一辈子,恐怕也难以挣到这个数。①

那么这两张照片之间有何关联呢?其中一个关联就是,至少对于不了解情况的人,或者是冷眼的旁观者而言,两者似乎

---

① 因为当前市场比较动荡,在我写本书时,这所房子的售价很可能达到了 400 万美元。

都涉及某种魔法。不到一千克的核物质如何能够产生巨大的蘑菇云？这样一栋房子何以会值这么多钱？

另外一个关联就是它们都涉及某种能量，后面我们会看到，它们与货币的关系十分密切。要计算类似房子这样的金融资产同能量的关系有很多方式，但可能最简单的就是按照一桶石油的价格来评估，可以把油价看作是经济领域的能量衡量指标。如果我们假定每桶油的单价是约60美元，后面的章节中我们会发现这个价格是比较接近长期平均值的，那栋房子的售价就相当于30000桶石油——真的是很多油了。想象一列40节油罐的火车，你心里就会更有数了。[3] 我们也可以换个方法，将经济看作一个热力系统，算算需要多少物质能量才能维持该系统，后面我们会看到，其实这两种算法的结果是比较接近的。

与此同时，三位一体核试验的核弹释放了约2.2万吨TNT炸药的爆炸当量，这个数字是十分可怕的。因此，说实话，这所空房子所含（隐含）的能量比三位一体核试验爆炸所释放的还多，多伦多很多类似的独立房产也是同理，全世界很多城市中的房子也是同理。[4] 这背后到底是有什么魔法呢？

不过我们会看到，核装置和这所房子之间最直接的关联就是它们都依赖技术，这种技术看似很神奇，但其实称之为量子更贴切。虽然这所房子看似并非随时就要爆炸，但它的确构成了一枚与众不同且威力更大的核弹，其裂变物包括一切事物，无论是发薪日贷款[①]，还是说不清道不明的金融衍生品。

这枚金融核弹不是三位一体核试验的核弹，但它的影响甚至大于全世界所有核装置的总和，是后者的许多倍。一旦处理不当，就会导致金融行业的核冬天。

* 量子等于多少 *

当然了，把货币古老的魔法形式同先进的量子技术做比较似乎有点儿怪，但是货币虽历史悠久，却仍旧具备让人惊异的能力。车轮大概是在同时期发明的，可我们并不会总是因为其显著的特性而吃惊。但货币不同，它有一种特殊的魔法，会让我们不停地感到惊讶或激动。假设货币在拉斯维加斯有表演，那这场表演可以一直持续下去。实际上，它的确在拉斯维加斯有表演——名字就叫赌场。

货币的运作方式就如同变魔术一样，笼罩着一层神秘的氛围（假设我们真能做到先把赚钱放一边，花点儿时间想想这个问题）。一方面，我们习惯把货币看作是非常普通的计量工具，无非就是电子表格中的数字或者我们口袋里的硬币罢了，要遵循枯燥无味的加减定律、盈亏法则等。这种想法对我们认识货币是无益的，就像一位私人财务顾问所说的："货币就是禁忌，

---

① 发薪日贷款即国内的小额现金贷。

大多数人不会谈钱，而恰恰因为他们不谈钱，他们不懂钱。"后面我们会讨论到，这种货币禁忌确实广泛存在。但如果我们想得再深入一些，实际上货币的本质就是一团谜。这些印了数字的纸——又或者，按照当今更常见的认知，以电子形式存储在账户中的数字本身——何以被神化，并时而成为社会的核心驱动力与凝聚力？哪怕是经济学家和金融专家似乎都有些凌乱与困惑，从他们无法预测与有效运用这股力量中就可看出端倪。

货币和金融领域会让人联想到魔法与炼金术，这其实没什么好惊讶的，有一部介绍定量分析师的纪录片，名为《金融工程：华尔街的炼金术师》(*Quants: The Alchemists of Wall Street*)；还有一本关于央行高管的名著，名为《中央银行简史》(*The Alchemists*)；欧洲央行（European Central Bank）的一位成员表示："我们都是会魔法的人，每一次我们拿出什么东西投放到市场上——都像是从帽子里变出一只兔子来。"在纽约联邦储备银行（New York Federal Reserve）的理查德·齐纳（Richard Dzina）看来，只需按下一个按钮，开启"一个奇妙的过程"，货币就这样诞生了。曾任魏玛共和国（Weimar Republic）时期德意志银行（Reichsbank）行长的亚尔马·沙赫特（Hjalmar Schacht）曾在自己 1967 年的著作《货币的魔法》(*The Magic of Money*) 一书中写道："货币真的是一个不可思议的东西……就因为我能够掌控它，我为自己赢得了魔术师，也可以叫巫师的名号。"⁵哪怕是美金上面都有一双全知之眼，恰似露天市场上的读心人那样。

不过本书将会展示货币之所以具有如此奇特的属性，是因为我们是用经典的操作系统下的思维模式看待它，而正如量子计算机用量子版本替代了原来的经典逻辑，我们也需要升级自己的思维操作系统才能理解货币。而且正如任何的技术或者魔术既可以用于创造，也可以用于毁灭一样，货币系统本身也是既可以用于行好事，也可以用于做坏事。

正如评论家们经常指出的那样，世界经济正面临着一系列相互关联的问题：社会不平等、金融不稳定以及迫在眉睫的环境灾难的威胁等。所有这些问题都有一个共同的主线，那就是货币、金融以及退休账户等虚拟经济，同物、人以及地球等实体经济之间的冲突；是抵押贷款与你的容身之所之间的冲突。本书将会提出，这种冲突是货币的量化及二元性所固有的，从"量子"这个词中也可以看出来，它源自拉丁语的"多少"——这个东西值多少钱中的多少。

不平等在某种程度上是一种"自然"现象，⁶而且成因很多，但是据法国经济学家托马斯·皮凯蒂（Thomas Piketty）观察，极度不平等的主要诱因就是，自古以来，金融投资的回报率一直高于经济增长速度。而富人的很多收入往往源于虚拟投资，这样就可以通过继承的方式为整个家族保留财富，而其他人的收入则主要源于薪资，结果就是一个正向反馈回路，富人越来越富，很是神奇。短短几年，我的这位工程师邻居通过他的房产增值挣到的钱可能是自己工资的好几倍，而年轻一代可能会发现他们未来的生活标准既取决于他们挣多少钱，也取决于他们所继承的东西，两者同样重要。不过，还有一个相关的原因是，正如主流经济学家所描述的那样，货币并非只是价值尺度、流通方式和储藏手段，而更像是权力的源泉，而权力本身就是不平等的。自动化和机器人技术只会加剧这个趋势。

金融不稳定在很大程度上是由一种类似的动态变化所引发的，也就是，至少在繁荣时期，信贷增长速度超过了经济增长速度。如今，千禧一代或 Z 世代[①]如果想要在多伦多买一套类似的房子，即便是获得了其"父母银行"所给的贷款，可能也不得不背负巨额债务才能负担得起。至少他们不会孤单：根据国际金融协会（Institute of International Finance）的数据，2020年全球债务，包括家庭、公司和政府的债务在内，在 5 年内增加了约 1/3，增长至约 2750000 亿美元。正如海曼·明斯基（Hyman Minsky）等经济学家长期以来所主张的那样，信贷本质上是不稳定的，因为它是在经济运行良好时积累起来的，而在危机期间，贷款人都不约而同地想要停止发放借款或者提前收回借款。[7]

[①] 千禧一代指出生于 1982 年到 2000 年的人，Z 世代指出生于 1995 年到 2009 年的人。

如今，高度复杂的金融衍生品使情况更加恶化，这些金融衍生品代表着对金融资产价格的押注，即使是出售这些金融资产的银行家也对其动态知之甚少。[8]这些金融衍生品的名义价值大约是10000000亿美元，这确实是一个神奇的数字，因为它比世界经济总和还多。[9]加拿大央行通过压低利率从而降低贷款成本，然而加拿大经济学家威廉·怀特（William White）指出，"压低利率只会导致金融体系越来越不稳定。"而正如政治经济学家苏珊·斯特兰奇（Susan Strange）在其1986年的著作《赌场资本主义》（*Casino Capitalism*）中所写的那样，正是"世界金融体系长期存在的不稳定性"导致了"想要获得收益面临的社会风险越来越大，机会分配存在差距和不平等"。[10]虽然任何人都可以参与市场押注的游戏，但一旦出现异常，只有那些大型的、有能力的公司才能安然无恙，而这恰恰也是这些公司的惯用招数。[11]

我们的金融体系面临的最紧迫的问题是由另一种增长失衡所引发的，即以材料和能源使用等投入以及产品和污染等产出为代表的实体经济，与自然极限存在冲突。虽然债务可能是虚拟的，但在推动实体经济活动方面，它既是一根胡萝卜，也是一根大棒。信贷允许企业、政府和个人推进他们的计划；但与此同时，贷款就要收取利息，也就意味着经济必须持续增长，消耗更多的能源和资源，才算达成了发展目标，但地球资源有限，于是问题就出现了。正如生态经济学家内特·哈根斯

（Nate Hagens）所指出的："推动当前全球经济和生态发展的几种动力，包括能源、信贷、增长，是最重要却也最不为人理解的现象。"[12] 耸立在繁华街道上的空房子，可能看似是减少而非增加有害气体的排放，但正如我们稍后将讨论的那样，总的来说，房地产-金融综合体是气候危机的一个主要推手，它绝对算不得低碳。

* 疫情之下 *

新冠疫情又为这些相互关联的问题创造了新的焦点，以下是2020年的一些新闻头条：

"美国2200万人失业，抹去过去10年新增就业数。"
——4月16日，《华盛顿邮报》（*Washington Post*）

"美股创下自1987年以来最好单月表现。"
——4月30日，《纽约时报》（*New York Times*）

"气候危机：新冠疫情期间全球碳排放量减少17%。"
——5月19日，《独立报》（*Independent*）

"所谓'必要行业工作者'不过是强征劳工罢了。"
——5月21日，《华盛顿邮报》

"疫情肆虐导致千百万计英国家庭债务激增。"
——6月9日，《独立报》

"疫情期间美国亿万富豪的财富增加近三分之一。"

——9月17日,《卫报》(Guardian)

"新冠疫情引发前所未有的全球'债务海啸'。"

——11月18日,《金融时报》(Financial Times)

"疫情之下违约频频,非洲'债务海啸'引人担忧。"

——11月25日,《卫报》

在加拿大,房地产经纪人很快就开始到处游说,以"住房是生活的基本必需品之一"为由,将自己定义为"必要行业工作者"(即使住房价格高得离谱)。然而,疫情暴露了一件事,那就是财务健康和身体健康之间的联系,这一点从隐居在豪宅里的富人和经常住在拥挤的房子里、依靠公共交通出行的真正的必要行业工作者的生存差别就可以看出来。更不用说在这个城市里,越来越多的无家可归的人只是需要一个栖身之所。而在多伦多,这场危机的一个更明显的标志是城市周围涌现的帐篷,人们觉得住在帐篷里反而比住在拥挤的避难所里更安全。难怪联合国把类似的房地产泡沫看作是一个人权问题。

这场危机以前所未有的方式突显出虚拟经济和实体经济之间的脱节,股市和房地产市场的失业率都创下了历史新高。疫情还调侃了一把市场价格反映内在价值的观点,因为此时市场价格飙升的主要原因是各国央行的大规模干预,包括购买债券以压低抵押贷款等各类贷款的利率,这相当于向资本市场提供了一项巨大的、促进不平等的补贴（据最新统计，加拿大中央银行[①]的未偿政府债券的总持有量为40%）。

这场疫情暴露出我们以债务为基础的经济模式本质上是十分脆弱的，大约有一半的加拿大工人在拿政府补助，1/6 的抵押贷款持有人申请了延期还款。英国慈善机构 StepChange 在 6 月发出提醒，"债务海啸"（这个词很受报刊记者的青睐，从上面所举的几个例子就能看出来）可能需要数年时间才能解决。最后，这场危机让世界各地的人们尝到了减缓排放的滋味——减少燃油消耗——并表明，当我们的个人安全受到威胁时，我们愿意暂停某些经济领域的发展。

不平等、债务和环境破坏这三种增长动力加在一起，形成了一枚金融版的核弹。世界各地的政策制定者虽然担心它最终会爆炸，却一直不敢拆除它。而构成这枚核弹的原子核的正是我们的货币系统，它犹如炼金术一般将真实和虚拟融合在一起，创造出一股不断扩张但最终会自我毁灭的信贷和债务流。

* 货币魔法 *

亚瑟·查尔斯·克拉克（Arthur Charles Clarke）曾经写道："任何非常先进的技术，都无异于魔法"，而本书将会提出，可

[①] 加拿大央行，Bank of Canada。

以将货币体系看作一种量子化的社会技术，其量子特性带给人魔法的幻觉，赋予了货币力量。举几个货币具有神奇能力的例子，货币可以瞬间从一个地方转移到另一个地方（魔术家称之为移位术，Transportation Trick，对货币来说就是人在商店轻轻松松刷个卡而已）。货币可以从金属形式变为纸质形式，再到账户中的数字（改变术，Transformation Trick）。它可以由银行无中生有地制造出来（制造术，Production Trick），也会消失于无形（消失术，Vanish Trick）。它可以将一所房子的售价抬高到天价（飘浮术，Levitation Trick），也可以使经济达到表面的平衡（复原术，Restoration Trick）。我们会看到，所有这些戏法并非真的源于魔法，而是源于货币的量子特性。而只有把这样一种显著的特性重新引入经济学体系下讨论，我们才能够处理不平等、不稳定以及环境破坏等问题。

主流经济学家一直都不太重视货币，因为它不符合经济学家所倡导的经济运作思维模式。这种模式关注的是"实实在在的"物品，例如生产的东西或者商品，或者是关注服务，后者是由真正的人力劳动所产生的。正如保罗·萨缪尔森（Paul Samuelson）在自己的经典著作《经济学》（*Economics*）中所写的："如果我们剥去掩人视线的货币表皮，就会发现，人与人之间或国与国之间的贸易不过是多方面的物物交换而已。"[13] 当然也要考虑类似专利这样的法律行为，但我们会把这些看作是与实物对应的思维——是可以拥有或者出售的想法，就像是财产权。而且因为经济学家考虑的是均值与总量，如果一个人欠另一个人钱，那最终的净效应就是零。诺贝尔经济学奖得主保罗·克鲁格曼（Paul Krugman）就曾在推特上对自己的460万关注者大声疾呼："债务就是我们欠自己的钱"。按照这个逻辑，难道盗窃也不算问题了吗？但是本书将提出，经济是由经典理论分析所无法理解的力、纠缠以及权力关系所驱动的；如果我们要更好地分配我们的能源与资源，就需要换个方式来看经济。

物理学的发展经历了从亚里士多德的均衡观，到17世纪时牛顿的力学观，再到20世纪的量子观的过程。在量子物理中，物质具有波和粒子两种特性。比如说，一个量子粒子的位置可以用概率"波函数"来描述，只有在测量时才会"坍缩"为一个具体的值。实体也可以是以一种神秘的方式相互纠缠，乃至于在对一个物体进行测量时可以显露有关另一个物体的信息。物质不再是遵循力学定律的独立物体，而是更接近一种变化的、整体的、不确定的信息形式，此时测量本身就是问题，而所得到的回复取决于测量的背景与时机。

我们会看到，与之相反的是，经济学很长时间以来一直囿于亚里士多德时代的均衡观。经济学家认为很难在本领域内为类似力或者质量这样的概念找到有意义的对应，原因很简单，货币的表现并不同于经典的物体。然而，本书的目的并非直接把经济学同量子物理相结合，而是与一种更为简单却深入的东西相结合——即我们所谓的思维操作系统,这套系统决定了我们如何看待和体验世界。要做到这一点,我们需要引入量子数学。

当我们在日常生活中使用"量子"这个词时,马上就会联想到一个奇怪而诡异的世界,在这个世界中,物体可以从一个地方转移到另一个地方,一只猫可以既生又死。正如我们后文会讨论到的,这种神秘色彩有一部分是故意设计出来的;但这点很不幸,因为它不利于我们理解真正的量子方法,它实际上就是一套数学工具,可以用于不同的情境,从亚原子世界再到人的行为。

当然了,对经济学的一个普遍的批评就是太过于重视复杂的数学——但是作为一名应用数学家及作家,我相信文字和符号是可以合力的。新古典经济学家阿尔弗雷德·马歇尔(Alfred Marshall)曾在给年轻同事的一封信中这样描述自己的系统:"(1)把数学当作一种速记的语言,而非探索的引擎。(2)坚持这样做下去直至完成。(3)将之翻译为你的母语。(4)然后再用真实生活中的重要实例来论证。(5)彻底抹去其中的数学部分。(6)如果你第四步失败了,那就放弃第三步,这条我倒是经常做。"[14]而我本人采取了一个稍微不同的策略。

我在自己的作品《量子货币》中曾经以尽可能简明的语言描述了经济学如何可以量化,这本书借鉴了很多不同领域研究者的见解,例如量子认知、量子金融,并用一种量子化的价值理论将之融合，同时提出，货币具有真实/虚拟双重属性。它的专业版姊妹篇《量子经济学与金融：应用数学入门》(*Quantum Economics and Finance: An Applied Mathematics Introduction*)以数学方程式的形式传递了这些观点，并进一步延伸到新的领域，包括类似金融期权的定价、错综复杂的供求关系，以及由货币自身所存储的能量。

虽然我本人并非学者，但我在专业的科学期刊上发表了很多个人的成果，涉及的领域从量子数学到国际关系再到经济学与定量金融；而且我也翻阅了大量开展本学科及跨学科研究的学者的作品。本书将会把这些新发现重新转换为通俗语言（非学术语言那种）并向读者展示如何将这些新发现用于我们当今所处的情境。很多书都会许诺为读者呈现一种新的经济学或者经济认知，但是就本书而言，书中观点并非源于某一种意识形态，而更多是一种完全不同的逻辑和概率形式。

那么我会提出哪些量子概念呢？以下是几个简单的例子：

- 货币具有双重属性，既是虚拟的数字，又是真实的、所拥有的事物；
- 货币会跃迁，而非连续移动；
- 人并不遵守经典逻辑，也不遵守行为经济学中所使用的经典逻辑的改良版；
- 金融体系让人在债务的网中相互纠缠；

- 经济行为会受到类似主观感受和利他主义等事物的影响；
- 经济是一个动态系统，也就是说，它是变动的；
- 交易在本质上是概率性的，而非确定的；
- 货币属于无中生有，这是经济学中最重要的现象，却也是最不为人所理解的；
- 持续的增长是无法维系的；
- 职业道德很重要。

主流经济学家所兜售的故事包括，神奇的推动价格达到均衡的"资本主义市场中看不见的手"（Invisible Hand of Capitalism）；或者同样令人惊叹的"有效市场假说"（Efficient Market Hypothesis），声称价格包含了所有可用的信息，简直不可思议；如果相比之下，本书这些建议都似乎是显而易见又平淡无奇的，不必担心——这就对了。我们后面就会发现，这些提议同主流经济学（以及很多这方面的非主流经济学）的一些基本理论并不相容，至少在没有本轮（Epicycle）①的情况下是这样的。而所有这些提议加在一起，将会为新经济学指明道路，这种新经济学不需要这些笨拙的附属物，而是接受了货币

---

① 本书作者曾在《量子货币》一书中引入"本轮"这一物理学概念，即古代天文学家常在地心模型中加入本轮以修正模型从而匹配历史数据，作者以此类比，代指经济学家采用同样的方法修正自己的理论以达到预期效果。——译者注

真正神奇且富于创造力的属性。

＊ 思维核弹 ＊

所谓量子自然语言处理这一领域是基于这样一种想法：可以将语言视为一个量子系统，在这个系统中，单词通过语法和意义粘合，形成如剑桥量子计算公司（Cambridge Quantum Computing）的研究人员所说的"纠缠的整体"。我们也可以将这本书看作是一系列的量子：各个章节的主题是独立的，但同时又是相互纠缠的。第1章描述了货币创造这样一个如炼金术般的过程。第2章探究了货币的两面性，以及它与希腊哲学的联系。第3章展示了量子计算机如何改写逻辑和经济学的基础知识。第4章探讨了为什么与货币相关的话题——包括主体性、性别特色和所有量子的东西——会被主流经济学家淡化、忽视，甚至视为禁忌，以及这种做法为何会妨碍我们对经济的理解。第5章描述了金融的原子能，并解释了为什么货币才是经济的铀。第6章展示了量子方法如何颠覆了经济学最著名的——但奇怪的是却无法证实的——结果，即供求定律。第7章揭示了经济学家在介绍其效用理论时是如何巧施手腕的。第8章介绍了人类心理学的量子观，而第9章则探讨了神秘的纠缠现象。第10章将经济模型与长期以来一直深受魔术师青睐的、不可思议的机械自动化进行了比较。第11章揭示了金融期权定价的超自然量子模型。第 12 章更为详细地探讨了货币和能量之间的关系。最后,第 13 章给出了如何安全拆除金融核弹的三步走方案,此外,还免费附赠一个彩蛋,揭示货币的秘密。

在此过程中,我们将探讨以下内容:货币与古代神话之间的联系;现代货币体系是如何由 17 世纪的炼金术士设计而成的;重金属音乐、毕达哥拉斯音乐理论中的"和谐"与量子社会科学之间的关系;牛顿的万有引力理论、量子纠缠理论和借贷契约的连接脉络;为何说钱有颜色,但不是绿色;何以在量子计算机上模拟中世纪的符木?经济决策与量子物理学中的双缝实验有何关系?如何利用光粒子为金融期权定价?量子方法如何为某些最知名的经济学和金融学结果提供替代方案?为什么华尔街对量子计算的兴起感到既兴奋又恐惧?金融是如何像物理学一样,包含既富有创造力又极具毁灭性的量子过程的?

作为人类行为的理论和数学模型,主流或新古典经济学可能是历史上最有影响力的(当然也是资金最雄厚的);然而,它是建立在错误的理解基础上的,即人类——以及经济整体——的表现方式遵循经典逻辑。量子方法能更好地描述经济,更有利于预测,也能改变我们看到的和看不到的东西。量子认知可以通过模拟预测心理实验的结果,抑或是预测抵押贷款持有人在发生危机时的行为表现,而且还为人类提供了一种不同的视角。量子版本的供求关系不仅可以用于建立复杂的经济交易模型，同时也让人注意到其动态下的非平衡以及偶尔不公平的本质。货币的量子模型让人看出创造货币所需的社会力量和努力，但同样重要的是，它表明，货币远非一种惰性筹码（Inert Chip），而是一种与能量有着深刻联系的信息形式。金融市场的量子模型自然地引出了为金融期权之类的东西定价的新方法，同时也使我们认识到，构成金融体系基础的合约犹如相互交错纠缠的网，既基于客观计算，也基于不可量化的主观力量。最重要的是，量子方法让人注意到主流经济学中被边缘化的话题，诸如货币和权力等。

1944年，当物理学家们即将达成研制核弹的目标时，布雷顿森林会议（Bretton Woods Conference）将金本位制延长到了战后时期，让美元充当与黄金挂钩的储备货币。正如银行业专家沈联涛（Andrew Sheng）在"布雷顿森林：75年后"会议的报告中指出的那样，今天需要一种新的金融方式。"简而言之，我们不能再使用还原论（Reductionism，还原主义）和新古典经济学范式，因为市场这只看不见的手无法应对气候变化，也无法应对战争和破坏性技术带来的不公平……新古典经济学之所以会出现盲区，是因为它的框架是建立在笛卡尔和牛顿的经典数学和物理基础上……金融和经济的量子范式正在缓慢浮现，其非线性、复杂的本质可能有助于未来全球经济和金融架构的设计……金融资产与虚拟负债之间具有量子纠缠的特性，我们目前尚未了解清楚……所有这些发展表明，借助新的'量子'想象，可以重新设计布雷顿森林体系框架。"[15]

本书将就这样一个量子框架可能的样子给出提示。2010年，我写了一本书，名为《经济和你想的不一样：经济学十大误解》（*Economyths: Ten Ways Economics Gets It Wrong*），这本书在一定程度上体现了我对金融危机的反应，它以一篇劝诫结尾——《广告克星》（*Adbusters*）杂志在占领华尔街运动（Occupy Wall Street，该杂志发起的一项活动）期间复制了这篇劝诫——呼吁经济学学生推翻新古典经济学的主流观念，做一些不一样的事情。[16]

这是布雷顿森林委员会所谓的"思维核弹"的一个例子——但这枚特殊的核弹对经济学几乎毫无影响，正如我们后文将看到的，经济学仍然保持着老样子。所以，几年过去了，请把这一最新的量子娱乐看作是我自己不起眼的，但希望有趣的新事物尝试。下一章我们将从第一个魔术开始，这个魔术在炼金术界被称为嬗变（Transmutation）。

注释

1. 加拿大人 2018 年的中位数收入是 34600 加元，一个有两位工薪成员的家庭收入自然是这个值的两倍。数据来自加拿大统计局（Statistics Canada），为加拿大各省和选定的人口普查大都市区按年龄、性别和收入来源分列的个人收入。

2. 加拿大安大略省 2020 年的最低收入标准是每小时 14 加元，因此这所房子的售价相当于要工作 16 万小时，假设每周工作 36.5 小时，扣除 5 周的假期和法定节假日，也就意味着要连续工作 93 年才能付得起。土地转让金以及房产经纪人中介费等费用加上以后还会再高几个点。

3. 一节标准的 DOT-111 型油罐车可以装 717 桶油。

4. 多伦多当时一处独立的房产的均价是 136 万加元。

5. Schacht, H. (1967). *The Magic of Money*. London: Oldbourne.

6. Scheffer, M., Van Bavel, B., Van de Leemput, I.A., Van Nes, E.H. (2017), "Inequality in nature and society". *Proceedings of the National Academy of Sciences* 114(50): 13154-13157.

7. Minsky, H. P. (1972), "Financial instability revisited: the economics of disaster", in *Reappraisal of the Federal Reserve Discount Mechanism* (Washington, DC: Board of Governors of the Federal Reserve System), 95-136.

8 Wilmott, P., Orrell, D. (2017), *The Money Formula: Dodgy Finance, Pseudo Science, and How Mathematicians Took Over the Markets*. Chichester: Wiley.

9 衍生品的名义价值是以其资产价值为基础的。Wilmott, P., Orrell, D. (2017), *The Money Formula: Dodgy Finance, Pseudo Science, and How Mathematicians Took Over the Markets*. Chichester: Wiley.

10 Strange, S. (1986), *Casino Capitalism*. Oxford: Basil Blackwell.

11 2021年，摩根士丹利（Morgan Stanley）的首席执行官詹姆斯·戈尔曼（James Gorman）对Reddit的交易员发出了精准的预警，针对其抬高Gamestop等不受欢迎的公司的价格，以打击押注这些公司会倒闭的对冲基金的行为，表示他们"早晚会被狠狠地打醒"。摩根士丹利是2007年至2008年金融危机后接受救助资金最多的机构之一。或者戈尔曼本人，他2020年的薪酬总额达到3300万美元，而就在同一年，据美国银行（Bank of America）首席投资策略师迈克尔·哈特尼特（Michael Hartnett）说，"2020年至2021年的政策刺激继续直接流向华尔街（Wall St），而不是主街（Main St），通过资产泡沫煽动起历史性的财富不平等。"

12 Hagens, N. J. (2020), "Economics for the future-Beyond the superorganism". *Ecological Economics.* 169: 106520.

13 Samuelson, P.A. (1973), *Economics* (9th edn). New York: McGraw-Hill, p. 55.

14 Letter to A.L. Bowley, 27 February 1906.

15 Sheng, A. (July 2019), "A New Bretton Woods Vision for a Global

Green New Deal". *Revitalizing the Spirit of Bretton Woods: 50 Perspectives on the Future of the Global Economic System.* Bretton Woods Committee, 360-367.

16 这段节选如下：

  所以：同学们，是时候做决定了。你们生活在许多人眼中的人类历史转折点。你们见过各种各样如高山滑雪一样弯弯绕绕的曲线图：人口曲线、国内生产总值曲线、物种灭绝曲线、碳排放曲线、不平等曲线、资源短缺曲线等。你们知道有些东西必须要放弃，你们认为价格不合理，也许你们甚至怀疑，如果世界经济真的最终只是一个庞氏骗局，那么你们或你们的孩子入局有点晚了。

  因此，你们正站在岔路口。你可以走主流的道路——所冒的风险无异于在柏林墙倒塌后获得一个冷战意识形态的学位，实在令人印象深刻。或者你也可以试试转换体制，大胆发言，质疑你的老师，对颠覆性的想法持开放态度，并且通常充当变革的推动者。

  你可以坚持认为经济是一个复杂的、动态的、网络化的系统——并发明工具来理解它。

  你可以指出经济是不公平的、不稳定的、不可持续的——并学习技能来治愈它。

  你可以告诉神，他们的预言失败了。

  你可以进去把机器弄坏。

  然后你就可以做一些新的事情。

第 1 章
嬗变

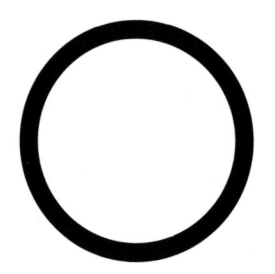

> 长期以来，越来越多的人对银行界提出疑问，这些疑问归根结底就是一些基本问题，例如，"货币是什么？""为何会有银行？"但目前尚无明确的答案，让人觉得既不安又兴奋。
>
> ——赫伯特·乔治·威尔斯（H. G. Wells），《世界新秩序》（*The New World Order*），1940

> 千万别，索迪，千万不要叫它嬗变，别人会把我们当成是炼金术士。
>
> ——欧内斯特·卢瑟福（Ernest Rutherford），1901

古代炼金术士的目标是将一种物质转化为另一种——如果最终产物是黄金就最好了。货币体系中也在上演类似的炼金术戏法，将劳动力和材料转化为账户中的数字，或是将一栋空房转化为200万美元。要理解货币的量子本质，第一步是理解嬗变的神奇本质，也就是核嬗变和金融嬗变相互作用的基础。本章将会展示为何说我们当前的金融体系实际上最早是由炼金术士设计的，并揭示了其魔法背后的一些秘密。

虽然当前诸如贫富差距和金融不稳定等问题似乎尤为紧

迫，但对金融体系的担忧早已有之。先前就曾有一人提醒过金融体系不稳定的本质——它既真实又虚拟，并将之与失控的核装置联系到一起，只不过是以一种不同的方式——这个人就是一百年前的英国人弗雷德里克·索迪（Frederick Soddy），一位从化学家转行的经济学家。

索迪在麦吉尔大学（McGill University）与欧内斯特·卢瑟福共同研究辐射的基本特性，并获得了诺贝尔奖。之后，索迪成了原子能奇迹的倡导者。在他1909年的著作《镭的解读》（*The Interpretation of Radium*）一书中，他写道，这种能源有望"改变沙漠大陆，解冻两极冰封，使整个世界成为一个欢乐的伊甸园"。索迪这本书的粉丝之一就是作家赫伯特·乔治·威尔斯（H. G. Wells），他在自己的小说《解放全世界》（*The World Set Free*）的献词中承认了这一点。然而，威尔斯把索迪提倡的技术层面的乌托邦主义引向了一个不一样且更残酷的层面。他的小说一开始就是战争，飞机投下的"原子弹"摧毁了数百座城市。一切都被毁灭殆尽以后，出现了一个由社会主义全球政府管理的新世界。

威尔斯认为第一次世界大战的爆发证实了他的预言，并满怀希望地将这场冲突描述为"将结束战争的战争"。索迪同意威尔斯关于核武器潜力的看法，但对核战争的治愈能力存疑。在1915年的一次演讲中，他提到了放射性物质，"约500克的核物质爆炸后，其威力等同于150吨炸药。天啊！问题来了。

想象一下……如果这样一种爆炸物真的被发现了,那么现在的战争将会是什么样子呢?"[1] 同年,在另一个演讲中,他总结道:"最新的物理科学进展很可能会有毁灭性的社会效应,除非我们能赶快在人类社会的道德和精神力量层面取得等效的补偿性进展,但是目前尚无取得这种进展的迹象。"

索迪意识到,特别是经济体系,因为存在他所谓的真实财富和虚拟财富之分,内里蕴含着崩溃的种子,这可能最终会引发一直让他忧心的核战争。为了防止此类事件的发生,他提出了五条主要的政策建议,包括,放弃金本位制;实行自由浮动的国际汇率;利用联邦政府的预算来对抗周期性波动;设立经济统计机构来整编价格等数据;阻止私人银行凭空创造货币。

当时,几乎没有人把索迪或他的建议当回事。例如,诺贝尔奖得主、物理学家罗伯特·米利肯(Robert Millikan)就把索迪关于核武器的想法形容为"作怪"(Hobgoblin)。1926年,《泰晤士报文学增刊》(*The Times Literary Supplement*)这样评论索迪的一篇经济学论文:"看到一位受人尊敬的化学家因为写一个自己完全不懂的课题导致声名毁于一旦,真叫人难过。"[2] 但也有例外,经济学家弗兰克·奈特(Frank Knight)在另一篇评论文章中对索迪的想法表示赞同,将创造货币的工作交给私人银行会导致"严重的罪恶……特别是整个经济体系的不稳定以及周期性爆发的金融危机。"[3]

索迪的预言在三年后到来的大萧条中得到了证实,大萧条很大程度导致了纳粹的迅速崛起、战争的爆发和核武器的首次使用。但在1956年索迪去世后,《科学》(Science)杂志上的一篇讣告写道,人们都认为在货币问题上他是个"怪人",他"对这类概念的狂热追捧,受到主流经济学家的嘲笑……也让很多早先只知道他是化学界先驱的人感到意外。"[4]

我们后面会看到,主流经济学家对于外界的批评均是不屑一顾,尤其是当批评的声音来自"货币怪人",这个短语的首创者是保罗·克鲁格曼,指那些不懂经济学家对待货币的"理智策略"的人,这个定义看起来很宽泛而且包容甚广。然而,虽然索迪的想法在当时被认为是很疯狂的,但今天他的大多数想法都成为标准做法:金本位制已然成为历史,汇率是可以自由浮动的,联邦政府的预算被用来对抗周期性波动,确实有了整编诸如价格之类的统计数据的机构。唯一没有被采纳的想法就是禁止私人银行创造货币。

外界对自己的提议兴趣索然,索迪对此并不意外;正如他在1934年所观察到的那样,"主流经济学一直都是债权人的阶级经济学",而那些债权人可能不想放弃这种特权,或引起公众的注意。[5]正如欧文·费雪(Irving Fisher)所写的那样:"可以毫不夸张地说,如果涉及经济或政治利益,连欧几里得定理都会面临激烈的反驳,历来如此。"[6]然而,它确实指出了一个很有趣的反常现象,即尽管货币是经济的核心,但它长期以来一直被主流经济学所忽视。这至少可以追溯到亚当·斯密（Adam Smith）的时代，后面我们会讨论到，在亚当·斯密看来，金钱宛如实体经济的"面纱"；金融仍然被看作是一个专业领域，与其他经济领域关联不大。例如，2017年，欧洲央行（European Central Bank）的维特·康斯坦西奥（Vítor Constâncio）在一次讲话中谈及为何十年前的2007年至2008年金融危机未能被预见，他是这样解释的："在当前盛行的宏观模型中，始终没有金融领域，人们认为该领域对真正的经济活动影响甚微。"尤其是，这些模型"忽略了一个事实，即银行是通过凭空扩大信贷投放来创造货币的"。

自金融危机以来，人们一直在努力将所谓的"金融摩擦"（Financial Frictions）纳入主流经济模型，这些模型考虑了获得信贷的不同能力等影响。[7] 或者正如来自新经济思维研究所（Institute for New Economic Thinking）的塞瓦亚斯·斯托姆（Servaas Storm）在2021年所说的那样，"从业者正在近乎疯狂地努力把货币加入自己的模型中，免得缺失这部分。"然而，"摩擦"这个词的使用似乎有点奇怪，因为根据其他作家的描述，货币是经济活动的"润滑剂"，而大规模违约等事件则代表着突然的级联行为。正如我们将看到的，这种"摩擦"是经济学中的本轮：古代天文学家在他们的地心宇宙模型上打的补丁，以使其模型与观测结果更为契合。

虽然我们仍然面临着核战争的威胁——尚无其他人类发明可与核武器的恐怖相提并论——但有没有可能是，我们最应该担心的量子炼金术并非原子弹,而是金融核弹呢?

* 1.1 量子炼金术 *

索迪对物理和金融的洞察力可能受到他长期以来对炼金术领域兴趣颇浓的影响。在麦吉尔大学工作期间,他做了一系列关于"古往今来化学史"的讲座,其中包括两个关于炼金术的讲座。在这些讲座中,他把炼金术士的"欺骗行径"和对财富的"狂热渴望"描述为与"化学的正常发展"无关的东西,而是"精神失常的结果"。[8] 然而,他很快改变了主意。甚至在他发现核辐射之前,原子是不可改变的、不可分割的基本物质单位的旧观念,就已经随着卢瑟福的导师约瑟夫·约翰·汤姆逊(J. J. Thomson)的最新发现——电子而被打破了。该发现似乎开启了新的可能性,一种元素可以转化为另一种元素——嬗变。这也意味着索迪建立在经典图景上的化学史,看起来有点过时了。

在一篇未发表的论文《炼金术与化学》(*Alchemy and Chemistry*)中,索迪重新讨论了这个话题。他认为根据古代化学史,炼金术可以追溯到公元4世纪,但在他的新论文中,他却是这样描述炼金术的诞生的:"炼金术出现的年代十分久远,以至于其起源只出现在神话而非历史记载中。"他认为,"物质的构成是化学的范畴,在嬗变被发现之前,我们对物质的构成知之甚少。时至今日，研究物质的构成一直都是化学家的真正目标，其次才是人们常说的，化学是一门满足求知欲的科学。"

换句话说，化学的和炼金术的最终目标是一样的——嬗变。当索迪和卢瑟福发现他们正在研究的辐射是源于钍的嬗变时，索迪"欣喜若狂……接近得意，其间还夹杂着骄傲，历史上有这么多的化学家，偏偏选中了我来发现自然的嬗变。"

卢瑟福则更加谨慎，"千万别，索迪，千万别叫它嬗变"，他说，"别人会把我们当成炼金术士。"[9] 随着这一发现的影响逐渐显现，索迪的心情从当初的兴奋变为了恐惧。

* 1.2 博物学家 *

一直很关注嬗变和财富的传统西方炼金术根植于亚里士多德所认可的一个概念，即宇宙中的所有事物都由四种元素组成：土、水、气和火。恒星和行星——基本上除月球以外的一切——都是由第五种元素以太（Ether，又叫精华，Quintessence，表示为 QE）构成的。亚里士多德认为，每一种元素都属于一个单独的界——地球在中心，外围依次环绕着水、气和火——每一种元素最终都会回归到宇宙的中心。但是元素也可以嬗变，举个例子，加热水会把它变成气（实际上是水蒸气，但你知道是怎么回事就行了）。或者，更让人满怀期待的是，铅可以变成黄金。

在中世纪，古希腊文献的发现引发了人们对炼金术的兴趣。炼金术士——被称为"喷雾器"，因其需要花费大量时间向火中吹气，以达到嬗变所需的温度而得名——把他们的研究和开发服务卖给欧洲各国政府，生意很是"火"爆，他们的实验室经常出现在巴黎、布拉格和伦敦等城市。然而，由于长生不老药（Elixir of Life），以及将贱金属（Base Metal）变成黄金的魔法石（Philosopher's Stone）等比预期的更难获得，一些炼金术士将注意力转向了另一种创造无限财富的方式：银行。这些金融魔术师中最主要的人物来自哈特利伯派（Hartlibians）。[10]

哈特利伯派是一群社会改革家、自然哲学家和乌托邦主义者，他们的核心人物就是"博物学家"（即一个很博学的人物）塞缪尔·哈特利伯（Samuel Hartlib）。其感兴趣的知识领域十分广博，包括炼金术和金融。当时的经济发展因缺乏资金很受限。商业大部分是在信用的基础上进行的，但条款的商定却遵循一事一议的原则，这就减缓了贸易的进行。哈特利伯派认为，可以把信贷用作一种金融的魔法石来改变经济。

该组织的成员之一威廉·波特（William Potter）写了一本书，名为《致富的钥匙，或改善贸易的新方法》（*The Key of Wealth, or, A New Way for Improving of Trade*）。在炼金术的话语体系下，"钥匙"指的是如何让物质发生嬗变的知识。另一个哈特利伯派的成员亨利·鲁宾逊（Henry Robinson）称自己的计划"能够让国家的股票成倍增长，让交易毫不受限：一言以概之，它就是长生不老药或魔法石"。

这里的炼金术所需的钥匙其实就是这样的想法：土地、商品或未来的收入所得等"贱金属"可以通过信贷的魔力转化为"黄金"。例如，假设某人拥有一块有价值的土地，但他需要筹集资金来进行商业投资，他通常的方法是通过出让土地所有权向他人借钱。如果生意失败了，那么债权人将得到他的土地。然而，如果债权人收到的是纸质票据，而这些票据可以兑换，那么它们就和货币一样受欢迎了。债权人就可以立即消费这些票据（即把债务转移给其他人），货币供应也会相应地扩大。

这种新货币实际上和黄金一样好用，但它代表的是对某种资产的合法索取权，而非贵金属。正如威廉·波特所写的那样，由此产生的信用货币将打开社会的"财富仓库"（Storehouse of Riche），使信用成为"真正的财富种子"（the True Seed of Riches）。他估计，该计划将使英国的资产每两年翻一番，也就是说，20年后，1000英镑将会增长到100万英镑以上。

一些批评家担心，创造这样一种源源不断的信贷将导致通货膨胀，就像发现一块真正的魔法石意味着，过一段时间后，"黄金和白银将变得像粪一样便宜"，炼金术士乔治·斯塔基（George Starkey）假借笔名艾雷纽斯·菲勒提斯（Eirenaeus Philalethes）这样写道。不过，就像我们已经认识到的，重要的不是货币的数量，而是流通的速度——以类似房屋等固定资产的形式存储的货币是不流通的。因此，资产价格可以在扩张的同时又不引发物价或工资上涨,至少在短期内是这样。当然,正如通过发放更多贷款可以创造债务资金一样,当这些贷款被收回时,债务资金也就消失了,这就是为什么必须要不断产生新的贷款,才可以维持经济的运行。

* 1.3 现实当真如此吗? *

遵循哈特利伯派的指导方针,许多土地银行就此设立,但都没有能够吸引足够多的感兴趣者,均以失败告终。然而,苏格兰数学家约翰·劳(John Law)却成功在法国实施了类似的哈特利伯计划,在法国当政者的支持下,他开设了一家小银行——皇家银行(Banque Royale),并迅速发展成为世界上最大的银行。不同之处在于,这些票据实际上不是直接由土地背书,而是由劳的密西西比公司(Mississippi Company)所得到的投资背书,该公司有权交易一片极其广袤的土地,也就是今天的美国。

劳当时能成功的一个原因在于他的政治技巧。例如,他不仅向密西西比公司的潜在投资者递交了一份招股说明书——他还把整件事变成了一场表演。他为前往美国的移民——他们的队伍中不乏淘金者——举办了一场巡游送别。到处都在散播这样的谣言,说路易斯安那州(Louisiana)有数不尽的金银和钻石等着他们。投机者获得巨额财富的传闻广为流传。正如记者兼作家约翰·弗林（John Flynn）在他为劳撰写的传记中所描述的那样，"难怪在短短几个月的时间里，巴黎就开始称颂那位从帽子里变出这么多兔子的魔术师。"[11] 不过，并不是每个人都信服。正如伏尔泰（Voltaire）所写："现实当真如此吗？这怕是妄想吧？全国有一半的人竟在造纸厂里找到了魔法石？"

与此同时，英国也成立了一家类似的公司，名为南海公司（South Sea Company）。因其为英国国债融资，作为回报，该公司获得了与墨西哥和南美贸易的永久垄断权，包括有权将非洲奴隶运送到美洲大陆。该公司的公关工作得到了包括丹尼尔·笛福（Daniel Defoe）和乔纳森·斯威夫特（Jonathan Swift）在内的文学大师的协助，他们受雇撰写文章宣传该计划。这些文学大师的工作之一就是让公众用积极的眼光来看待残酷的大西洋奴隶贸易，主要是通过强调这些地方的异域风情，以及一位匿名作家（可能是笛福）所谓的美洲大陆"取之不尽的金银之泉"。

然而还是一样，并非每个人都信服，这点从一首名为《南海歌谣》（South Sea Ballad）的歌词中就可以看出，这首歌显然在伦敦的街道上传唱了好几个月：

据说古代的炼金术士，
能转动铜壶，
或将铅池变成黄金，

那般昂贵诱人的金属。
但如果这里允许，
以小换大的话，
我们狡猾的南海公司，宛若一个神灵，
把一切化为虚无。

这首民谣最后的结尾指出："所有我们鼓吹的财富都是由一堆碎纸组成的。"

这两个计划最后的结局都不怎么好，你可能听说过阿拉斯加淘金热或科罗拉多淘金热，或者加利福尼亚淘金热，甚至育空淘金热，但你很可能没听说过密西西比淘金热，原因是密西西比根本就没有黄金。劳的皇家银行的失败意味着，在接下来的几百年里，法国的金融机构无论如何也不愿意再称劳的皇家银行为银行。与此同时，"南海泡沫"（South Sea Bubble）将"泡沫"一词引入了金融领域（这个用法最早可能是由笛福首创的，不过在斯威夫特的帮助下，这个词得到了普及）。

哈特利伯派的分析存在的一个问题是，它忽略了货币体系中最重要的部分，也就是权力。以劳为例，他得到了法国王室的支持，但当他雄心勃勃地想要接管货币体系的方方面面，包括税收时，却疏远了金融界。英国央行（英格兰银行，Bank of England）则通过权利共享的方式解决了这个问题。为了获得120万英镑的贷款，国王威廉三世（King William Ⅲ）承诺了该银行很多东西，包括除了国家定期给该银行支付利息，还赋予该银行发行纸币的权力，并由国债背书。这样一来，王权和它的债权人就像硬币的两面一样纠缠在一起；两者都不能脱离对方而独立存在，但两者合在一起就是货币。

法定货币（简称法币，Fiat Currency）——其命名源自拉丁语的"它应如是"（let it be done）——的现代史源自1971年的"尼克松休克"（Nixon Shock），当时美国总统尼克松让美元与黄金脱钩，从此法币开始受政府而非金属的背书。这一次，尼克松确保了银行家们的参与——而这种新钱是由一种比国王的神权更强大的东西担保的：核武器。

然而，哈特利伯派关于土地银行的想法仍然在大行其道。事实上，它正是我们现代金融体系的基础。只是如今，炼金术士都在金融领域工作，忙着抬高价格。

* 1.4 免费的午餐 *

经济学中一个普遍的原则可以用米尔顿·弗里德曼（Milton Friedman）一本书的标题来概括："世上没有免费午餐。"或者，正如新古典经济学家威廉·斯坦利·杰文斯（William Stanley Jevons）所言，"最好的物理学定律就是，物质既不能被创造也不能被消灭。"[12]

当然，杰文斯发表这番言论时还是在19世纪后期，所以他不知道量子物理学后来的发展情况，也就是人们已经开始用数学的手段来研究亚原子粒子的出现和消失，使用所谓的产生及湮没算符，物质其实可以转化为核装置中的能量。他这番话也不适用于货币，因为货币通常是由银行创造或消灭的。

事实上，在大多数现代经济体中，绝大多数货币（以英国为例，约97%）不是由央行创造的，而是由私人银行创造的，这些银行将资金用于房屋抵押贷款等用途。正如挪威央行（Norges Bank）副行长约恩·尼古拉松（Jon Nicolaisen）在2017年的一次演讲中所解释的那样："当你从银行借款时，银行会将贷款打到你的银行账户。这笔钱是银行在发放贷款的那一刻被创造出来的。银行不会从别人的银行账户或装满钱的保险库中转账。银行借给你们的钱是银行自己凭空创造出来的。"

正如后面所讨论的，货币创造长期以来一直是上流经济学圈子里的一个禁忌话题。事实上，货币创造的本质直到2014年才被公开或广泛承认，当时英国央行在一篇论文中承认，"当今货币的创造实际上与一些经济学教科书（他们指的是普通学生很可能在使用的所有主流教科书）中的描述并不相符。"[13] 传统观点认为，要么是银行将资金从储户手中重新分配给借款人，要么是银行在所谓的部分准备金制度（Fractional Reserve System）下放贷，在这种制度下，贷款是受限的，因为银行需要持有一定数量的现金储备。

然而，正如英国央行所指出的，现实情况是，唯一能够限制银行贷款的就只有监管机构或银行自身的准备金（用来偿还储户的钱）、流动性（可以轻易出售以弥补债务的东西）和资本（净值，为了确保银行有偿付能力），而且由于银行可以通过借贷来弥补任何不足，说这种限制是出于盈利的考虑反倒更合适。

英国央行前行长默文·金（Mervyn King）在其 2016 年出版的《炼金术的终结》（The End of Alchemy）一书中指出，银行是金融体系炼金术的核心。银行是货币诞生的主要源头。银行在向高风险借款人发放贷款时产生的副产品就是存款，这些存款被当作货币使用。2017 年，德国中央银行（Deutsche Bundesbank）接着补充说，"这驳斥了一个普遍存在的误解，即银行在放贷时只是充当中介机构，也就是说，银行只能使用之前其他客户以存款形式存储在自己那里的资金来发放信贷。"有时甚至连银行家自己都没有意识到他们在创造货币。2018 年，在瑞士就银行业问题举行全民公投期间，巴塞尔的一位银行家告诉《金融时报》："这很意外，我们根本就不知道。一个客户打电话来称'你们创造了货币，怎么能这样呢？'我说：'不对，我们不创造货币，我们只是一个中介。'"[14]

就像英国金融服务管理局（Financial Services Authority）前主席阿代尔·特纳（Adair Turner）所指出的，"确实如炼金术士们所预测的那样，银行能够创造的私人信贷和货币数量'可能是无限的'，而且银行在创造信贷、货币和购买力方面的角色，已经从现代宏观经济学的讲稿中消失了，这令人惊诧不已。"[15] 随着 MMT（现代货币理论，Modern Monetary Theory，批评者戏称其为'神奇摇钱树'，Magic Money Tree）等非主流经济学理论的影响力不断扩大，这种情况正在发生一定程度的改变。MMT 的核心思想是，国家永远不能在以本国货币计价的债务上违约。但正如经济学家托尼·耶茨（Tony Yates）2020 年在推特上解释的那样，"大多数教授宏观经济学的人都是通过引导人们在不提及货币的情况下建立简单的模型"，随后才加入"通胀、汇率、商业周期"等因素。像 MMT 这种非主流经济学群体"已经把自己搞得晕头转向，他们最感兴趣的是那些滑稽的纸片，四处飞舞，让人觉得似乎可以用它们来交换东西。"

∗ 1.5 土地银行 ∗

正如我们将看到的，经济学家的角色就像魔法师的随从或助手，通过误导，比如指责观众不该分心，趁机来分散他们的注意力，使之忽视真正在上演的事情。回到我所在街道上那栋空房子的问题上来，哈特利伯派的炼金术的一个更具体的典范——以及它的"四处飞舞的滑稽纸片"——就是加拿大的房地产－金融综合体。我将重点关注这一点，因为我住在多伦多，但当然其他国家也有自己的版本。事实上，世界上最大的资产类别不是股票,也不是债券,而是房地产,其估值约为2000000亿美元,大约是证券交易市场规模的三倍。[16]

以下是加拿大五大经济支柱行业的名单,以及它们在2020年对国内生产总值(GDP)的贡献:[17]

房地产及租赁	13.7%
制造业	9.5%
金融保险	7.6%
采矿采石业和石油天然气开采	7.5%
建筑业	7.3%

由于建筑和金融行业的很大一部分都涉及房地产,加拿大经济的1/5左右似乎都与居民(或非居民)建造房屋并彼此出售密切相关,这使得它成为国家经济的最重要的组成部分。这些公司就是劳的密西西比公司的现代版,以房地产的形式承诺黄金。在多伦多和温哥华等繁荣地区,它们对当地经济的贡献可能更大。也许正因如此,安大略政府在疫情期间才会将房地产列为一项必要服务吧。

那么,这种疯狂的活动是靠什么维系的呢?在某种程度上,这一过程得到了第四大经济板块——采矿采石业和石油天然气开采——的资助,这代表着最终的免费午餐,因为大部分价值来自自然资源,而不是人类劳动力。令人吃惊的是,以

GDP作为衡量指标，房地产-金融综合体的能量远远大于实实在在的能源部门。与劳的移民大军一样，源源不断的新移民是这场演出的重要组成部分，尽管在疫情期间这些新移民资源已经枯竭，但最重要的是新资金的流动，每次有房屋抵押时就会产生这样的新资金。

货币的创造过程和哈特利伯派描述的一样。货币以贷款的形式存在，以房产作为抵押。这种贷款由国家强制执行，但国家不收取利息。相反，这些资金将流向银行，理论上是为了抵消银行的风险。通过抵押贷款创造的新资金流向了卖房者，其中大部分通常会再投资于房地产，从而推高了房地产的价格。哪怕实体经济的通胀水平依然温和，但当房价呈指数增长时，货币供应往往会随房价增长。

如图1.1所示，该图比较了自1999年以来广义货币供应量M3的增长和房价的增长。这两条曲线被归一化了，在2000年年初时都等于1，房价指数一直以指数级的方式增长，直到2008年前后，金融危机造成了短暂的停顿，但很快增长就恢复了，现在房价略微落后于货币供应量。在新冠疫情封锁期间，加拿大政府拼命向金融体系注入大量资金，试图阻止这个脆弱的哈特利伯计划崩盘，因此在2020年出现了近乎垂直的货币供应量增长。

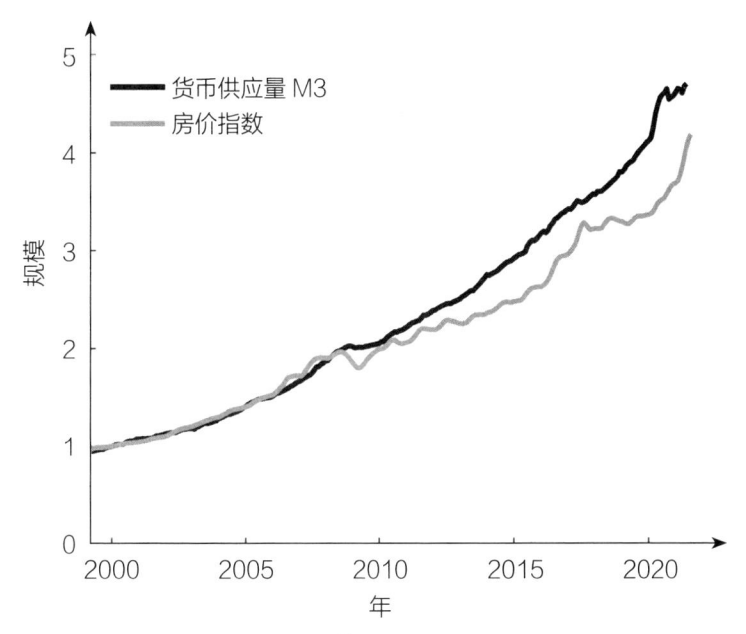

图 1.1 来自加拿大 Teranet[①] 公司的房价指数和广义货币供应量 M3[②] 的变化曲线

当然，除了房价，货币供应还取决于其他因素。该指数也只显示了典型的房价，而不是所有的住房存量的总价值，这些住房存量应该会因为新的房屋建设而增长得更快一些。然而，

[①] 加拿大最大的土地登记部门。——译者注，下同

[②] M0= 流通中现金，M1= M0+ 可交易用存款（活期存款、信用卡存款等），M2=M1+ 非交易用存款（储蓄存款、定期存款等），M3=M2+ 其他货币性短期流动资产（国库券、金融债券、商业票据、大额可转让定期存单等）。

任何看过这幅图的哈特利伯派都会立即意识到，货币增多的主要原因是通过房地产交易创造的资金；房地产价格上涨的主要原因在于有了更多的资金。正如市场策略师克里斯·沃特林（Chris Watling）所言，全世界大多数经济体中都出现了类似的现象，"人们通常以为住房供应短缺是高房价的关键原因，但事实并非如此，大量且增长迅速的抵押贷款债务才是近几十年来高房价的关键驱动因素。"[18]

这些货币大部分流向了哪里？加拿大营收最好的四家公司给出了提示：

加拿大皇家银行（Royal Bank of Canada）
多伦多道明银行（Toronto-Dominion Bank）
加拿大丰业银行（Bank of Nova Scotia）
蒙特利尔银行（Bank of Montreal）

它们的共同点是名字中都有"银行"这个词，正在通胀的不仅仅是房价——还有银行家的奖金，以及这些银行的股价，就跟房屋本身一样，主要为富人所有，从而加剧了不平等。

● **飘浮术**

飘浮术是最著名的魔术戏法之一，在魔术师的手下，物体或人可以飘浮在空中，不受地心引力的影响。这种飘浮实际上是一种幻觉，并且需要借助一些机械的东西才能做到，我觉得对此我也无须透露太多。但同样重要的是魔术师的花言巧语，他能够通过创造一个完全不同的叙事来分散观众的注意力。19世纪伟大的法国魔术师让·欧仁·罗贝尔-乌丹（Jean-Eugène Robert-Houdin）表演的"空灵悬浮"就是一例，他声称新流行的物质以太具有令人难以置信的特性，可以使他的儿子飘浮在空中。

一种被炼金术士称为"甜硫酸"（Sweet Vitriol）的化合物，在18世纪德国科学家弗罗贝尼乌斯（W. G. Frobenius）发现了制造方法后，被重新命名为缥缈之灵（Ether[①]）。当然，他选择这个名字，不是因为他真的相信他发现了精华（Quintessence[②]），而是因为它对人类心灵所产生的悬浮作用。推广者包括"医生"詹姆斯·格雷厄姆（James Graham），一个"倡导性疗法

[①] 1730年，弗罗贝尼乌斯发现这个物质和硫酸没有关系，将sweet vitriol更改为ethereal spirits（缥缈之灵，或超凡烈酒）或简称为ether。——译者注

[②] 前文提到过，古希腊哲学家认为世间除常见的水、火、土、气等四种元素外，还存在第五种元素。这种元素是万物之精华，构成了天体，并弥漫在所有其他元素中。亚里士多德将这种元素命名为"以太"（ether）。拉丁语将这种元素称为 quinta essentia（第五元素）。该词经由法语进入英语后，拼写改为 quintessence。中世纪的炼金术士致力于提炼这种元素，认为它能治百病，并且具有长生不老的功效。——译者注

和泥浆浴有益健康的人",他会带着"显而易见的平静和快乐"吸一到两盎司①,每天重复几次。除了用于消遣,缥缈之灵还被用作医疗、手术或分娩的麻醉剂,以及魔术表演的道具。罗贝尔-乌丹在表演魔术时,助手会在剧院周围撒上一点缥缈之灵,这样观众就能闻到这种神秘的新物质的味道。

如今,银行对房价采用了类似的飘浮术,而它们的经济学家助手们则用措辞严谨的错误信息,以及"看不见的手"(the Invisible Hand)或"供求关系"(Supply and Demand)等概念来制造神秘氛围。例如,加拿大一家领先的学术型经济学博客在2017年报道称,"对我们大多数人来说,安大略省房价的驱动因素似乎相当直接。自1990年以来,安大略省的人口增长了近36%,这应该有助于提振住房需求。更重要的是,利率已经下降并保持在历史低位,这使得即使在房价上涨的情况下,也很容易为住房融资。如果在经济因素的推动下,需求的增长速度大于供应,那预计价格就会上涨。"时任加拿大央行行长的史蒂芬·波洛兹(Stephen Poloz)也认为,房价上涨是由于"基本面因素",特别是"在住房供应紧张的时候,人口增长会自动产生更多的住房需求"这一事实。[19]

经济学家基本上是根据他们的供求定律得出这个结论的,这意味着价格上涨通常会导致需求下降。但事实上,即使房屋

---

① 1盎司约为28.35克。

价格飙升，需求仍然很高，这表明人口增长必然会带来经济动力。可以肯定的是，像多伦多这样的城市对技术移民来说像磁石一样极具吸引力，而分区规则①（Zoning Restrictions）等限制则会抑制供应；然而，从1990年至2017年，人口增长率为36%，相当于年增长率约为1.1%，这并不是非常高的水平，尤其是考虑到2017年多伦多房价的涨幅约为这一速度的25倍。虽然抵押贷款利率非常低，但总消费者债务还是一直处于历史高点，并未因低利率有所减少。

显然还有别的事情也在同时上演，但是受供求定律的经典逻辑和没有免费的午餐等教育熏陶的经济学家却看不到这一点。他们表现得就像维多利亚时代的科学家，试图通过计算原子弹中含有多少新发明的炸药来推算原子弹的爆炸当量。正如后面讨论的那样，价格上涨并不一定会抑制需求——反倒会让买房者担心错过良机，而拉动了需求。房地产经纪人助长了这种情绪，比如一位经纪人在推特上写道："很多人不理解房地产中的杠杆因素。买一套50万美元的公寓，首付10%。3年后，公寓已经升值到55万美元，很多人把这看作是10%的回报，而实际上它是100%的回报。杠杆是真正的财富积累之道，你得让手中的钱运转起来。"

---

① 指把土地划分为片区并限制每个片区的建筑物的高度、容积率和密度等。

近一年来，即使因为新冠疫情出现经济衰退，加拿大失业率达历史最高，出人意料的高杠杆房地产市场却仍然还在"对抗地心引力"，正如《环球邮报》(Globe and Mail)的标题所写的那样，大多数加拿大经济学家仍然对风险非常乐观。[20]例如，在2021年的投资者报告中，蒙特利尔银行首席经济学家道格拉斯·波特（Douglas Porter）表达了自己的困惑：为什么在经过购买力和汇率调整后，加拿大的房价会比美国高出46%？[21]鉴于移民这一经济支柱已经被剔除——人口增长速度降至1916年以来的最低水平——波特认为："更深层的答案可能就在于，总的来说，相比其他国家，加拿大人集体选择分配更多的资源（因此'消费'更多）给住房。这并不一定是件坏事，只是一种消费选择。如果这真的代表了加拿大人的偏好，那么相对于其他领域而言，在住房方面的大量投资是一种资源失调，这一点是有争议的。毕竟……谁来判断这种类型的消费比其他形式的消费好还是坏呢？"

换句话说，房价高是因为加拿大人认为房地产非常值钱。这一解释再次与主流经济学契合，主流经济学认为，价格是主观效用的衡量标准，这是不言而喻的；然而，奇怪的是，这种对房子的喜爱不仅很浓厚，而且还以惊人的速度增长（2020年，其增速是通货膨胀率的10倍）。另一位银行家在2021年4月呼吁对房价问题进行更多研究，但他表示，没有什么"魔法棒一般的政策可以应对这种情况"，而且无论如何，加拿大"仍不至于出现过度房地产泡沫,更不要说房地产泡沫破裂了"。[22]

因此,总的来说:加拿大的房地产泡沫极有可能是这个国家最重要的经济现象,但在银行和学术界的经济学家看来,却是相当可控和正常的。[23] 政府和央行(理论上是独立的)[24]也参与其中,后者以接近于零的利率帮助维系了这一现象。波洛兹的继任者,加拿大央行行长蒂夫·麦克莱姆(Tiff Macklem)表示,"我们需要增长",他的意思是不平等——加剧了债务——引发了价格通胀,但对收益发出了警告,"如果人们开始认为收益是会一直无限持续下去的,这就有问题了"(银行在这种情况下肯定会做点什么!)。[25] 随着房价以30年来最快的速度上涨,波洛兹补充说道,"我们降息是为了提振经济……如果副作用是炙手可热的房地产市场,那这是我每天都要品尝的苦果。"

政府有时会抱怨房价上涨,并将其归咎于别人——我们当地的省议会议员(MPP)在2021年发出了一份传单,宣布"我们将打击亿万富翁、外国投机者和不守信用的开发商,是他们让安大略省的普通居民买不起房"。哪怕实际上是普通的安大略省人,因为得到了银行、经济学家、政客们以及媒体支持者所行的方便,也一直在买房并因此抬高了房价。但事实是,人们之所以身行力践地支持买房,是因为他们将资本收益看作了停滞的工资涨幅的替代品。这位省议会议员所在的政党提出的主要的住房政策议案,就是将担保贷款和抵押贷款的最大摊销期从25年提高到30年,这将使人们有可能借到更多的钱,从而抬高住房价格。在英国，自玛格丽特·撒切尔时代以来，保守党最可靠的政策理念和选举策略同样是通过"购房援助计划"（Help to Buy）等项目来抬高房价，这比帮助创造真正的繁荣要容易得多。或许更讽刺的是，债务往往也是让人们安分的好方法。正如诺姆·乔姆斯基（Noam Chomsky）对学生债务的观察，"当你把人们困在债务体系中，他们就没有时间思考了。"[26] 最重要的是，政府害怕在自己的任期内出现房地产泡沫破裂。2021年，加拿大住房部长甚至表示他需要保护"加拿大人对于住房所进行的投资"——正如他所说的那样，"如果有谁想看到你的房屋资产净值突然在一夜之间蒸发10%，举起手来让我看看"——显然是在混淆投资担保与住房政策（当时，这一降幅相当于近四个月的增长）。但是，就像其他试图将土地和住宅的"铅"转化为经济增长的"黄金"的计划一样，加拿大的哈特利伯炼金术实验看起来很可能会以惨败收场，因为它注定会在最后触碰到真正的极限。随便一个指标看过去——房价与租金之比、房价与收入之比、通胀后的房价增长率、家庭债务与GDP之比，等等——加拿大在与其他国家对比时，一直都在或者接近榜首，将美国和英国等传统竞争对手远远甩在身后（澳大利亚和新西兰是主要的竞争者）。正如经济学家赫伯特·斯坦（Herbert Stein）曾经指出的那样，如果某件事不能永远持续下去，它就会停止（尽管必然的结果是，所需的时间可能比你想象的要长）。然而，主要问题不在于该计划是否或何时会崩溃,而在于它已经造成了多大的破坏。

* 1.6 黑魔法 *

从某种意义上说,这种飘浮术背后的机制非常简单,并没那么神奇。虽然本书将论证其基础的过程在本质上是量子的,但这并不是说你要先拿到量子数学的学位才能理解指数增长,或发现市场泡沫,就像你也不需要量子波函数来计算核装置的能量一样。举个例子,指数增长是许多自然系统的基本特性——细菌菌落在培养皿中呈指数增长,直到耗尽营养。正如2020年教给我们的那样,病毒的传播呈指数级增长,直到很难找到脆弱的宿主。

此外,虽然核弹的设计初衷是让城市和城市居民毁于一旦,但有人可能会说,房地产-金融综合体的作用恰恰相反,它们是为人们建造住房,或帮助他们改善生活条件。对包括加拿大在内的许多国家的公民来说,拥有自己的住房这样的愿望是一种核心价值和人生意义。当然,如果一个虚无缥缈的房地产市场确实有某种魔力的话,那它一定是那种你买票就能看到的趣味魔法,而不是那种让人受伤的暗黑魔法。

然而,就像经历过美国次贷危机的人都知道——有些人还深陷其泥沼之中——房地产市场的崩盘对经济产生了巨大的阻碍作用,并留下了持久的伤疤。加拿大是世界上债务负担最重的国家之一，因此对任何形式的经济低迷都缺乏免疫力。房价通胀也越发被视为是不平等的一个关键驱动因素。麦格理证券（Macquarie Securities Ltd.）的中国首席经济学家胡伟俊（Larry Hu）表示，"在中国，房地产是金融风险和财富不平等的重要的源头，在包括加拿大在内的其他国家也是如此。"房地产－金融综合体在国民经济中所占比例如此之大，这一事实代表了严重的资源配置不当。因为它本质上是非生产性的，它是通过提高劳动力价格、将新人挤出市场、占用资源，使他们得不到更有效的利用，最终抑制了经济发展。这就是为什么《经济学人》（Economist）杂志将对自有住房的重视描述为2020年"西方最大的政策失误"。[27] 研究表明，整个金融行业也是如此，正如国际清算银行（Bank for International Settlements）的一篇论文所指出的那样，金融行业往往"吸收了过多的人才，妨碍了其他行业的发展"。[28] 经济体应该是从创新和创造力等方面获得力量和韧性。房地产－金融综合体却恰恰相反——它通过消极地利用法律边界和财产权（他们甚至注册了"房地产经纪人®"这个词）来赚钱。

房地产－金融综合体就是本书所谓的金融核弹的一个例子——就像世界上许多类似的核弹一样，它对社会构成了威胁。正如索迪将炼金术视为通向科学的桥梁一样，要理解这些装置的本质，第一步就是要认识到，货币——构成这些装置核心的物质——显然具有神奇的特性。而因为我们的世界观是基于经典逻辑，只能看出其表现与经典体系不符。

在经典逻辑中，没有所谓的"免费午餐"，但现实却是，我们的经济是基于无中生有的原则，这无异于金融炼金术。这个戏法的背后是某种形式的嬗变，在这种形式下，真实的物体变成了虚拟的数字。

要探究这个戏法如何运作的深层奥秘，我们需退一步看，回到科学和货币的发展初期，此时有史以来最深奥的魔术戏法之一首次上演了。

注释

1 Sclove, R.E. (1989), "From Alchemy to Atomic War: Frederick Soddy's 'Technology Assessment' of Atomic Energy, 1900-1915". *Science, Technology, & Human Values* 14(2), 163-194.

2 *Times Literary Supplement* (26 August 1926), p. 565.

3 Knight, F. (16 April 1927), "Money". *Saturday Review of Literature*, p. 732.

4 Russell, A.S. (30 November 1956), "F. Soddy, Interpreter of Atomic Structure". *Science* 30: 1069-1070.

5 Soddy, F. (2003), *The Role of Money: What It Should Be, Contrasted with What It Has Become*. London: Routledge.

6 Fisher, I. (1911), *The Purchasing Power of Money*. New York: The Macmillan Co.

7 例如，2018年，重建宏观经济理论项目（Rebuilding Macroeconomic Theory Project）强调："考虑金融摩擦，而不是假设金融中介是无成本的。" Vines, D. and Wills, S. (2018), "The rebuilding macroeconomic theory project: an analytical assessment". *Oxford Review of Economic Policy* 34(1-2): 1-42 (p. 4).

8 Sclove, R. E. (1989), "From Alchemy to Atomic War: Frederick Soddy's 'Technology Assessment' of Atomic Energy, 1900-1915".

Science, Technology, & Human Values 14(2), 163-194.

9 In Kumar, M. (2008), *Quantum: Einstein, Bohr and the Great Debate About the Nature of Reality.* London: Icon Books, p. 75.

10 Wennerlind, C. (2011), *Casualties of Credit: The English Financial Revolution, 1620-1720.* Cambridge, MA: Harvard University Press.

11 Flynn, J.T. (1941), *Men of Wealth: The Story of Twelve Significant Fortunes from the Renaissance to the Present Day.* New York: Simon & Schuster.

12 Jevons, W.S. (1905), *The Principles of Economics: A Fragment of a Treatise on the Industrial Mechanism of Society; and Other Papers.* London: Macmillan & Co.

13 McLeay, M., Radia, A., and Thomas, R. (14 March 2014), "Money Creation in the Modern Economy". *Quarterly Bulletin 2014 Q1* (Bank of England).

14 Atkins, R. (29 May 2018), "Radical reform: Switzerland to vote on banking overhaul", *Financial Times.*

15 Turner, A. (10 November 2014), "Printing money to fund deficit is the fastest way to raise rates". *Financial Times.*

16 Anonymous (2019), "Global house price index". *Economist.*

17 数据来自加拿大统计局。

18 Watling, C. (18 March 2021), "Time for a great reset of the financial

system". *Financial Times*.

19 Kirby, J. (31 March 2017), "Stephen Poloz: 'No one wins a trade war. Everybody loses'". *Maclean's*.

20 Younglai, R. (20 February 2021), "Defying gravity". *Globe and Mail*.

21 Porter, D. (22 January 2021), "Unbreakable Canadian Housing?". *BMO Capital Markets Economics*.

22 Bradshaw, J. (24 April 2021), "More research needed on factors driving high home prices, National Bank CEO says". *Globe and Mail*.

23 借用果汁传媒（Juice Media）的一种表达方式。相比之下，许多金融顾问公开警告房地产泡沫，其中最著名的是《泡沫破灭时：加拿大房地产崩盘后的余生》(*When the bubble burst: Surviving the Canadian Real Estate Crash*) 一书的作者希利亚德·麦克白（Hilliard Macbeth）。

24 Carmichael, K. (3 November 2020), "The Bank of Canada is supposed to be independent, but it might not hurt if it knew what Finance was up to". *Financial Post*.

25 Zochodne, G. (24 February 2021), "Bank CEOs see low rates, high savings driving steady demand in housing markets". *Financial Post*.

26 Sibley, R. (9 April 2011), "Chomsky talks fear in western society". *Ottawa Citizen*.

27 Anonymous (16 January 2020), "Home ownership is the West's biggest economic-policy mistake". *Economist*.

28 "当金融部门快速增长时,研发密集型行业——飞机、计算机等——将受到不成比例的伤害……金融体系快速发展的国家与金融体系缓慢发展的国家相比,其高研发强度的行业比低研发强度的行业的年增长率要低 1.9% 到 2.9%。"国际清算银行 2012 年第 82 期年报,2011 年 4 月 1 日至 2012 年 3 月 31 日,巴塞尔。

第 2 章
穿透术

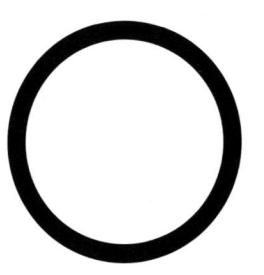

> 几乎所有伟大的欧洲哲学家都是单身汉……这些伟人，仅仅因为他们对某个话题的无知，就可能会将此话题变为非常强烈的禁忌，讳莫如深，即使这个话题恰好与讨论的内容十分契合。
> ——玛丽·米奇利（Mary Midgley），《指环与书》（*Rings and Books*），20 世纪 50 年代

穿透术（Penetration Trick）指的是魔术师让固体物彼此穿透，就像人穿过镜子或墙壁一样。哈里·胡迪尼（Harry Houdini）在一百年前就表演了"穿墙"的幻术，从那以后它就成了一种主要的表演形式。但货币其实一直都在做这类事情——例如，从许多国家流出的资本就证明了这一点。我们认为货币像金条一样坚固持久，但同时它又具有弹性和流动性，能够在空间中瞬移，或者穿过看似无法穿透的屏障。本章将会展示，这些神奇的特性不是明显的噱头或廉价的幻觉，而是由于货币本质上的二元性，抽象的数字穿透了真实的物质。

现代经济学，就像普遍的西方科学一样，可以追溯到公元前 6 世纪。根据当时的一个故事，一位宝石雕刻匠和他的妻子前去德尔斐（Delphi）拜访皮媞亚先知（Pythian Oracle），希望寻求一些经商的建议。先知之所以叫皮媞亚是因为最初的

神谕据说是由大地女神盖亚（Gaia）提供的，也就是地球母亲（Mother Earth），由一位名叫西卜（Sybil）的女先知唱出。这个地方由盖亚的女儿保护着，她是一条住在附近泉水里的蟒蛇。然而，年轻的阿波罗神杀死了巨蟒并接管了神谕。从那时起，他被称为皮媞亚的阿波罗，并被认为是预言之神。

"德尔斐神谕"，正如它自己所标榜的，无疑是历史上最成功的魔术表演，持续了近一千年。想象一下，在拉斯维加斯的一场盛大演出中，主角去世后，他或她被一个长得很像的人取代。它的运作方式是这样的，一个祈祷者会带着礼物出现在神庙，如祭祀用的山羊（只不过礼物因人而异）。然后，祈祷者获得许可进入神庙，庙内的皮媞亚（皮媞亚始终是女性）坐在一把三条腿的凳子上，也就是所谓的三脚架。会有一位牧师向皮媞亚发问，都是预先筛选好的问题。皮媞亚随后就开始进行一场程序复杂的表演，目的是召唤阿波罗魂灵，同时吐露一些莫名其妙的话。牧师会对这些话进行解读，然后用通俗易懂的诗句念出来。

皮媞亚最著名的来访者之一是克罗伊斯国王（King Croesus），他发现了一种用黄金制造铸币的方法，因此变得非常富有（一贯如此，最好的赚钱方法就是直接造钱）。他向神庙捐赠了3000只祭祀动物，一只约240千克的金狮，以及各种金银祭品。克罗伊斯正考虑出兵攻打居鲁士大帝创建的波斯帝国，出征前特地向神谕征求意见。皮媞亚告诉他，如果他出兵，"一个伟大的帝国将会灭亡",克罗伊斯认为这是在鼓励他出战。然而,他没有问清楚灭亡的是哪个帝国——正是他自己的——这恰恰表明,即使有很多钱,也很难得到可靠和透明的建议。

而宝石雕刻匠和他妻子的经历据说是这样的,皮媞亚告诉这对夫妇,这个女人将会生下一个儿子,这个儿子的美丽和智慧无人能及。这让人很震惊,因为这位妻子本人甚至都不知道自己怀孕了。孩子出生时,父母给他取名毕达哥拉斯(Pythagoras),意思是"神谕代言人"(The Oracle Speaks)。

* 2.1 魔法学校 *

毕达哥拉斯出生在爱琴海中的萨摩斯岛,年轻时曾周游各国,其中一个地方就是米利都,这是吕底亚附近的一个城市,是数学家兼哲学家泰勒斯(Thales)的故乡,伯特兰·罗素(Bertrand Russell)认为泰勒斯可以算是西方哲学的奠基人。米利都也是希腊第一个自己铸币的城市,所以毕达哥拉斯也算是见证了铸币这种货币形式的诞生。毕达哥拉斯还拜访了叙利亚的圣贤、埃及的大祭司和东方三博士(Magi)。据他的传记作者伊安布里科斯(Iamblicus)说,毕达哥拉斯"在那里学习了他们的神圣仪式,并了解到了一种非常神秘的神灵崇拜"。[1]

回到萨摩斯岛后,他建了一所专门教授数学和哲学的学校。这所学校被称为半圆,坐落在一个山洞里。它并没有大获成功，因为其教学方法是基于毕达哥拉斯所见过的埃及祭司的方法，实在是过于困难和抽象，且有各种各样的限制，例如，不能吃豆子，不能穿动物皮做的衣服，不能听不合适的音乐。他后来搬到了意大利南部一个叫克罗托内的小镇，在那里开办了一所新学校。这所学校有一些宗教崇拜的痕迹，也有一些科学学院的痕迹，但更确切地说，它是一所魔法学校。

今天我们一说起魔法总是会联想到戏法和娱乐，但古希腊才是魔法真正的黄金时代，人们十分珍视从先知那儿得到预言的机会，从数学家那儿获得占星建议的机会，从魔术师那儿听得咒语的机会，或者是跟随毕达哥拉斯这样的大师接受强化培训的机会。魔法这个词源自希腊的magos，指的是像萨满这样的宗教人物，据说他们可以进入另一个世界。而毕达哥拉斯的情况则是，他的追随者真的相信他的父亲是阿波罗神，他本人是半神。据说他有一条金色的大腿，他会展示给人看，好让人们相信他的半神性。

据说毕达哥拉斯最擅长的魔术之一是移位术。伊安布里科斯讲述了一个叫阿巴里斯（Abaris）的牧师/圣人的故事，他在为阿波罗神庙完成化缘任务后准备折回高加索老家。途经意大利时，他遇到了毕达哥拉斯，并确信这就是阿波罗本人。他赠给毕达哥拉斯一支神箭，并声称这支箭曾经属于阿波罗。据阿巴里斯说，这支箭有魔力，它的主人可以借助它飞过河流或山脉等障碍物。

毕达哥拉斯的另一项专长是预言术。[2]他教授了各种各样的方法，比如研读内脏或聆听神谕，但预言的最高形式是通过数字占卜，毕达哥拉斯认为，与其他方法相比，数字占卜与神的联系更紧密。他也擅长催眠术，据阿巴里斯说，他只要"用手轻轻抚摸熊或鹰"就能驯服它们，也可以通过"声音的力量"或"触摸的作用"来控制野生动物。

但到目前为止，他最厉害的戏法还是穿透术。毕达哥拉斯的版本与后来胡迪尼表演的穿墙式的滑稽动作有本质上的不同——如果你想知道它是否与性别有关，不急，确实有关。但是要了解二者是如何关联的，我们首先需要先来了解一下数字。

* 2.2　万物皆数字 *

毕达哥拉斯学派的主要核心信念是，现实是基于数字的——或者更确切地说，现实就是数字。根据毕达哥拉斯学说，每个数字都有特殊的意义。1代表统一，在他们自己版本的创世神话中，统一是宇宙原始的无瑕疵的状态。2是二分体，代表了裂分的二元性，与变化和性别有关。3是三位一体，使一切事物都有开头、中间和结尾，或过去、现在和未来。它是与预言有关的数字，例如德尔斐的三脚架。数字4，四分体，代表着完成，就像组成一年的四季一样。四分体后来也代表了火、气、水和土这四种古典元素。最伟大和最神奇的数字是 10：作为前四个数字的总和，它象征着宇宙。它是用圣十（Tetractys）表示的，这是一个神圣的三角形符号，由 10 个圆点组成，排列方式是 4-3-2-1。毕达哥拉斯学派将这个符号与德尔斐神谕联系起来。图 2.1 所示为医生兼炼金术士罗伯特·弗拉德（Robert Fludd）在 17 世纪所绘制的毕达哥拉斯圣十符号，同时也阐释了毕达哥拉斯的创世神话。[3] 乌云代表了宇宙诞生之前的混沌状态。宇宙的创造以单子（Monad）或统一的出现为标志，然后是二分体，再然后是其他数字。

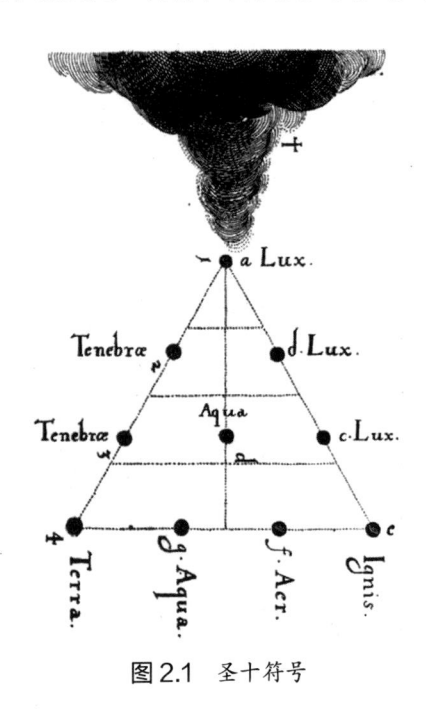

图 2.1　圣十符号

作家亚瑟·库斯勒（Arthur Koestler）这样评价毕达哥拉

斯:"他对人类思想和命运的影响之大可谓空前绝后。"⁴ 这似乎有点夸大其词,因为大多数人只在初等数学中学习他的直角三角形理论(即勾股定理)时听说过他。就像现代魔术师或银行家一样,毕达哥拉斯学派坚持绝对的忠诚和保密,所以没有任何书面的东西流传下来。正如伊安布里科斯所观察到的,与任何魔法学校一样,其目的是"以一种神秘的方式守护神圣的秘密,不得向外行透露"。因此,我们对毕达哥拉斯的全部认识都来自二手资料,比如通过伊安布里科斯或亚里士多德。然而,他的重要性是由于他简单却异常强大的思想"万物皆数字"。或者,正如经济学家保罗·罗默(Paul Romer)所说,"数学可以告诉你宇宙的深层秘密"(尽管他指的是现代数学家)。

毕达哥拉斯学派对数字的重视通常与科学的进步有关,当然,它确实开启了西方科学发展的新篇章。但根据学者格思里的观察,很可能"毕达哥拉斯对数字研究的热情来自其在商业中的实际应用"——毕达哥拉斯哲学最明显的表征体现在你装在口袋里的硬币,或在你的银行账户中所存储的数字。⁵一位宝石雕刻匠的儿子,去参观了米利都一些早期的造币厂,在货币经历前所未有之发展的时期著书立说,而且根据某些记录,他可能参与了当地货币的设计,成为第一个向世界展示货币之魔力的魔术师;并施展了咒语,而我们至今还被蒙在鼓里。

毕竟,对于毕达哥拉斯的"万物皆数字"思想,还有什么比货币更有力的证明呢?货币的全部意义在于将对价值的计算简化至同一个数字竞技场中。正如一个音符在任何乐器上都是指同一音调一样，货币单位指的是一个固定的值。因此，就像毕达哥拉斯用数学对宇宙概括的那样，货币对所有交换的处理方式就是：把它简化为数字。

今天我们生活在一个万物皆有价的世界，数字铺天盖地贴在每样东西上，如果你仔细想想，这是一个相当厉害的戏法。怎么把数字和东西联系起来？毕竟，数字和东西的属性不同，例如，我们可以丢失、给予或交换一件东西，但我们不能真的交易数字，因为它们是抽象的概念。如果我假装给你一个数字2，那我也同样可以把另一个数字2给其他人。或者你也可以干脆自己创造一个数字2。没人能拥有数字，所以也没人能给予其他人数字。同样的，东西是易逝的，但数字是永恒的。房子可能会变破，可能会漏雨，但抵押贷款金额可是风雨不侵的。

正如我下面将讲到的，通过将真实的东西和虚拟的数字的属性融合捆绑到一起，货币正在表演一种穿透术一般的戏法。如果在你听来这就像一个笑话的开头，可能还真就是如此。

* 2.3 虚拟现实 *

要理解这个戏法，首先要指出的是，希腊哲学是二元论的，而我认为希腊哲学是公然的性别歧视。例如，毕达哥拉斯学派认为宇宙是由对立的原则支配的，这些原则分为善与恶，其中就包括男与女。该学派接受了女性，但仍然将女性原型与黑暗和邪恶联系在一起。柏拉图（Plato）在《蒂迈欧篇》(Timaeus)中将女性描述为不好的灵魂，他和亚里士多德禁止女性进入他们所创建的学校。

在希腊哲学中，两性之分同现实世界与抽象概念之分紧密相关。古希腊哲学认为现实世界与女性原则相关，而抽象概念则与男性原则相关。科学作家玛格丽特·韦特海姆（Margaret Wertheim）认为："数学与神有关，超越了物质世界。"[6]

柏拉图用他的形式论（Theory of Forms）把这种真实与虚拟的划分归结得合乎逻辑。根据柏拉图的理论，任何现实世界中的物体，比如一张桌子，都是某种形式的缺憾版，就桌子这个例子而言，即"桌子"这种形式的缺憾版，后者存在于较现实更高的层面，只有那些有知识的人才能理解。然而，铸币跨越了这一分水岭，因为它将虚拟符号实实在在地压入真实的材料中。

"虚拟"一词来自拉丁语中的 virtus，意为男子气概，而"物质的"一词来自拉丁语中的 mater，意为母亲。我们很容易就会将货币的创造与亚里士多德相当过气（已有两千年历史）的婴儿诞生理论联系起来："女性提供材料，男性则是让材料成型，这在我们看来是两种性别各自的特定特征：这就是作为男性或女性的意义。"[7] 在这个观点下，生育真成了一种穿透术：就像一枚硬币被一个魔术师穿过屏障，神奇地出现在另一边

("硬币穿透术"),或是阿波罗通过神谕所表达的那样,推动男性的种子穿透女性的身体,以孩子的形式再现。

从这个角度来看,货币是希腊哲学二元论的口袋版,虚拟数字穿透到实际物质中,是炼金术作用下男性和女性的结合。讽刺的是,我们称金币为硬通货,而黄金其实是一种极其柔软的金属,一直被用来作为身体的装饰品。货币体系的全部意义就是在"软的"价值上贴上"硬的"数字。就像波函数坍缩这一神秘的量子过程一样,其目标是将一系列可能的值坍缩为一个单一的数字。[8]我们会在后面的章节中深入探讨这一过程,但目前主要想说的是类似铸币这样的货币对象结合了两重本质上毫不兼容的事物:虚拟的数字,以及真实的,为人所拥有的东西。通过这些货币对象的交易,其他物品也与数字,即它们的价格联系起来;然而,货币对象的独特之处在于它们具有明确定义的价值。例如,大多数实物都会腐烂并贬值,但一张10美元的钞票根据定义总是值10美元的(它能买多少东西则另当别论了)。

正是货币的两面——真实的和虚拟的,软的与硬的——之间的冲突,激发了货币的创造力,并赋予它力量;但它将价值与数字联系起来的同时也指向了另一个问题,即货币和经济的性别本质。

* 2.4 量子具有性别特色 *

正如我们将看到的，围绕货币充斥着各种尴尬的话题，关于性别的讨论只是其中之一。然而，既然说到这里了，很明显，一般的科学，尤其是经济学，仍然像古代哲学一样，被许多人视为男人的俱乐部——这可能已经影响了我们对货币的理解，因为它只强调了货币的一个方面。那我们就好好地搅搅这趟浑水，探个究竟。

受古希腊哲学和现代科学相互关联的启发，我在其他一些书中提出了性别的话题，但并未得到统一的积极回应。一位物理学家甚至担心，我的观点是为了博读者一笑，但我可以肯定的是，事实并非如此（尽管幽默确有帮助）。[9] 也许科学家们觉得自己是不受这种话题影响的真理探索者。然而，这个话题似乎与量子的本质特别契合。

首先，经济学领域——就像一般的科学一样——长期以来一直由男性主导。哲学家桑德拉·哈丁（Sandra Harding）在1986年写道："无论是严肃的科学活动还是其他任何社会活动，都更多地从体制上将女性排除在外，唯有上前线作战这样的事对女性同时也是开放的。"[10] 结果就是，正如学者伊夫林·福克斯·凯勒（Evelyn Fox Keller）在1985年所说的，现代科学"不是由人，而是由男人"发展起来的。[11] 例如，量子物理学主要是由一小群20多岁的年轻男性创立的。经济学似乎也是一个例子，正如社会学家伊莱恩·科伯恩（Elaine Coburn）在 2016 年观察到的那样，经济学仍然是"对女性非常不友好的。"[12] 经济学教授薇罗尼卡·多拉尔（Veronika Dolar）说："有充分的理由表明，经济学是不适合女性从事的学术领域。"[13] 最近的一项研究利用数据科学分析了性别差异，得出的结论是，最好将经济学学科描述为"一个对女性经济学家来说压抑且吃力不讨好的环境"，这似乎比古希腊没有多大进步。[14] 近年来，迫于"我也是"（#MeToo）运动的压力，这一问题终于得到了越来越多的认识。在 2019 年关于性别问题的小组讨论中，珍妮特·耶伦（Janet Yellen）（时任美国财政部长）甚至表示，解决性别歧视问题应该是经济学家"最优先考虑的问题"。[15] 但是相关的问题来了，性别问题如何影响了经济学呢？

或许我们可以从耶伦的丈夫，诺贝尔奖得主乔治·阿克洛夫（George Akerlof）2020 年的一篇论文中找到一点线索，该论文提出经济学"对支持'硬'而反对'软'的做法予以奖励"。[16] 他自己并未论证这个论点，但他的论文中有这样一章名为"偏向硬的原因"，整整一个章节都在讲述经济学与某种男子气概有关。确实，他的文章甚至没有提到"女人""女性"或"性别"等字眼。但有些人对建立科学与性别的关联可没有他这么保守。例如，1985 年，哲学家玛丽·米奇利（Mary Midgley）编制了一份对立思想清单，试图将科学与魔法和迷信等事物区分开来，让人不由得想起毕达哥拉斯学派的对立原则，其中包括：

硬	软
理性	感性
客观	主观
数量	质量
男性	女性
清晰	神秘

米奇利评论说："英语世界的科学家们通常在研究伊始就收到了这样的指示，要至死坚守上面的左边那一列的原则。"[17] 历史学家西奥多·罗斯扎克（Theodore Roszak）在他的《性别化的原子》（The Gendered Atom）一书中指出，物理学被认为是硬科学中"最难的"，因为它研究的是"宇宙的基本物质"。原子被认为是"无色、没有灵魂、不可爱的东西，不存在魔法。"[18] 正如心理学家凯瑟琳·凯勒（Catherine Keller）所指出的，经典物理学中这些"单独的、不可穿透的"的原子与男性的自我意识之间存在着强烈的对应关系。[19]

原子充满了阳刚之气，与物理学家用来模拟原子和经济学家用来模拟人类行为的方程式一样坚不可摧。经济学家朱莉·纳尔逊（Julie A. Nelson）在1996年写道："涉及超然、数学推理、正式性和抽象性的分析方法具有积极性和男性化的文化联想；而涉及关联、语言推理、非正式性和具体细节的方法则恰恰相反，这些方法被普遍认为是具有女性化的文化联想。"[20] 经济学家迪尔德丽·麦克洛斯基（Deirdre McCloskey）认为男性经济学家"坚持方正、事实、逻辑、科学、数字、认知、严谨、真理、坚硬、积极和客观"，是近于"焦虑的僵化"。她把他们比作摩托车帮，"按照墨守成规的序列和严格固定的地点在营地里昂首大摆，浑身上下被皮革包裹得严严实实，排斥情感，如果别人说他们应该更女性化一些，他们必然会不乐意。"[21] 也许他们应该聘用更多的女员工。①

因此，尽管性别这一话题在科学和经济学中是有争议的，但做以下的实证陈述似乎是公平的：

- 由毕达哥拉斯、柏拉图和亚里士多德所推动的希腊哲学反映了一种性别鸿沟，它将"真实的"或物质的东西与女性原则联系在一起，而将"虚拟的"或精神的东西与男性原则联系在一起。
- 大约在同一时期传遍希腊的硬币，是当一个虚拟的（希腊男性原型）符号被压进真实的（希腊女性原型）材料

---

① 在一个嬗变的例子中，麦克洛斯基本人最初被聘用时是假冒一个名叫唐纳德的男性，她的性别变化同她与"经济学的主流（即男性）"的决裂有关。

时产生的。
- 西方科学起源于希腊哲学，强调"硬的"客观（男性原型），而不是"软的"主观（女性原型）。
- "偏向硬"在经济学中尤为明显。
- 众所周知，经济学领域一直存在性别偏见和性别歧视的问题。
- 经济学领域淡化或忽视了货币的复杂性质。

可能确实是有关联的！我可以非常明确地说，我不认为希腊原型是正确的——物理学和经济学在本质上是男性的追求。我要说的是，希腊原型的影响力很大。造成的后果之一就是我们对货币的态度很乱。经济学需要软化，量子经济学是一个不错的解决办法，因为它从根本上对还原论的观点提出了质疑，不同意把人视为经典物理中原子的社会等量物，我们将看到，量子经济学提供了一个框架，在此框架下，"硬的"客观和"软的"主观如同一枚硬币的正反两面。

毕竟，量子力学的一个决定性特征就是它看起来"很硬"——它的名字里就有力学这个硬茬！——但它描绘的现实画面是柔软而模糊的。在很多方面，这不是一门硬科学，而是一门软科学。如果它的确曾是由人创立的，那也是由女性创立的，它的演变和阐释主要是由女性完成的，而非那些年轻男性——如果它的"奠基之父"，就像有时人们所称的那样，是

"奠基之母"——我们会把它称为有史以来最具女性特色的理论。当然,物理学家们是这样回应的,他们并没有接受其女性化的一面,而是采用了物理学家大卫·梅明(David Mermin)随后总结的"别争论,只管算!"的硬核数学方法。相比之下,社会科学把女性算作自己的第一批创立者。物理学家出身的丹娜·左哈尔(Danah Zohar)描述了她1990年出版的《量子自我》(*The Quantum Self*)一书是如何在一定程度上受到自己怀孕和早期为人母这段经历的启发的:"将自我视为量子过程的一部分,这是一种非常女性化的东西。"[22] 或者就像社会理论家(兼科班出身的物理学家)凯伦·巴拉德(Karen Barad)在她2007年出版的《半途遇见宇宙:量子物理学及物质与意义的缠结》(*Meeting the Universe Halfway: Quantum Physics and the Entanglement of Matter and Meaning*)一书中所说的那样:"存在不是一件单独的事情。如无互动,就不存在所谓的个体;更确切地说,个体始于这些错综复杂的内部关系,也是其中的一部分。"[23]

就像量子物质,或左哈尔所说的量子自我一样,货币将软的主观性和硬的客观性,或物质和意义结合在一起。它让消费者和会计师都感到兴奋,只是这两类人兴奋的点不同。这两个方面之间的冲突赋予了货币迷人的魔力。因此,在经济学中,如果只将货币当作一种会计度量,那么"货币抑制"就可能等同于抑制货币的主观性、感性和莫名其妙激动人心的方面,目的是让经济学看起来更科学、更客观。这也就解释了该领域对维多利亚时代的概念（如理性经济人）的持久依恋，至今仍挥之不去。此外，它还为货币提供必要的烟幕来转移观众的注意力，以表演一些更令人惊叹的货币魔术。

同样，在其他科学中也可以看到类似的对硬的客观性的着重强调。1913 年，美国心理学家约翰·沃森（John B. Watson）写道："按照行为主义者的观点，心理学是一门绝对客观的、实验性的自然科学分支，它和化学、物理科学一样不需要内省……它可以在心理学层面上摆脱意识。"[24] 玛丽·米奇利写道，"主观"这个词简直已经被用滥了，只要一提到任何思想或感受都算主观，而"客观"这个词则成为对任何忽视思想感受的方法的有力赞美。[25] 2015 年，亚历山大·温特（Alexander Wendt）指出，"在大多数当代社会科学中，似乎都存在一种围绕主体性的'禁忌'"，这似乎很奇怪，因为社会关系在很大程度上肯定是基于主观因素，[26] 因此，归根结底围绕主观价值的经济学可谓这一现象的一个极端案例。类似行为经济学这样的专业，在一定程度上又重新引入了心理学，可以将之看作是通过增加几个本轮好让经济学显得更为平衡又不失其科学性这一形象的尝试（见第 7 章）。量子方法在心理学、社会学和经济学取得进展的一个原因就在于它解决了目前面临的这种不平衡，并提供了一个合理的数学方法，这种方法不是要消灭主观性，用精准的计算取而代之，而是要重新将主观性引入该领域，平等待之。

作家凯特琳·马歇尔（Katrine Marçal）在其2021年出版的《发明之母：在为男性打造的经济环境中，好主意如何被忽视》(*Mother of Invention: How Good Ideas Get Ignored in an Economy Built for Men*) 一书中指出，许多有用的创新未能流行起来，只是因为营销人员认为它们"过于女性化"。[27] 轮式行李箱就是一个典型的例子。轮子是在古代美索不达米亚发明的，和货币差不多在同一时间；然而，因为将其与箱子结合的可能性与男性借拖拉重物来展示自己力量的想法背道而驰，一直到1972年才出现带轮子的行李箱。正如马歇尔所写的那样，"为什么我们花了5000年才想到把轮子装到行李箱上？根本原因就在于性别。"或许量子经济学就是科学界的轮式行李箱。

* 2.5　阿波罗的货币 *

这本书并不是要改革大学的经济系，或者让它们变得更加中性化，这项任务最好留给学术界去完成。相反，本书是想发展一种新的经济模式，这种模式从本质上来说可能更具包容性（只是因为当前模式的包容性实在太差了，很难有比这更差的了）。性别在这里很重要，因为它有助于解释反对探索货币的双重属性（真实/虚拟）的制度偏见，这是许多经济现象的核心，与经济学家自己所描述的倾向于强调硬多过软是一致的。货币作为一种社会技术，将这两种品质结合在一起，而且事实证明它是十分高效的，但似乎也让很多人感到不安——任何偏向其中一方的方法都会面临很多问题。例如，据经济学家贾亚蒂·高希（Jayati Ghosh）说，"令人惊讶的是，经济学家极其不愿意认真研究其他学科（特别是其他被视为'软'的社会科学）"，这"极大地限制了经济学"。[28] 硬/软、客观/主观的二分法是量子方法的核心，要在这方面取得进展，我们需要破除如同古老的咒语一般困住经济学的希腊哲学的二元论。我们将在第4章继续讨论这个问题。

货币就像毕达哥拉斯的神箭一样，具有穿越时空的能力。我们可以从未来借钱，也可以把钱转移到世界上任何地方，只要按一下按钮即可。原因在于，货币是穿透术在炼金术界的终极版本，即虚拟数字穿透真实物体。这或许可以解释为什么14世纪的牧师吉勒斯·李·穆西斯（Gilles li Muisis）会这样说：

金钱和货币是很奇怪的东西。
它们一直在上上下下，没有人知道为什么；
如果你想赢，你就会输，不管你怎么努力。

或者换句话说，不管你怎么对待钱，最后你都会觉得自己完蛋了。似乎有一样东西可以把金钱和性别联系在一起，那就是，没有绝对的真理，因为无论你说什么，相反的东西也可以适用。在下一章中，我们将展示如何用数学术语来表达这种情绪。

注释

1 Iamblichus (1918), *The Life of Pythagoras*. Translated by T. Taylor. Kila, MT: Kessinger.

2 Orrell, D. (2007), *Apollo's Arrow: The Science of Prediction and the Future of Everything*. Toronto: HarperCollins.

3 Fludd, R. (1626), *Philosophia sacra et vere christiana seu meteorologia cosmica*. Frankfurt: Francofurti prostat in officina Bryana.

4 Koestler, A. (1959), *The Sleepwalkers: A history of man's changing vision of the Universe*. New York: MacMillan.

5 Guthrie, W.K.C. (1962), *A History of Greek Philosophy, The earlier Presocratics and the Pythagoreans* (6 vols). Cambridge: Cambridge University Press, Vol. 1, p. 221.

6 Wertheim, M. (3 October 2006), "Numbers Are Male, Said Pythagoras, and the Idea Persists". *New York Times*.

7 Aristotle (1943), *Generation of Animals*. Translated by A.L. Peck. Cambridge, Mass.: Harvard University Press, p. 184.

8 Orrell, D. (2016), "A quantum theory of money and value". *Economic Thought* 5(2): 19-36.

9 物理学家萨宾·霍森费尔德（Sabine Hossenfelder）在那一章集中记录了她对我的书《真或美》的简短讨论，而没有集中篇幅论述她自己书中的中心论点：科学被美引入了歧途。

10 Harding, S.G. (1986), *The science question in feminism.* Ithaca: Cornell University Press, p. 31.

11 Keller, E.F. (1985), *Reflections on gender and science.* New Haven, CT: Yale University Press, p. 69.

12 Coburn, E. (2016), "Economics as ideology: challenging expert political power". Transnational Institute.

13 Dolar, V. (2021), "The gender gap in economics is huge-it's even worse than tech". *The Conversation.*

14 Wen Jian (2020), "A graphical view of gender imbalance in economics and why it matters".

15 Casselman, B. and Tankersley, J. (10 January 2019), "Female Economists Push Their Field Toward a #MeToo Reckoning". *New York Times.*

16 Akerlof, G.A. (2020), "Sins of Omission and the Practice of Economics". *Journal of Economic Literature*, 58(2): 405-418.

17 Midgley, M. (1985), *Evolution as a religion: Strange hopes and stranger fears.* London: Methuen, p. 98.

18 Roszak, T. (1999), *The Gendered Atom: Reflections on the Sexual Psychology of Science.* Berkeley, CA: Conari Press, p. 39.

19 Quoted in Roszak, T. (1999), *The Gendered Atom: Reflections on the Sexual Psychology of Science.* San Francisco: Conari, p. 88.

20 Nelson, J.A. "The masculine mindset of economic analysis". *The Chronicle of Higher Education* 42 (1996): B3.

21 Ferber, M.A. and Nelson, J.A. (eds) (1993), *Beyond Economic Man: Feminist theory and economics*. Chicago: University of Chicago Press, pp. 75-76. And McCloskey, D. (2000), "Crossing Economics". *International Journal of Transgenderism* 4(3).

22 Zohar, D. (1990), *The Quantum Self* (London: Flamingo), pp. 133-134.

23 Barad, K. (2007), *Meeting the Universe Halfway: Quantum Physics and the Entanglement of Matter and Meaning*. Durham, NC: Duke University Press.

24 Watson, J. B. (1913), "Psychology as the Behaviorist Views it". *Psychological Review* 20: 158-177, p. 177.

25 Midgley, M. (1985), *Evolution as a religion: Strange hopes and stranger fears*. London: Methuen.

26 Wendt, A. (2015), *Quantum Mind and Social Science: Unifying Physical and Social Ontology*. Cambridge: Cambridge University Press, p. 19.

27 Marçal, K. (2021), *Mother of Invention: How Good Ideas Get Ignored in an Economy Built for Men*. Toronto: Doubleday Canada.

28 Ghosh, J. (24 November 2020), "Discrimination and bias in economics, and emerging responses". *Real-World Economics Review*.

第3章
是，亦非是

O

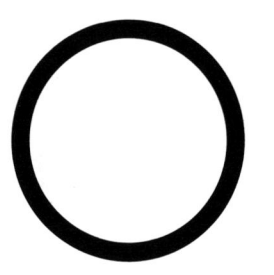

> 人不能两次踏入同一条河流，
> 因为无论是这条河还是这个人都已经不同。
> ——赫拉克利特（Heraclitus）残篇 81[1]

> 传闻赫拉克利特曾说"同样的事物可以为是亦可以为非是"，这是任何人所不能置信的。
> ——亚里士多德，《形而上学》(Metaphysics)

西方的逻辑传统上是基于这样的想法，就像观察到的掷硬币的结果要么是正面朝上，要么是背面朝上一样，一个陈述要么是对的，要么是错的，但必定不能是兼而有之。虽然这可能适用于已经掷出的硬币，但并不适用于潜在的结果或心理状态。分身术（Bilocation）指的是同时在两个地方出现的通灵能力，过去一直被当作是一种邪恶的巫术。本章展示了叠加状态这种同样神奇的原则如何成为量子概率和经典概率的根本区别，并探讨了我们应如何看待思维和货币。

毕达哥拉斯学派最早对二元论表达了厌恶。正如我们所看到的，对他们来说，数字 1 不仅仅是一个数字：它是一个法则，一个单子（Monad），代表了宇宙原始的单一状态。代表二分体的数字 2 意味着二元性，导致了分裂与不和谐。他们把对数字

2的这种不信任带入了他们的数字占卜中：奇数与男性、有限的和右手有关，而偶数则与女性、无限的和左手有关。据毕达哥拉斯的传记作者伊安布里科斯说，毕达哥拉斯曾断言："右手代表所谓的奇数法则，是统一的、神圣的；而左手则象征着偶数和被分解的数。"

至少在某种意义上，毕达哥拉斯学派是正确的。亚原子粒子有两种类型，费米子（Fermion）和玻色子（Boson），它们的特征主要取决于自旋量子数（Spin Quantum Number），自旋量子数描述了一种类似于旋转的性质。费米子包括原子的基本成分，如电子和质子，其自旋量子数是最低自旋量子数的奇数倍（半整数自旋，如1/2，3/2，5/2等）；玻色子包括传递力的粒子，如光子，其自旋量子数是最低自旋量子数的偶数倍（整数自旋，如0，1，2等）。费米子遵循泡利不相容原理（Pauli Exclusion Principle），意味着它们不与其他粒子共享空间（即不能两个以上的费米子出现在相同的量子态中）；相反，玻色子却乐于共存（多个全同玻色子可以同时处于同一个量子态）。

有趣的是，在中国的阴阳哲学中也出现了类似的奇偶之分；然而，与毕达哥拉斯学派不同的是，中国哲学家将奇偶视为互补而非二元对立的特质。换句话说，有可能某物同时是奇数和偶数，或者同时是单一的和可分解的。这个区别是很重要的，事实上，它正是量子数学领域的基础所在。

* 3.1　新范数 *

我们现在都知道量子力学充满了神秘感，只有很小一群内行的人才能理解。正如物理学家丹尼尔·格林伯格（Daniel Greenberger）在1984年的谈话中所讲的，"量子力学是一种魔法。"他随后还帮忙进行了澄清，"它并不是黑魔法，但确实是一种魔法！"[2] 但现在是时候让你们了解一个尚未向大众公开的小秘密了——那就是，量子概率理论的核心思想实际上非常简单，并没有那么神奇或令人费解。事实上，我们可以通过抛硬币来说明这一点。

在经典概率中，一个命题可以要么是真要么是假，但不能同时既真又假，就像亚里士多德所说的那样。如果你抛一枚硬币，那么结果一定要么是正面（Head）朝上H，要么是背面（Tail）朝上T。对于一枚普通的硬币而言，两者出现的概率各占50%，在十进制记数法中则是0.5。如果这是一枚偏心的硬币，那么H的概率可能是0.52，T的概率可能是0.48，但它们的总和必须是1，因为有100%的概率是一定会出现其中之一的结果。

不过，假设我们想要描绘的不是抛硬币这个实际的过程，也不是最终观察到的结果，而是基于我们对硬币的了解，出现不同结果的概率。那么，在测量之前，我们可以用图3.1来表示这一体系。因为有两种可能的结果，所以这个图形有两个轴，分别代表正面朝上和背面朝上。S1的长度为1，表示硬币的随机状态概率之和为1。

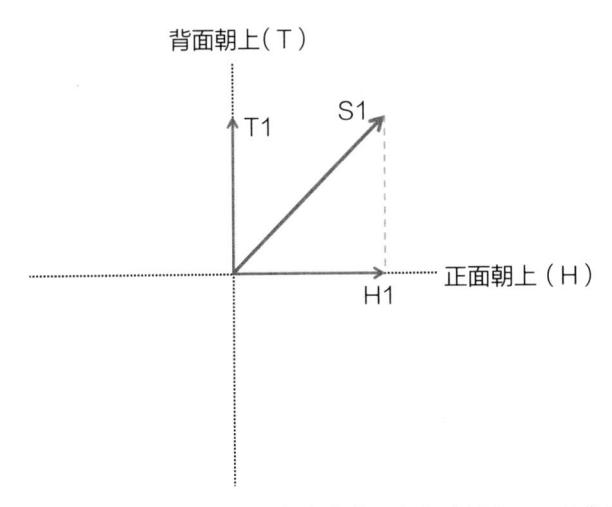

图3.1 抛硬币时出现正面朝上或背面朝上的倾向可以用线段S1表示，它是线段H1和T1的平衡叠加。H1是通过S1在横轴上的投影得到的，如虚线所示，而T1是通过S1在纵轴上的投影得到的。

之所以按照45度角来画这条线，是为了表示硬币出现正反两面的概率相同。如果硬币抛出正面朝上的次数多，那么S1与H1的夹角就会更小，这条线就会更靠近横轴。一般来说，出现正面朝上的概率是通过将状态投影到水平轴上得到的，如虚线所示，并取投影H1的平方长度。类似地，投影T1的长度的平方是出现背面朝上的概率。

这个数字直观上说得通，但为什么要取平方呢？原因是我们希望出现正面或背面朝上的概率总和为 1，这相当于说，其中一个或另一个必须发生，根据勾股定理，这两个平方之和等于 1，正如预期的那样。在数学中，决定某一数量大小的规则称为范数。经典概率使用所谓的 1 范数，它只是数量级（如果概率之和是 0.5，那么 0.5 就是范数）。量子概率使用了 2 范数，它对应于二维平面上一条线的长度，因此得名。

在量子物理学中，一个粒子的位置是由一个概率波函数表示的，当进行测量时，它坍缩到一个特定的数字。在抛硬币的过程中，"波函数"（这里是一个单一的量子态，而不是时间或空间中的波）由最初的不确定的状态 S1 表示，当我们观察结果时，测量就发生了，可以是正面朝上 H1，也可以是背面朝上 T1。

因此，可以将波函数理解为得到不同结果的倾向，在目前的例子中是硬币的正面还是背面朝上。硬币面对的是"软的"可能性，而不仅仅是"硬的"结果。这一观点与量子物理学家维尔纳·海森堡（Werner Heisenberg）的观点相似，他曾写道，波函数代表了"某种事物的趋势"。这是亚里士多德哲学中"潜能"（Potentia）概念的量化版本。它引入了一种介于某一事件的理论和实际之间的东西，一种介于可能性和现实之间的奇特的物理现实。[3]

因为概率的范数取决于先求平方和再开根号，所以我们也可以想象概率（在坐标轴上的投影）为负的情况。例如，在图

3.2 中，正面朝上的概率是负的（即投影 H2 指向负的方向），但概率的范数（根据长度的平方开根号得出）是不变的。

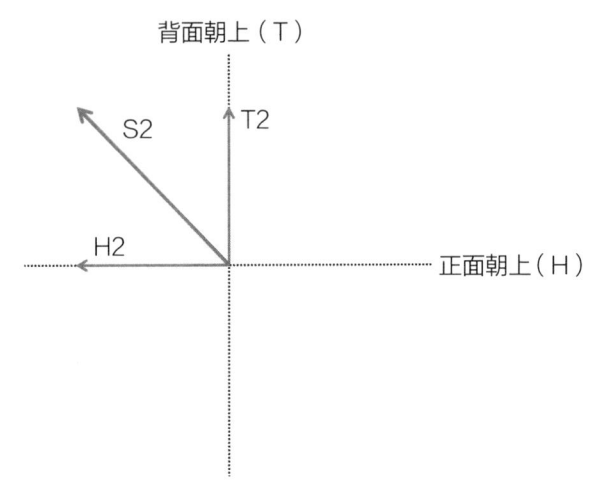

图 3.2 同图 3.1 类似，只不过是进行了水平翻转。代表正面朝上的 H2 现在是负数了，但是与 H1 的数值一样，而代表背面朝上的 T2 则同原来无异。

在经典概率理论中，负概率是没有意义的：如果天气预报员宣布明天下雨的概率为负 30%，我们会觉得他们疯了。但是，出于某种原因去做某事的倾向可能会被出于另一种原因而不去做某事的倾向所抵消，而在 2 范数中，没有什么能防止中间某一步出现负概率。只有在最后一步，当我们先求平方再开根号时，负的概率才被迫变成正的。

最后，如果我们要允许负数的存在，那么为了保持数学一致性，我们还需要允许复数的存在，这包括 −1 的平方根，用 i

表示。原因在于，当我们进行计算时，会出现需要计算概率的平方根的情况。如果允许负概率，结果可以是复数；然而，复数的 2 范数是一个正数（或零）。因此，复数在量子力学中扮演着重要的角色；对于数学恐惧症患者来说，好消息是我们不需要在本书中进一步讨论复数，因为它们是在幕后工作的。

综上所述，经典概率是最简单的一种概率，它基于 1 范数，涉及的都是正数。第二简单的概率类型，似乎是为描述倾向的一个自然的选择，则是使用 2 范数，并且包含复数。这种概率被称为量子概率，因为历史原因，它被证明是适合量子物理的框架。它也是量子计算产业的基础——而且正如我们将看到的，也是量子经济学的基础。

* 3.2　叠加 *

不过在探讨具体的应用之前，我们应该注意到量子概率的一个特征是，我们可以把图 3.1 中的实线看作是代表正面和背面两种状态的叠加，只有在测量的时候才能决定硬币的最终状态。这里所谓的测量指的是检查硬币是正面还是背面朝上。所以我们可以想办法在进行测量之前，用数学方法来控制这个状态。

例如在图 3.1 中，我们可以把 S1 旋转得更靠近横轴 H 一点，以提高硬币正面朝上的机会，就相当于一枚偏心的硬币。或者我们可以翻转它，如图 3.2 所示，最终也能得到相同的结果。

事实上，唯一的要求是转换必须保持概率总和为1的规则，只要线的长度不变就会如此。用数学术语来说，这样的变换称为酉变换（Unitary transformation）。

例如，假设我们进行所谓的阿达马变换（Hadamard transformation），将直线顺时针旋转45度，如图3.3所示。相当于旋转图3.1中处于叠加状态下的那枚硬币，使其与横轴H对齐，这意味着当测量时，它肯定是正面朝上。这就像一枚硬币一开始就是正面朝上，没有被抛出去。不确定的系统变成了确定的。

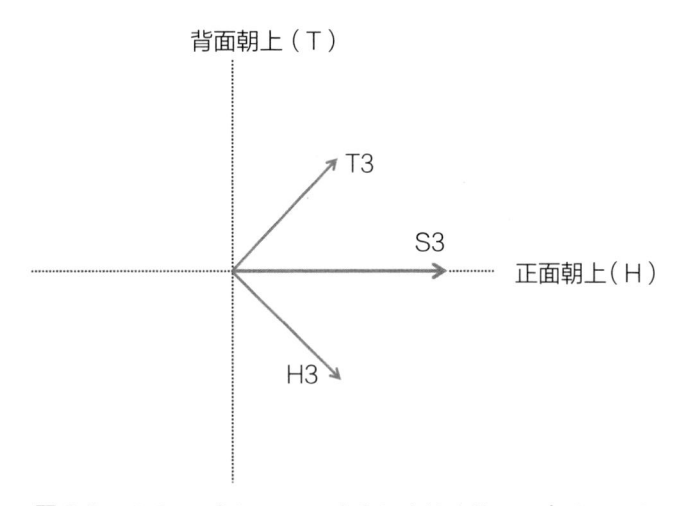

图3.3 同图3.1类似，只不过是顺时针旋转了。线段H3现在相当于水平和垂直两种状态的叠加（图中未显示），T3也一样；然而，现在垂直方向的两部分相互抵消，只留下了水平方向的线段S3。

还可以换个角度来考虑这个问题，回想一下，初始的倾向状态是两个状态的叠加，在图 3.1 中用 H1 和 T1 表示。在标准的量子表示法中，这些矢量会用 | H1〉和 | T1〉来表示，好将他们与数字进行区分，但我们这里就暂且不用这些诡异的符号了。我们依次来看看阿达马变换对每一个状态有何影响。T1 矢量旋转为 T3，分解得到一个正的正面朝上和一个正的背面朝上的分量。H1 矢量也旋转为 H3，分解得到一个正的正面朝上和一个负的背面朝上。现在的情况是，正的背面朝上和负的背面朝上相互抵消了，只留下两个正的正面朝上。这种现象被称为干涉，能发生这种现象是因为量子概率允许负概率。正如计算机科学家斯科特·阿伦森（Scott Aaronson）指出的那样，"可以将正的幅值和负的幅值相互抵消看作是所有'量子怪异现象'的来源——正是这一点使得量子概率不同于经典概率。"[4]就像魔术中所使用的硬币或纸牌一样，概率——在这种情况下，即出现硬币背面朝上的可能——可以因此而消失。我们将在第 8 章中继续讨论这一点，到时我们将从心理和身体两个方面出发探究其干涉现象。

同时，我们也可以想想，假如面对的是更复杂的系统会是什么样，比如说，我们面对的不是一枚硬币，而是两枚。抛掷这两枚硬币最终可能得到的结果，按顺序依次是：正面正面（HH）、正面背面（HT）、背面正面（TH）和背面背面（TT）。一枚硬币的情况下只有两种结果，所以我们可以用一个二维图来代表叠加的状态，但代表两枚硬币的叠加状态的系统要复杂得多——需要的不是两个轴 H 和 T，而是四个轴：HH，HT，TH，TT。这很难画出来，因为需要用到四维空间。换句话说，在投掷一枚硬币的情况下，量子模型看起来很简单，但哪怕仅再多投一枚硬币，它就会立即变得很难，因为你必须考虑所有可能的结果。3 枚硬币有 8 种可能的结果，50 枚硬币有 2^{50} 种结果，略大于 10000000 亿。正如下文将要讨论的，正是这种性质赋予了量子计算机强大的能力。

回到两枚硬币的情况来，在某些情况下，是可以区别对待每枚硬币的，这样一来我们就可以在每枚硬币自己的二维图中表示它。但也有其他情况。例如，假设这些硬币以某种方式相互关联，如果一个是正面，那么另一个一定也是，反之亦然。这意味着系统处于 HH 和 TT 的叠加状态。在这种情况下，我们说硬币是纠缠在一起的。

经典概率有一个类似的概念，称为相关性：我们可以说两枚硬币的结果是完全相关的，因为如果一个是正面，或背面，那么另一个也是。不同的是，在量子框架中，每一枚硬币在测量之前的状态是正面和背面的叠加。因此就可以把纠缠看作是某一种特定的叠加状态，当对系统进行测量时就会导致概率中的相关性。

量子概率的规则——归根结底还是选择了 2 范数而非 1 范数——因此自然地导致了相关的现象，如叠加、干涉和纠缠，这些都是量子系统的特征。[5]我们不是对硬币本身建模,而是对抛硬币产生不同结果的倾向建模,这可不是一回事。量子经济学就是当我们用同样的方式来看待经济,将其当作一个概率系统,然后对其倾向来建模。

* 3.3 兼而有之 *

量子力学之所以被认为是奇怪的、令人毛骨悚然的,原因之一就是一个名为薛定谔的猫(Schrödinger's cat)的思想实验。[6]假设一只猫"被关在一个钢制的容器里",里面有少量的放射性物质、一个盖革计数器,还有一台特殊的装置,一旦该装置检测到放射性粒子,就会释放出一种有毒气体。因为放射性粒子的释放是一个量子事件,"整个系统的波函数是通过将活猫和死猫在其中等量混合或发散来表达的(原谅我糟糕的表述)",这只猫既是活的又是死的。

人们对这个实验的意义争论已久,但目前的主要观点是,在测量之前,粒子可以存在于不同状态的叠加中。在经典条件下是不能计算的。毕竟,经典计算机的主要特点是处理比特(经典比特),比特可以是 0 或 1,但不能同时是 0 和 1。这种计算机是用"亚里士多德式"的操作系统运行的。我们将看到,主流经济学也是如此。

量子计算机和经典计算机的区别在于前者使用的是量子比

特（量子位元，Qubit）而不是比特。就像薛定谔的假想猫一样，一个量子位元在被测量之前都处于叠加状态。一个量子位元的候选存储设备是一个单电子，它的自旋（如上所述是一个量子变量）在测量时可以是向上或向下；但是还有很多其他的选择，比如光子，或者被电磁场固定的带电原子。

那么说一个量子位元可以处于叠加状态是什么意思呢？这可能听起来有点神秘，但实际上——倘若我们斗胆将计算机组件拟人化——它只是意味着量子位元处于一个"哈姆雷特般"的状态，生存还是毁灭，并且同时具有两种不同的可能性。图3.1中，如果将横轴H换为0（或标准的量子表示法 $|0\rangle$），纵轴T换为1（或标准的量子表示法 $|1\rangle$），那么也可以将图中的S1看作一个量子位元可能的倾向状态。当对量子位元进行测量时，可以由水平轴上投影的平方得出0的概率，由垂直轴上投影的平方得出1的概率。

量子计算机的建造是非常困难和昂贵的，因为量子位元对任何外部扰动或噪声都非常敏感，并且由于与环境交互，容易出现物理学家所谓的"脱散"（Decoherence），这意味着它们会失去量子性质，坍缩为0或1，就像一个经典的比特。另一个问题是，一个经典的比特天生就可以容忍错误，因为它只应该有两个值，所以如果它反馈一个0.02，那么可以假设它是0，而0.98就可以假设是1。而一个量子位元可以取任何的中间值，所以没有这个特性。

那么为何世界各地的政府和公司，从很小的创业公司到类似谷歌和IBM（国际商业机器公司）这样的大公司会投资几十亿美元来建设这些麻烦的设备呢？有一个原因在之前已经提到过，那就是，随着更多的量子位元的加入，它们的力量会迅速增加。例如，一个经典比特可以代表一次抛硬币的一个结果（正面H或背面T）。因此，4个比特代表连续的4个特定结果，例如HTHT。然而，4个量子位元可以同时表示所有可能的序列（HHHH，HHHT，HHTH等），总共有16种可能。

这些状态是叠加的，一次只能测量到一种状态，所以系统可能需要多次测量才能得到精确的分布。然而，随着量子位元数量的增加，量子优势变得十分显著。正如我们在前面的例子中看到的，一款掷50次硬币的游戏会有超过10000000亿种可能的结果，但只需用50个量子位元就可以表示。

由于量子位元形成了一个纠缠系统，诸如改变特定量子位元的状态或调整它们之间的耦合等操作相当于对整个波函数进行计算。因此，该程序可以利用诸如叠加、干涉和纠缠等量子现象来进行计算。一个特定的模拟结果是由一次观察决定的，它将每个量子位元的状态坍缩到一个单一的值。同样，这只代表一种可能的结果，但通过进行多次模拟，可以确定不同结果的概率。

2019年，当谷歌宣布该公司通过使用54量子位元的量子计算机解决了一个特别设计的、经典计算机根本无法解决的问题，实现了"量子霸权"时，人们开始对量子计算领域展示出了更为浓厚的兴趣。然而，20 年前，当这类机器在计算机工程师的眼中还只是一个梦想时，计算机科学家们就已经在思考用它们玩游戏的方法了。

* 3.4 神奇的一分钱 *

假设你我坐下来玩硬币游戏，游戏规则如下：

1. 你开始时先把硬币摆在正面朝上的状态。
2. 我可以选择翻转硬币或不翻转，不让你看见。
3. 你可以选择翻转硬币还是不翻转，不让我看见。
4. 最后我可以选择翻转硬币还是不翻转，不让你看见。
5. 如果硬币正面朝上，那就是我赢，否则就是你赢。

我们可以先试一局，从第一步开始，你准备好硬币，正面朝上。在第二步中，我决定翻转硬币，所以我知道它是背面朝上。在第三步中，假设你随便做了个决定，不翻转硬币，那它仍然是背面朝上。在第四步中，我看到你没有翻转硬币，所以选择自己翻转。硬币是正面朝上，我赢了。

这似乎是一个相当无聊的游戏。假设我们玩了很多次，每次我都赢。一段时间后，你就会开始怀疑了，因为结果应该是随机的，平均而言，我赢的次数应该只有一半。这种情况就像魔术师达伦·布朗（Derren Brown）所玩的一个把戏，他先邀请观众上台，让他们拿出一枚硬币，然后将双手背在身后，把硬币藏在一只手中，藏好以后再把两只手都伸出来，让布朗猜那枚硬币到底藏在哪一只手中。他连续这样做了好几次，每次都猜对了。那么到底是怎么回事呢？

就达伦·布朗的例子而言，答案当然是这就是魔法。而对于硬币翻转的游戏，则是因为这枚硬币是一枚量子硬币，而我作弊了。我并没有像自己本该做的那样，抛掷或不抛掷硬币，而是进行了阿达马变换，这一次是将量子硬币从正面朝上旋转为正面和背面朝上的叠加。你完成自己的那一步之后，我再次应用相同的转换，总是将硬币还原为正面朝上。简言之，不管你抛不抛硬币，在我的最后一步，我将硬币旋转，让硬币正面朝上。

这个游戏是由物理学家大卫·迈耶（David Meyer）在1999年发明的。当然，这只是一个简单的客厅把戏，但它确实说明了一个事实，如他所写的，"量子策略可以比经典策略更成功"。[7]确实，阿达马变换是量子算法中使用的主要逻辑门之一，目前正被开发用于金融、化学、数据库搜索等领域。例如，IBM在2019年的一份报告中指出："事实证明，量子计算机的数据建模能力在发现规律、进行分类和做出预测方面是十分卓越的，它完成了当下这些因为复杂的数据结构不可能完成的挑战。"[8]而其副作用之一就是，它们也将有望改变我们思考经济学的方式。

* 3.5 信用量子 *

作为一个经济应用的例子，图 3.4 展示了一个可以在量子计算机上运行的电路。左边的输入是上下两个量子位元，初始状态都是 0。下面的量子位元被所谓的量子非门（NOT gate，用 B 表示）完全翻转，因此它处于状态 1。上面的量子位元由另一个量子门控制，用 A 表示。这就进行了一次酉变换，将量子位旋转到叠加状态，在这种状态下，当对量子位元进行测量时，观测到 1 的概率非常高，比如说 95%。我们可以把它想象

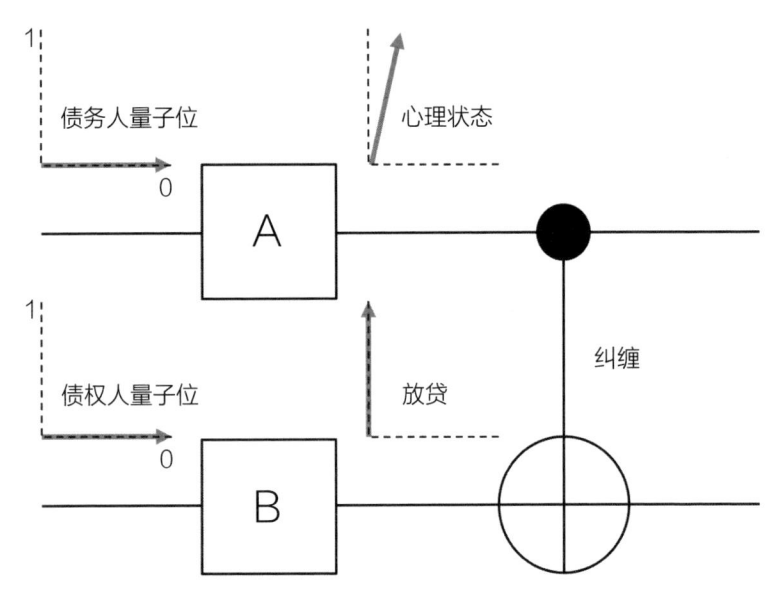

图 3.4 一个由两个量子位元组成的量子电路。图中的箭头表示纠缠前单个量子位元的叠加状态；如图 3.1 所示，如果单独测量这些量子位元，它们说明了结果的概率。

成抛硬币，这种情况偏向于某一个特定结果。图中的箭头表示纠缠前单个量子位元的叠加状态。

这两个量子位元然后被一个"受控非门"（CNOT gate）控制。只有当上面的量子位元处于状态 1 时，才会对下面的量子位元执行否定运算（NOT 运算）。在经典计算机编程中，最基本的构造之一是条件语句（if-then statement），它只在满足某些条件时执行命令。受控非门做了类似的事情，若对上面的量子位元进行测量，得到的结果为 1，则下面的量子位元就会被翻转回 0；否则下面的量子位元将保持 1 不变。与经典计算机不同的是，上面的量子位元在这里是 0 和 1 的叠加，所以受控非门分别作用于每一部分。产生的净效应是两个量子位元纠缠在一起，因为它们现在形成了一个耦合系统的一部分。

总而言之，整个电路通过四个步骤完成了对量子位元的测量：初始化（0）、旋转（叠加）、纠缠和测量。

想象一下，现在上面的量子位元被用来模拟一个人关于某个问题的心理状态。测量值为 0 表示"否"，而测量值为 1 表示"是"。这意味着在模型中，门 A 有改变人的想法的效果，或者更准确地说，改变他们的倾向状态。他们现在几乎同样肯定地说"是"，而不是肯定地说"不"。

我选择这个简单电路的原因是，它可以用来表示贷款。图 3.4 中下面的量子位元表示债权人，门 B 执行的 NOT 运算表示贷款的创建。上面的量子位元表示债务人，门 A 执行的旋转表示他们对应贷款的创建的心理状态,即他们是否打算违约。量子位元从水平位置(状态0)开始,在发生纠缠之前经门A和门B旋转,在经过这些门之后,债务人违约和债权人回款的概率见表3.1(注意,此时每种情况都有了自己的概率)。

表3.1 债务人违约和债权人回款的概率

债务人违约	概率
是	5%
否	95%
债权人回款	概率
是	100%
否	0

显然,这里存在一个问题,因为在债权人的心目中,他们有100%的可能收回债务。为了纠正这一点,我们应用了受控非门,它代表了将约束双方相互纠缠的贷款合同。当最后的输出被测量时,债务人和债权人总是处于相反的状态,因为如果债务人违约,他们会留着钱,而债权人则收不到钱,反之亦然(见表3.2)。

表3.2 受控非门下债务人违约和债权人回款的概率

债务人违约	债权人回款	概率
是	是	0
否	是	95%

续表

债务人违约	债权人回款	概率
是	否	5%
否	否	0

我们也可以用表 3.3 来表示量子位元在纠缠前后处于特定状态的百分比概率。同样，债务人不违约的概率是 95%，所以贷款是好的，而违约的概率是 5%，所以贷款是坏的。

表 3.3 量子位元在纠缠前后处于特定状态的百分比概率

	经门 A 和门 B 以后的状态	经受控非门（贷款）
上面的量子位元是 0（债务人会违约）	5%	5%
上面的量子位元是 1（无违约的打算）	95%	95%
下面的量子位元是 0（贷款状态良好）	0%	95%
下面的量子位元是 1（贷款状态不佳）	100%	5%

很有趣的一点是，我们会注意到量子电路的符号和炼金术符号之间是很相似的。测量电路的符号 ⚡ 跟炼金术中铁的符号 ♂ 很像，而受控非门的符号 ⊕ 如果倒置的话则跟女性的代表符号 ♀ 很接近，只不过是圆圈中多了一个十字。朱砂的代表符号 ☿，或者硫化汞。我们后面会讨论到的普朗克常数（Planck's constant）的符号，在炼金术中是土星的标志符号♄，是跟铅有关系的。在计量金融领域，交易员用来评估金融期权的关键参数被称为"希腊值"（the Greeks），因为它们是由希腊字母表示的，例如 Δ、Γ、Θ 等。[①] 量子金融工作者正在回归科学的炼金术根源。

当然，用量子计算机对这么简单的东西建模似乎没有意义，但正如我们将看到的，它已经提出了一些有趣的观点。一个是量子门 A 具有强迫债务人从某种违约状态到近乎某种非违约状态的效果。在量子计算机中，需要有能量的量子才能在量子位元中产生这样的变化。同样，在社会中，说服某人偿还债务可能需要相当大的精力——例如，报警或打官司。债权人还必须确信债务人会偿还债务，这需要有关信誉度的信息。同样的道理也适用于由法律规定并由警察执行的部分。量子方法将允许我们用公式来表达这种能量和信息。

另外，债务人处于叠加状态意味着我们可以考虑情境对这种状态的影响。例如，当其他人违约时，比如出现大规模违约现象，会发生什么？在第 8 章中，我们将展示如何使用相同的方法来为决策过程建模，包括其中所有的社会纠葛。

[①] Δ 是期权价格与标的资产价格之间的变化率；Γ 是 Δ 与标的资产价格之间的变化率（用数学术语来说，就是二阶导数）；Θ 是期权价格在时间上的变动率。

最后，正如我们将看到的，这个简单的量子电路抓住了金融核弹核心的性质，并掌握了拆弹的关键。然而，因为任何结合了性别、力量、魔法和破坏力的东西总是会激起强烈的反应，在深入研究量子经济学之前，我们首先需要面对更多的禁忌、怪事和其他威胁、阻止这一领域的探索者的可怕事物。

注释

1. Levin, N. (ed.) (2018), *Ancient Philosophy Reader.* N.G.E. Far Press.

2. Greenberger, D.M. and Zeilinger, A. (1995), *Fundamental problems in quantum theory: A conference held in honor of professor John A. Wheeler.* New York, NY: The New York Academy of Sciences, 1995.

3. Heisenberg, W. (1959), *Physics and Philosophy.* London: George Allen.

4. Aaronson, S. (2013), *Quantum Computing Since Democritus.* Cambridge: Cambridge University Press.

5. 其他性质如线性也可以推导出来。Aaronson, S. (2013), *Quantum Computing Since Democritus.* Cambridge: Cambridge University Press.

6. Trimmer, J.D. (1980), "The Present Situation in Quantum Mechanics: A Translation of Schrödinger's'Cat Paradox'Paper". *Proceedings of the American Philosophical Society* 124(5): 323-338.

7. Meyer, D.A. (1999), "Quantum strategies". *Physical Review Letters* 82: 1052-1055.

8. IBM (n.d.), "Quantum Computing for Financial Services".

第 4 章
消失术

O

第 4 章 消失术

> 阳光是最好的防腐剂，路灯是最好的警察。
>
> ——路易斯·布兰代斯（Louis Brandeis），《别人的钱：投资银行家的贪婪真相》（*Other People's Money and How The Bankers Use It*），1914

> 最重要的是，我们的王权是值得尊敬的，如果你开始打探它，你就不会尊敬它……它的神秘如同它的生命。我们不能把魔法公之于众。
>
> ——白芝浩（Walter Bagehot），《英国宪法》（*The English Constitution*），1867

正如人们可以透过一个民族所讲的故事了解其社会，他们避而不谈的故事和他们认为是禁忌的东西也同样在透露其社会相关的信息。主流经济学家对创造货币的行径讳莫如深，这一事实暴露出这个领域存在的很多问题。在讨论如何解决这个问题之前，本章会先介绍货币这个话题所面临的障碍和限制，像弗雷德里克·索迪这样的人长期以来都在与这些负面因素抗争，同时，这些负面因素也导致对货币的研究迟迟未曾开展，以至于货币以及相关的话题实际上直接从经济学中消失了，这个过程就像魔术师们所谓的消失术一般。

政治学家亚历山大·温特于1999年出版了《国际政治的社会理论》(*Social Theory of International Politics*)一书,巩固了他的学术声誉。正是这本书为他在2013年赢得了"近20年来国际关系中最具影响力的学者"这一称号。然而在写完这本书之后不久,他意识到此书对人性有误解。

正如他在2006年为自己的书写"自我批评"时所言,社会科学——包括他自己以前的工作——是建立在经典世界观,或他所谓的虚假意识(False Consciousness)基础之上的,其中包含了必要的基本假设:(1)现实的基本单位是实物(唯物主义);(2)较大的物体可以还原为较小的物体(还原主义);(3)物体以自然法则般的方式运行(决定论);(4)因果关系是机械的、局部独立的(机械论);(5)客体独立于观察它们的主体而存在(客观主义)。[1]

虽然社会科学领域用于探究人类行为的模型深受这种经典世界观的影响,"但通常无人对这些有问题的模型予以评论——把法人行动者(Corporate Actor)当作台球,把效用性看作能源,把理性行动者看作计算机器,等等——这些都是取自经典物理,而非量子物理。因此,在社会科学意义上所理解的失败可能仅仅是因为某种错误的物理知识,而不是物理本身……因此,量子模型到底是否能做得更好仍然是一个问题。"

温特对量子理论的兴趣是在他浏览芝加哥一家书店时被激发出来的,他偶然看到了丹娜·左哈尔和伊恩·马歇尔(Ian

Marshall）合著的《量子社会》(*The Quantum Society*) 一书，该书认为心灵和社会是量子化的社会现象。正如温特对一位采访者所说的："我越是去深入研究他们的引证，阅读他们的观点，我就越确信他们的论点是正确的。所以我决定为更偏学术界的读者写一本书，好真正引起他们对这个问题的重视。"结果就是，历经十年磨砺，温特写出了《量子心灵与社会科学》(*Quantum Mind and Social Science: Unifying Physical and Social Ontology*)，正如他所承认的那样，这本书已经赢得了很多关注，包括专门讨论其优点的学术期刊的特刊，但到目前为止还没有获得任何奖项。

可以肯定的是，温特不是一个典型的学者。大多数学者通过稳扎稳打的方式获得终身职位，而等到他们真的获得终身职位时，任何想要颠覆现状的冲动早已消退。对量子方法的一种常见批评通常正是由终身教授提出的，他们认为量子方法是为获得宣传或销售著作而走的捷径。[2] 当然，这一点对我也适用（开玩笑）。但他们可能会反思，他们自己的知识观是否在某种程度上受到了对安稳、顺从和养老金的渴望的影响，尤其是如果它涉及新古典经济学，说真的，考虑到我们当前早已经不再是维多利亚时代，还有人会发明新古典经济学吗？

当温特受邀在 2019 年进行 TEDx 演讲时，他没有谈论量子社会科学，更不用说他的第一本书了。他演讲的题目是《急需：研究不明飞行物的科学》(*Wanted: A Science of UFOs*)。这篇文章是基于他十年前与人合著的一篇论文，他称这篇论文是"我所知道的唯一一篇认真对待不明飞行物的学术文章"。温特要表达的并不是说外星飞船正在造访地球，他将自己的立场描述为一种"激进的不可知论。"[3]尽管在许多可信的报告中，用不明飞行物来概括其所介绍的事物最合适不过，却从来没有一次系统的科学尝试来真的寻找不明飞行物并解决问题——这似乎是在说一些有关科学的趣事，特别是考虑到利用现代技术的话，这个任务应该不那么难。正如他在接受采访时说的那样，"科学家们根本不愿意跟它扯上一点儿联系，这就是禁忌。"TEDx证实了这一点，将他的演讲标记为超出了他们的内容指南。

毫无疑问，他的批评者认为这一切都证明他已经疯了，满脑子都是量子，尽管美国国防部可能不这样认为，他们于一年后成立了"不明空中现象特别小组"（Unidentified Aerial Phenomena Task Force），这个小组同样得到了参议院特别情报委员会（the Senate Select Committee on Intelligence）的支持来调查温特的演讲中所提及现象的相关报告。这些报告展示或描述了不明飞行物凭空出现，穿越时空，似乎变了形状，又消失在稀薄的空气中，通常表现得很像我们的金融系统。到2021年，美国前总统奥巴马可能是突发奇想吧，说道："天空中有一些物体的影像和记录，我们不知道它们到底是什么，我们无法解释其移动轨迹，它们也不遵循某种简单易懂的规律。所以，你看，我认为人们仍然在认真地试图调查和弄清楚这是什么。"倒没有人觉得他这些想法十分怪异。与此同时,《纽约时报》报道称,"政府不能完全排除军方飞行员观察到的现象可能是外星飞船这一理论。"[4] 禁忌似乎也会突然消失得无影无踪。

温特对科学的态度,以及他对保持初心的愿望,在一定程度上是受到他对音乐——尤其是金属乐——的热爱的启发。他在自己的网站上写道:"主流音乐人只能在音乐中寻求和谐,一种会被主流受众争相接受的声音(理论)的完美融合。听音乐时,人的心灵会自然地被和声所吸引,这就是为什么人们很容易把金属乐当作噪声来听。但归根结底,金属乐还是音乐,恰恰因为它是不和谐的,成为一种挑战认知的音乐。所以金属乐的制作就如同是炼金术,是一个将噪声转化为音乐,或无中生有的过程。学界——尤其是科学家们——可能永远也没有希望做到这一点。但听金属乐的经历对我来说是一种灵感,让我知道我总归是可以做成的。"

* 4.1 调高音量 *

把温特对不和谐、创造力和金属乐的炼金术方法同毕达哥拉斯学派对之的处理方法进行对比是一件很有趣的事,毕达哥拉斯学派的哲学是在他们研究数字和音乐之间的关系以及发现音乐和谐服从数学定律的过程中锻造出来的。

据说,毕达哥拉斯经过一个铁匠铺时,注意到铁锤发出的音调取决于铁锤的重量。有些铁锤敲击在一起时会发出悦耳的和声，而其他的组合则发出不和谐的声音。经过进一步的调查，他发现那些合在一起听起来不错的组合有一个简单的比例，如 1∶2。然后他把同样的想法应用到乐器的弦上，认为当有两根弦时，假如一根比另一根长一倍，也会有八度的差别。此外，那些和谐的音符彼此间存在着简单的数学比率，如 1∶2（八度音），2∶3（五度音）。这些比率的位置相当于电吉他上的小格。

虽然这个故事很吸引人，但细节一定是假的，因为锤子产生的音调不是其重量的线性函数。牛顿是一个伟大的毕达哥拉斯主义信奉者，他认为毕达哥拉斯知道其间的真正联系，但却像遵守魔术师的誓言一样为其保密。然而，音乐和数学之间的对应关系对毕达哥拉斯的世界观来说是至关重要的，因为音乐——被认为是最具表达力的艺术形式——可以被还原为简单的比例这一事实强化了他们的信仰，即数字是所有一切现实的基础。

根据毕达哥拉斯的传记作者伊安布里科斯的说法，毕达哥拉斯还将音乐作为一种具有镇静作用的治疗手段来对抗"灵魂的每一种失常"。有一次，他参加了一个深夜的天文学会议（估计不是为了寻找不明飞行物），结束之后他在回家的路上遇到了一个愤怒的年轻人。这个家伙一直在听煽动性的音乐，他决定放火烧掉他女朋友的房子，因为她和另一个人在一起了。

毕达哥拉斯命令一名吹笛人为他演奏一些舒缓的音乐，这个年轻人立刻平静下来：他的愤怒"立即被压下去了，他带着一颗平静的心回家了"。在这个故事中，毕达哥拉斯通过音乐对人类的行为和生活进行了最有益的纠正。他可能不会看好金属乐。

西方科学源于毕达哥拉斯学派以数为基础的哲学，始终在强调和谐与平衡，因此难怪这种科学经常会被批评者视为是在强行试图为难以驾驭的自然施加规则。正如奥尔德斯·赫胥黎（Aldous Huxley）在1929年的一篇文章中所写的那样，"正是出于对各种现象如迷宫般的不断变化和纷繁复杂的恐惧，人们才一步步走向了哲学、科学和神学——对复杂现实的恐惧驱使他们去创造一种更简单、更容易管理的，也因此算得上抚慰人心的虚拟之事。他们如释重负，又心怀感激，终于在这里找到了真正的家。他们在这舒适而玄妙的宅第安顿下来，慢慢进入梦乡。"[5] 一年后，路德维希·维特根斯坦（Ludwig Wittgenstein）也表达了同样的观点，他写道："人必须醒着才能思考……科学会让人再次入眠。"[6]

然而，科学使人镇静的力量失效了；先是量子科学的发现与先前科学的发现不一致，然后是核弹的发展。1941年，当物理学家詹姆斯·查德威克（James Chadwick）意识到这些情况时，他表示，"从此我必须得开始吃安眠药，这是唯一的解药了。"[7] 他终生都在服用安眠药，他觉得这是隔绝噪声的唯一办法了。

* 4.2 消极的魔法 *

禁忌一词来自汤加语 taboo，意为禁止，是由库克船长（Captain Cook）通过自己 1784 年的著作《太平洋航行》(*A Voyage to the Pacific Ocean*) 引入英语的，它常与神圣和不洁联系在一起。它也与安全和保障等概念有关，通过使某些事情成为禁忌，能保护我们自己不受它所代表的东西的影响。然而，把一个话题当作禁忌本身是危险的，因为它消除了对话和探索的可能性。

苏格兰人类学家詹姆斯·乔治·弗雷泽（James George Frazer）在他 1890 年的著作《金枝》(*The Golden Bough*) 中认为，禁忌是魔法时代的产物，是时代倒退的标志。人类信仰的发展经历了三个阶段：原始魔法、宗教、科学。每个阶段都有自己的一套规则和原则，对于魔法阶段来说，就是相似律（Law of Similarity）和传染律（Law of Contagion）。相似律是顺势疗法（Homeopathy）或巫毒娃娃（Voodoo Dolls）的魔法。传染律则是基于这样一种思想，即一个实体的属性可以通过接触转移到另一个实体。它们可以统称为"感应魔法"（Sympathetic Magic），即"远距离的事物通过一种神秘的感应相互作用，通过一种我们可能认为是无形的方式将某种属性从一个人传递到另一个人"。按照这套体系看，禁忌是一种消极的魔法，"积极的魔法或巫术的目的是产生一个好的事件；消极的魔法或禁忌的目的是避免一个不好的事件。但是产生的两种结果，无论是好的还是不好的，都应是遵循相似律和传染律的。"

当今，货币的本质就是一个似乎与禁忌和不洁联系在一起的话题。例如，前文提到的让索迪万分担忧的银行信贷创造这一话题，在之前的经济学中一直少有人关注。事实上，正如经济学家理查德·维尔纳（Richard Werner）所言，这个话题"在过去的很长时间里，对世界各国央行的数千名研究人员来说，实际上一直是一个禁忌"。[8] 经济学家诺伯特·海林（Norbert Häring）表示："稍加观察就会发现，创造信贷或创造货币是主要期刊中的禁忌词"，特别是，"所有主要的教科书中都根本没有提到创造货币的好处"，这再次"印证了由非常强大的利益团体所强加的一个禁忌"。[9]

已故货币理论家贝尔纳德·列特尔（Bernard Lietaer）曾在麻省理工学院（MIT）与保罗·克鲁格曼共事，他说："克鲁格曼私下告诉我，谈论货币问题算是彻底疯了……因为在那些符合时宜的地方你就是不速之客，你相当于是和诺贝尔奖或其他任何有价值的东西说再见。如果你触碰了货币体系，就如同在学术界自掘坟墓。"这也许可以解释为何克鲁格曼的在线视频"大师课堂"一开始就点明了"经济学是围绕人展开的……与货币无关。"

但正如文中所提到的，不愿讨论货币的情况正在发生一定程度的变化，因为各国央行（或者更确切地说，是私人银行）正在争相解释他们如何无中生有地造钱；然而，正如阿代尔·特纳（Adair Turner）所指出的那样，货币似乎仍然是"在现代宏观经济学的课本之外"。它在其他社会科学中也没有发挥多大作用。例如，人们可能会认为，在国际关系领域，货币将是一个重要的话题。因为货币是发明出来的，发行和控制货币的权力一直都是一个国家主权的基本组成部分。当一个政权不得不使用另一个政权的货币时，这就说明了他们关系背后一些相当重要的东西。讨论两国之间的权力关系时，不能不谈到两国之间以及与其他国家之间的金融纠葛。金融分析师兼作家迈克尔·赫德森（Michael Hudson）甚至说："国家以及国际法的定义应该是一国的偿付能力和自决不受他国的金融攻击。"[10]

然而，除了一些例外情况，大多数国际关系专家似乎都对这个问题不太感兴趣。1970年，学者苏珊·斯特兰奇写了一篇题为《国际经济学和国际关系：一个相互忽略的案例》（"International Economics and International Relations:A Case of Mutual Neglect"）的论文，但情况并没有太大变化（两个领域都忽视了货币）。[11] 苏珊说："就经济学家而言，他们把外人拒之门外……他们欢迎我们向他们学习，但他们看不到他们自己有很多东西要向我们学习。[12] 当我受邀为一家国际关系杂志供稿时，第一轮的审稿人似乎对所谓的开启货币话题感到十分不解。[13] 事实上，我的感觉是，许多社会科学家认为自己与经济学家最大的区别正在于他们对货币不感兴趣——或许他们没有意识到，经济学家自己也不真正研究货币。也许，社会科学家缺乏兴趣的一个原因是，大多数社会科学家在政治上倾向左翼，可能把货币视为右翼的痴迷对象。"正如经济学家乔纳森·尼灿（Jonathan Nitzan）和希姆雄·比希勒（Shimshon Bichler）所指出的，"除了一些明显的例外，当今的左派倾向于避开'经济'，而且许多人对此相当自豪。"[14]

货币仿佛成了社会科学界的不明飞行物。这似乎有点儿奇怪，毕竟货币以及普遍意义上的人类很多活动都是基于货币。那么，这种不安的根源是什么呢？可能我们担心货币是外星人赐予我们的一种先进技术，是为了加速或左右我们的发展吧，就像亚瑟·查理斯·克拉克（Arthur C. Clarke）的《2001：太空漫游》(*2001: A Space Odyssey*) 中的巨石一样？

为了更严肃地解答这个问题，本书将要讨论很多在经济学领域很大程度上会回避的关联话题，包括货币创造、性别、主观性和"量子"这个词。你还想继续看下去吗？如果答案是肯定的，请注意下文。

* 4.3　前方高能 *

我们会从量子入手，这么一说就会让人有点儿反感了，起码只要把量子应用于物理以外的任何地方都会引发这种反应。就连索迪也不曾涉足此领域——他对量子物理学和经济学都做出了重要贡献，但他似乎并没有试图将两者结合起来。而在当下，即使这种情况已经开始有所改变，大多数有自尊心的社会科学家都很清楚，他们应该对这个词敬而远之——物理学家随时准备监督它的使用，任何涉足量子领域的人很快就会发现这一点。例如，物理学家肖恩·卡罗尔（Sean Carroll）在他2016年出版的《大图景：论生命的起源、意义和宇宙本身》（*The Big Picture: On the Origins of Life, Meaning, and the Universe Itself*）一书中宣称："在科学史上，没有一种理论会比量子力学更容易被怪人和江湖骗子误用和滥用，被真心实意努力想了解艰深思想的人们所误解。"[15] 然而，之所以会有误解，部分责任在于物理学家。

有一点是，许多物理学家非常不喜欢量子力学的某些方面，出于反感，他们采取了一种极其正式和抽象的方式来介绍这门学科。例如，爱因斯坦在1924年写道："我觉得完全不能容忍这样的想法，即认为电子受到辐射的照射，不仅它的跳跃时刻，而且它的方向，都由它自己的自由意志去选择。在那种情况下，我宁愿做一个补鞋匠，或者甚至做一个赌场里的雇员，而不愿意做一个物理学家。"[16] 他后来评论说，这个理论让他想起了"一个极其聪明的偏执狂妄想出来的系统，由断断续续的思维碎片组成"，[17] 他花了几年时间试图证明这个理论是错误的或不完整的。最近，物理学家史蒂文·温伯格（Steven Weinberg）在一次采访中说，量子力学有许多我们觉得讨厌的特征……我不喜欢量子力学的地方在于它是一种形式主义，是为了计算人类对自然进行某种干预，即我们所谓的实验时所得到的概率。一个理论在它的假设中不应该涉及人类。[18]这样的话，或许，量子力学应用于人类的模型反倒更有效。

虽然物理学家们倾向于宣称拥有对量子数学的阐释权，但他们自己从来没有就它的全部含义达成一个确定的解读。正如物理学家若泽·阿卡西奥·德巴罗斯（José Acacio de Barros）和加里·瓦斯（Gary Oas）所指出的："研究人员同意应用量子数学理论所做的预测，但对于该理论对它所模拟的物理系统的描述存在实质性的分歧。例如，这个理论围绕的系统实际上到底是什么（本体论），还是我们可以从系统中看出什么（认识论）？"[19]在量子经济学中，波函数坍缩的概念是近乎显而易见的，它指的是一个通过交易来衡量价格的模型，但在物理学中，它导致了各种各样的困境，这就是为什么物理学家一直在不停地争论它，或是提出了惊人的替代方案，比如"多世界诠释"（Many Worlds Interpretation），该理论认为并非波函数发生了坍缩，而是宇宙分裂为不同的路径。[20]

大多数物理学家处理这些问题时采用的是第 2 章中提到的"别争论，只管算"的方法。当我在本科学习量子力学的时候，我觉得奇怪的是，课本在呈现叠加和纠缠这样的概念时，只给人们看到了各种枯燥的方程式，而没有关于现实本质的迷人猜想。这与我上的文科类课程形成了鲜明的对比，在文科类课程上，我们可以花几周时间，只为了分析一首十四行诗的含义。数学在我的大学时期被我当作文科类课程的一部分——没有硬/软二分法。

物理学家也倾向于将量子物理学视为一种特殊的理论，它支撑着现实的本质，但同时又局限于一个非常特定的领域。这种脱节体现在物理学家经常遇到的为外行人提供的量子物理注解上，比如，一所大学的网站上这样解释："对这些概念感到困惑是正常的，因为我们在日常生活中没有经历过这些。只有当你观察原子、电子、光子等，你才能看到像叠加和纠缠这样有趣的东西。"我甚至遇到过自认为发明了"纠缠"这个词的物理学家。正如我们将看到的，纠缠是牛顿万有引力说中"超距作用"（action at a distance）这一概念的量子版本——一种跨越空间的神秘联系，被赋予了一种玄妙的危险气息。

采用这种形式化的方法所导致的一个副作用就是，在公众心目中，科学常常与一种特定的还原论的观点混为一谈，就好像量子革命从未发生过一样。例如，营销专家罗里·萨瑟兰（Rory Sutherland）在他 2018 年出版的《炼金术：用魔法与科学在品牌、商业与生活中创造不可能》（*Alchemy: The Dark Art and Curious Science of Creating Magic in Brands, Business, and Life*）一书中写道，"因为还原主义的逻辑在物理科学中被证明是如此可靠，以至于我们现在认为，它必须适用于任何地方——甚至在人类事务这一更混乱的领域。不出所料，当今主导所有人类决策的模型都十分倚重过于简单化的逻辑,而轻视魔法——测算表中可不允许有什么奇迹。但如果这种方法是错误的呢?如果在借用物理定律构建人类决策模型的过程中,如今的我们过于急着把物理定律的一致性和确定性强加于缺乏这种一致性和确定性的人类决策模型的领域呢?"[21]

量子模型可能使用非经典逻辑并强调不确定性,但这些属性与科学存在广泛的联系。量子物理学家发现宇宙是有魔力的,随后却用某种方式让这一事实消失了。其中一个诀窍在于,将该理论在物理之外的任何应用描述成是魔法思维。

* 4.4　软科学 *

虽然对量子现象所采用的高度抽象和学术的处理方式就足以阻止大多数非物理学家探索该领域,但还有一个相关的障碍来自我们的担忧,也就是哲学家斯拉沃热·齐泽克(Slavoj Žižek)在2002年所宣称的,"新时代反启蒙主义者对今天的'硬'科学的挪用,援引科学本身的权威,以求自身地位的合法化。"[22] 换句话说,在社会科学中采用量子方法相当于一种权力攫取。虽然量子经济学听起来确实像是物理羡妒症(Physics Envy),只为了让自己的结论合乎逻辑,但我对此有四点要说。

第一点,许多或者大多数投身该领域的人都有物理专业的背景,原因很简单,采用数学技巧的话他们就会有领先优势

（我是一个例外，因为虽然我本科学习的是量子物理学，但我所从事的领域却是应用数学）。我们将在这里讨论的大多数成果都是已经发表在物理期刊上的，而非社科类期刊上。因此物理羡妒症这个词用在这里并不太合适。

第二点，将物理学确定为一门"硬"科学带有一些历史包袱。虽然经济学家长期以来一直受益于与金融领域的联系，但对物理学家来说，军方一直是他们的干爹。正如科学历史学家丹尼尔·J.凯夫莱斯（Daniel J. Kevles）所言，在三位一体核试验之后，"美国物理学家变成了某种世俗的建制派，他们有权力影响政策、大部分时候只凭信任就可以获取国家资源，还有令人羡慕的不受政治控制的自由。"在很大程度上，是什么赋予了他们权力，让他们在过去半个世纪把大部分时间里都花在那里——是物理学与国家安全的共通。[23] 耗资数十亿美元的超导超级对撞机项目在20世纪90年代被取消，其中一个原因就是，如一位参议员所说的，这项研究无法让我们相信它能"增强我们的国家安全"。[24]

如果说，物理学家花了一个世纪的时间来强调量子物理学的"硬"本质，他们制造的核装置具有可以多次摧毁世界的可怕力量，那么，当他们看到社会科学家将同样的观点应用于像人际关系这样柔软而令人喜爱的事物时（最糟糕的一种文化挪用），他们感到不安也就不足为奇了。然而，正如已经在第2章中讨论过的，虽然在某些方面，量子力学是"硬"科学的一个典型范例,但关于它有一个趣事,使它总是指向"软"的方面。一个量子波动方程,当用数学符号写出来的时候,看起来真是要多难有多难。但这是一个波的方程式,是软的。叠加、干涉或纠缠等特征也是如此。我们对于量子观点的排斥是不是也跟它们的软属性——以及阿克洛夫所注意到的经济学"支持'硬的'而反对'软的'"的趋势有关?这是否可以解释物理学家反复地抱怨量子物理学——同样是由年轻人发展起来的——对于物理学家之外的人来说根本无法理解?是的,当应用于物理体系时,量子物理学会显得很复杂——亚原子粒子是很诡异——但正如我们在前一章看到的,其核心的数学思想并没有那么奇怪或困难。

第三点,社会科学家总是把他们的模型建立在物理基础上——这的确不太合适。量化金融领域就是一个例子,在一定程度上,它是由许多在"二战"后转向金融的核物理学家发展起来的。然而,尽管经济学中不乏滥用模型的现象,但物理羡妒症并不是主要的问题。相反,是制度鼓励使用基于机械美学标准的模型,这些模型看起来很好,但有太多的参数和灵活的部分,它们可以给出任何你想要的答案。这就是为什么经济学家保罗·罗默在2016年的一篇"宏观经济学的麻烦"(*The Trouble with Macroeconomics*)的论文中将该领域描述为伪科学(他后来获得了诺贝尔奖,但不是因为那篇论文)。

如果我们要讨论基于物理的模型是如何在社会科学中被

"误用和滥用"的,套用卡罗尔(Carroll)的原话,那么我们不应该从量子模型入手,而应该从我和定量分析师保罗·维尔莫特(Paul Wilmott)所谓的金融领域"对数学模型的滥用"入手,正是这种滥用导致了2007年至2008年的危机。[25] 不管怎么说,我一直认为最严重的量子模型滥用发生在物理学家们在制造原子弹的时候,还有之后的氢弹,以及随后的许多其他类型的核弹。

最后一点,社会科学家没有必要声称与物理学有任何直接联系,因为量子模型是数学工具。这一点有些微妙,因为可以说,宇宙本质上是量子的这一事实表明,社会交往在根本上也是量子的。但当物理学家第一次采用数学技术来模拟量子现象时,他们实际上只是把现成的东西拿出来看看会有何成效。① 就凭我们生活在量子宇宙中这一点,就不存在先验理由去相信这些数学技术也能在社会层面上发挥作用,或是一个期权定价模型也应该基于量子方法。但与此同时,没有什么能阻止社会科学家在他们的方程式中使用2范数而不是1范数,特别是因为他们处理的是信息交换等问题,而不是炮弹的轨迹。关键在

---

① 正如理查德·费曼(Richard Feynman)针对薛定谔的波动方程所做的评论,"我们从哪里得到它的?不可能从已知的东西推导出来。它来自薛定谔的大脑。"《费曼物理学讲义》(*The Feynman Lectures on Physics*),1964年。不过与此同时,它是一个标准的微分方程。

于这些方法是否优于传统方法。

　　物理学家自己似乎对此有点困惑，并表现出一种柏拉图式的倾向，即把他们符合美学审美的模型与现实等同起来。我在自己 2012 年出版的作品《真或美》（Truth or Beauty）中（当时有点冒险地）预测，如超弦理论这样优雅的创作永远不会得到实验的证实，并且（更冒险地提出）"暗物质"可能是一个由于模型误差导致的人工制品（在物理学这个圈内显然是一个禁忌）。[26] 所以，虽然物理学家可能在大部分量子领域都是专家，但数学模型既不等同于，也不能限定为只可以在物理学界应用，社会科学家们也一样可以使用数学模型。他们只需要证明数学模型确实有用。这不是什么奇思妙想——恰恰相反。我们将在第 9 章讨论纠缠的问题时继续回过头来探讨这一点。

* 4.5　洪水猛兽 *

　　显然，打破禁忌的方法存在一个问题：如果没有人愿意将其付诸实践，那么发展新理论就没有什么意义了。正如一位央行经济学家向同事建议的那样，"如果你想让主流经济学家相信你的观点是有价值的，那么要注意与顶尖经济学期刊上的现有文献建立联系。"主流经济学家很容易被新思想吓到。

　　想要取得进展，人们就应该采取和解的态度，通过适当的渠道，这显然是合理的。量子金融和经济学的作者往往在那些能够容忍对社会科学进行深入研究的物理期刊上发表文章，比如听起来不太像经济学的《Physica A：统计力学及其应用》(*Physica A: Statistical Mechanics and its Applications*)。[27] 我在《经济思想》(*Economic Thought*)和《威尔莫特》(*Wilmott*)期刊上发表过几篇与经济学相关的文章。前者是由世界经济协会（World Economic Association）运营的，几乎是最非主流的，它是在金融危机之后成立的，旨在解决主流经济学的缺陷。它的联合创始人爱德华·富布鲁克（Edward Fullbrook）抱怨说，他收到了新古典经济学家发来的"仇恨邮件"，其中一些相当恶毒，但这通常表明你走对了路。[28] 后者是一份专门的数学出版物，针对的是从事量化金融的人，被《时尚先生》(*Esquire*)称为世界上最昂贵的杂志。投稿人的重叠，或者就这个领域来说，读者的重叠，对于这类刊物来说是很少见的——实际上我可能就是其中一分子。

然而，用加拿大央行行长的话说，"顶级经济学期刊是公正、无偏见的科学公信力的评判者"这一想法"越来越站不住脚了"。正如非主流经济学家史蒂夫·基恩（Steve Keen）在 2019 年所写的那样，"任何不植根于新古典经济学均衡思维的方法都无法渗透到这些'顶级期刊'"，被排除在外的量子方法就是一例。[29] 虽然经济学曾一度被认为是社会科学的皇后，因为它明显强调数学和学术严谨性。但今天，经济学听起来像一个喜欢武力，但对自己越来越没有信心，而且找不对方向的暴君,他通过控制犯罪和实施禁忌的做法来彰显自己的权力,而不是真正地发展国家。

经济学家、前美联储高级职员克劳迪娅·萨姆(Claudia Sahm)在 2020 年的一篇博文——被新经济思维研究所描述为传达出"一次心灵的呐喊,一种抗议,一次警告"的文章——指出,"精英大学各部门和其运行的期刊是经济学界的看门人……他们可以决定什么是前沿研究。"然而,这些精英"打击和攻击那些与自己观点不同的人"。由此导致的"多样性和包容性缺乏削弱了我们的知识和政策建议"。这些经济学期刊伤害了很多人,从本科课堂中的学生到白宫办公室的经济学家。他们赶走了人才;他们虐待那些留下来的人;他们容忍不良行为……每个有幸拥有经济学博士学位的人都应该反思他们的有毒文化。智利物理学家塞萨尔·伊达尔戈(César A. Hidalgo)在麻省理工学院从事复杂经济学研究,我在《量子经济学》中引用了他的观点。2021 年,他描述了"一个充满排斥、恐惧和欺骗的学术世界",其中"毒性吞噬了年轻学生的思想"。曼尼托巴大学(University of Manitoba)经济系在 2015 年的一项调查把这种现状称为"由多数人施行的有毒暴力"。[30]

各地情况显然各不相同,但听起来可能都不是培养新思维、参与当前发展、总体上跟上时代的最佳氛围——这或许可以解释为什么 2018 年一位英国经济学学生会对《自然》(Nature)杂志说:"我上了大学,却惊讶地发现自己所学内容的文不对题。"[31] 量子经济学尤其是一个真正的新范式，它基于形式完全不同的概率和逻辑，因此，对主流经济学家而言，采用它就如同扔掉他们的"经文"，与此同时从头学习一门新语言——那最好还是忽略它。

因此，"主流经济学家容易被新思想吓到"的观点并不完全正确。更准确地说，他们甚至根本不会注意到新想法。如果你压根儿就看不到鬼，你是不会被它吓到的。

* 4.6 量子禁忌 *

许多非主流经济学家（约占经济学专业的 10% 至 15%）长期以来一直在推动变革，但大多数人认为没有必要进行任何根本性的方向转变，有些人会强烈反对。[①] 正如加拿大经济学家威廉·怀特在 2014 年接受采访时所说的那样，2007 年至 2008 年的金融危机几乎没有造成任何影响。他说："不要只是想，天哪，我们必须从根本上把这个问题想清楚，这和上一次是一回事。"一些"重建"或"反思"的倡议确实出现了，但这些往往更多的是关于如何调整，而学生领导的"反思经济

---

① 一位评论家说这本书一定很好，因为我收到了来自经济学家的仇恨邮件，就因为我为本书写了正面的评论。对我的指控包括表现得像"气候变化否认者"和宣传"阴谋论"，尽管到目前为止，还没说我是巫术或与魔鬼勾结。

组织"（Rethinking Economics Organisation）是一个例外。[32] 博士生德维卡·杜特（Devika Dutt）在 2020 年写了一篇文章，讨论了关于将最新的诺贝尔奖授予两位上了年纪的、富有的白人男性经济学家，鉴于其在博弈论方面的贡献，因此受到了"连珠炮似的谩骂"，包括"恐吓信和死亡威胁"一事。他认为："与许多经济学家的理解相反，经济学非常抗拒变革"。这样的话已经是有些故意轻描淡写了。事实上，亚里士多德学派关于均衡的思想能够持续如此之久，以及这个领域如何能够抵抗或不受批评和新思想的影响，这都是值得注意的。对于一个在社会发展中推崇创新的专业来说，经济学本身并不擅长创造创新。

这个问题指向了一系列高度保守的力量，但我认为最强大的是这个领域对待货币的态度。一方面，主流经济学家淡化或忽略了这一物质，其复杂的性质是他们的简化模型难以捉摸的。另一方面，这一领域珍视其作为金融部门强有力支持者的高薪角色，而金融部门乐于让货币出局。[33] 毕竟，如果市场是有效的，那么就像高盛（Goldman Sachs）时任首席执行官（CEO）的劳尔德·贝兰克梵（Lloyd Blankfein）2009 年所说的那样，高盛等公司是在做"上帝的工作"。[34] 在珍妮特·耶伦被提名为美国财政部长之前的两年里，包括高盛、高频交易机构城堡投资（Citadel），以及一系列银行在内的公司，向她支付了 730 万美元的演讲费，这只是该行业影响力的一个小例子。耶伦的任务包括监督银行的监管行动等。"如果要把量子比喻引进经济学，"学者菲利普·米洛斯基（Philip Mirowski）在1989年推测道，"这将使经济学家一直自诩其研究的社会对象是中立性的遭遇信任危机，甚至可能完全瓦解，从而迫使人们考虑经济学家与货币现象之间的相互作用。"[35] 如果采用量子模型和方法，可能会变得更有趣。

对量子经济学来说，主流经济学岌岌可危的不安全感和分裂状态既是一个问题，也是一个机遇。主流经济学家不会急于接受量子理论——但越来越明显的是，经济学无法自我改革，因此无论如何，改变只能来自外部。在其他领域也是如此，正如生态学家艾伦·萨沃里（Allan Savory）所指出的那样，突破几乎总是来自边缘而非行业中心，"世界上最好的蜡烛制造商甚至根本就想不到电灯。"这些强调经典逻辑、均衡和独立性的主流思想或模型，没有一个能与量子计算机相结合，因为量子计算机的工作原理是叠加、干涉和纠缠。从这个角度来看，经济学的停滞与量子禁忌有关。正如富布鲁克在2012年的一篇文章中指出的那样，物理学中的量子方法本质上是多元的，因为它包含了不确定性，并对不同的解释持开放的态度。[36] 如果量子理论早一些被社会科学所采纳，比如说一百年前，那么今天的经济学就会大不相同了——经济学家也不会每一次都被激怒。[37] 量子经济学的一个影响是，它将吸引聪明和有创造力的人，这些人被阻止进入新古典经济学领域。

所以，不！量子经济学不会通过恰当的路径发展，至少是符合经济学标准的路径。相反，它正在开辟新的道路，而这些道路都不是基于新古典经济学的假设，因为这些道路并不存在。虽然量子经济学仍然是少数人的追求——你可能不会幸运地在大学里找到这方面的课程，尽管在一些特定的地方，它正在悄悄进入课堂——它也在不断增长。现在说这是否是重大文化转变的标志还为时过早，我也不能打包票，但有一件事似乎是明确的：量子禁忌终于要解除了。

就期刊出版物而言，量子认知和量子社会科学正越来越普及。温特和同事们得到了卡内基基金会（Carnegie Foundation）的资助，为社会科学家举办一系列"量子训练营"。这些会议在俄亥俄州立大学（The Ohio State University）的默松国际安全研究中心（Mershon Center for International Security Studies）举行，并且由一个兼收并蓄的小组教授，他们的专业包括哲学、心理学、物理学、政治学和应用数学（我介绍量子经济学的一部分）。人们开始用一种非讽刺的方式使用"量子社会科学家"和"量子经济学家"这两个词，这是一个里程碑。[38] 他们必定是看到了量子思想潜力的群体，尤其在量化金融的专业领域——例如，2020年《金融时报》一篇文章的标题"华尔街银行加大对量子金融的研究"就证明了这一点。你可能拿不到量子金融的学位，但你在世界各地的金融中心都有工作机会。正如我们将在第11章中所看到的，这其中的原因与经济理论或量子物理的关系不大，更多的是与量子计算机的出现有关，量子计算机运行的正是量子算法。金融部门可能会继续付钱给经济学家，让他们背诵关于看不见的手、有效市场、供求关系等熟悉的"咒语"和"颂赞"，但他们依赖的模型将越来越多的是量子化的。

* 4.7　魔幻现实主义 *

总而言之，量子经济学从本质上提出了一系列在科学领域被视为禁忌的难题，包括货币、意识、性别、量子现实，甚至宗教（我们将把这个问题留到后面一章）。其越界的原因是它所处理的现象违背了传统的理性，因此显得不可思议。与此同时，这些禁忌似乎相当奇怪，因为对于经济，连小孩子都知道的是它涉及货币；关于宇宙，连小孩子都知道的是，他们是有意识的参与者；虽然量子理论可能不是儿戏，但它们恰好是我们对宇宙运行方式的最佳描述，而且已经存在了将近一个世纪，所以我们应该是在逐渐适应它们。

长期以来，物理学家一直强调量子行为是奇怪的，在某种程度上是陌生的。通常被引用的言论包括量子力学是"根本无法理解的"——尼尔斯·玻尔（Niels Bohr）；"如果你认为你理解量子力学，那么你根本不理解量子力学"——理查德·费曼；"你并不理解量子力学，你只是习惯了它"——约翰·冯·诺伊曼（John von Neumann）。但很容易想象这些人（似乎总是男人）对他们的配偶，甚至他们的宠物也说同样的话："没有人真正了解乔治，我的虎斑猫。连对自己来说它都是个谜。"正如齐泽克（2012 年）所观察到的："一个很少有人注意到的事实是，违背我们的常识性的物质观和现实观的量子物理学的观点竟然出人意料地与另一个领域相呼应，也就是语言这一领域，即象征秩序的这一领域——这就好像量子比人在'自然'中发现的任何一切都更接近宇宙的语言，仿佛是，在量子宇宙中，人类的精神是在自身之外与自身相遇。"[39]量子自然语言处理领域的研究人员会同意这一点。

再次强调，量子物理学不是现实，它是现实的数学模型。是的，它在亚原子粒子领域的预测记录令人印象深刻，但这个理论仍然有一些缺陷，物理学家还在继续寻找新的理论。许多工具都是数学家独立开发的。大学网站上所谓的"叠加和纠缠等有趣的东西"是我们日常生活的一部分。事实上，玻尔的叠加和互补的概念是从 19 世纪晚期的哲学家和心理学家威廉·詹姆斯（William James）那里借来的，詹姆斯曾经就人类在脑海中同时保留相互矛盾的观点的能力发表过评论。[40]我们从明显基于人类思想行为出发形成量子概念，走向了否认两者之间存在任何关联的道路。

也许，量子理论、意识和金钱等话题之所以令人不安，主要是因为它们都以相关的方式颠覆了我们在科学领域长期培养的世界观，即世界是一个可以被客观理解的机器。量子现实是不可思议的，但社会现实也是如此，采用哪种数学框架取决于建模者。的确，量子思想在物理学之外的应用被压抑了这么久，这是值得注意的。这就像一个不明飞行物降落在曼哈顿市中心，所有人却都把目光移开了。

本章之所以被称为"消失术"，是因为在经济学中，这些限制和禁忌的最终结果——以及目的，正如在下一章中所看到的，是货币及其相关话题（如货币与权力的关系）实际上被忽略了。就像暗物质一样，货币也变得隐形了，就像披了一件神奇的隐身斗篷。新古典经济学家成功地设法让它消失了。然而，它对经济的吸引力一如既往地强大。隐身斗篷并不是真的存在，它只是使用错误模型的一种体现形式。

我们将在下一章开始研究构成金融核弹核心的可裂变物质。

注释

1 Wendt, A. (2006), "Social Theory as Cartesian Science: An Auto-Critique from a Quantum Perspective". In *Constructivism and International Relations: Alexander Wendt and his Critics*, by Stefano Guzzini and Anna Leander, 181-219. London: Routledge.

2 了解这类评论的分类，参见 Orrell, D. (2021), *Quantum Economics and Finance: An Applied Mathematics Introduction* (2nd edn). New York: Panda Ohana.

3 Wendt, A. and Duvall, R. (2008), "Sovereignty and the UFO". *Political Theory* 36(4): 607-633.

4 Barnes, J.E. and Cooper, H. (3 June 2021), "U.S. Finds No Evidence of Alien Technology in Flying Objects, but Can't Rule It Out, Either". *New York Times*.

5 Huxley, A. (1929), "Wordsworth in the tropics". *Do what you will: Essays.* London: Chatto & Windus.

6 Wittgenstein, L. (1980), *Culture and value*. Edited by G.H. von Wright and H. Nyman. Chicago: University of Chicago Press.

7 Weiner, C. (20 April 1969), *Interview with Sir James Chadwick.* Cambridge.

8 Werner, R.A. (2016), "A lost century in economics: Three theories

of banking and the conclusive evidence". *International Review of Financial Analysis,* 46: 361-379.

9   Häring, N. (2013), "The veil of deception over money". *Real-World Economics Review* 63, 2-18.

10 Hudson, M. (2018), "How Bronze Age Rulers Simply Canceled Debts". *Economics.*

11 Strange, S. (1970), "International Relations and International Economics: A Case of Mutual Neglect". *International Affairs* 46(2).

12 Strange, S. (1989), "I Never Meant to Be an Academic". Joseph Kruzel and James N. Rosenau (editors), *Journeys Through World Politics: Autobiographical Reflections of Thirty-four Academic Travellers.* Lexington: Lexington Books, 429-436.

13 Orrell, D. (2020), "The value of value: A quantum approach to economics, security and international relations". Security Dialogue 51(5): 482-498. And Der Derian, J., Wendt, A. (2022), *Quantum International Relations: A Human Science for World Politics.* New York: Oxford University Press.

14 Nitzan, J. and Bichler, S. (2009), *Capital as Power. A Study of Order and Creorder.* New York: Routledge.

15 Carroll, S. (2016), *The Big Picture: On the Origins of Life, Meaning, and the Universe Itself.* New York: Dutton, p. 160.

16 In Kumar, M. (2008), *Quantum: Einstein, Bohr and the Great Debate About the Nature of Reality.* London: Icon Books, p. 125.

17 Letter from Einstein to D. Lipkin, 5 July 1952, Einstein Archives. In: Fine, A. (1996), *The Shaky Game.* Chicago: University of Chicago Press, p. 1.

18 Hossenfelder, S. (2018), *Lost in Math: How Beauty Leads Physics Astray.* New York: Basic Books: p. 124.

19 Acacio de Barros, J. and Oas, G. (2015), "Quantum Cognition, Neural Oscillators, and Negative Probabilities". In: Haven, E. and Khrennikov, A. (eds), *The Palgrave Handbook of Quantum Models in Social Science.* London: Palgrave Macmillan, 195-228.

20 Everett, H. (1957), "Relative state formulation of quantum mechanics". *Rev. Mod. Phys.* 29: 454-462.

21 Sutherland, R. (2018), *Alchemy: The Dark Art and Curious Science of Creating Magic in Brands, Business, and Life.* New York: William Morrow, p. xi.

22 Žižek, S. (2002), *Did Somebody Say Totalitarianism?: Five Interventions in the (mis)use of a Notion.* New York: Verso, p. 216.

23 Kevles, D.J. (1995), "Good-bye to the SSC: On the life and death of the Superconducting Super Collider". *Engineering and science* 58(2): 16.

24 正如共和党参议院参议员戴维·杜伦伯格（David Durenberger）所言，"如果这个项目能够增强我们的国家安全，那么我愿意继续资助这个项目。但是……我们没有面临这样的威胁。"

25 Wilmott, P., Orrell, D. (2017), *The Money Formula: Dodgy Finance, Pseudo Science, and How Mathematicians Took Over the Markets*. Chichester: Wiley.

26 物理学家李·斯莫林（Lee Smolin）写道："暗物质假设受到青睐——主要是因为唯一的另一种可能性——我们对牛顿定律的认识是错误的——这太可怕了，以至于我们不敢去思考。"尽管如此，这似乎比相信96%的宇宙未被探测到要容易得多。Smolin, L. (2006), *The Trouble with Physics: The Rise of String Theory, the Fall of a Science, and What Comes Next*. New York: Houghton Mifflin, p. 15.

27 Physica A 的编辑包括尤金·斯坦利（H. Eugene Stanley），是经济物理学这一跨学科领域的知名创始人之一。

28 Fullbrook, E. (August 2002), "A Brief History of the Post-Autistic Economics Movement". *Paecon*.

29 Keen, S. (2019), "Economics: What to Do About an Unreformable Discipline?" *Islamic Economics* 32(2): 109-117.

30 Manson, A., McCallum, P., and Haiven, L. (2015), *Report of the Ad Hoc Investigatory Committee Into the Department of Economics at the University of Manitoba*. Manitoba: Canadian Association of University Teachers.

31 Cohen, M. (2018), "Postcrash economics: have we learnt nothing?" *Nature* 561, 151.

32 我甚至还参加过一个。Orrell, D. (6 August 2018), "A tale of two workshops". *World Finance*.

33 Wilmott, P., Orrell, D. (2017), *The Money Formula: Dodgy Finance, Pseudo Science, and How Mathematicians Took Over the Markets*. Chichester: Wiley.

34 Arlidge, J. (8 November 2009), "I'm doing 'God's work'. Meet Mr Goldman Sachs". *Sunday Times*.

35 Mirowski, P. (1989), *More Heat than Light: Economics as Social Physics, Physics as Nature's Economics*. Cambridge: Cambridge University Press, pp. 391-392.

36 Fullbrook, E. (2012), "To observe or not to observe: Complementary pluralism in physics and economics". *Real-World Economics Review* 62: 20-28.

37 了解量子国际关系中的复数相关讨论，参见 Murphy, M.P.A. (2021), *Quantum Social Theory for Critical International Relations Theorists: Quantizing Critique*. Cham: Palgrave Macmillan.

38 在 2020 年出版的《量子经济》一书中，安德斯·因赛特（Anders Indset）将亚历山大·温特称为"量子社会科学家"。了解"量子经济学家"详见 Sheng, A. (27 May 2019), "Condivergence: The duality of life". *The Edge Malaysia*.

39 Žižek, S. (2012), *Less Than Nothing: Hegel and the Shadow of Dialectical Materialism*. New York: Verso, p. 918.

40 Holton, G. (1970), "The roots of complementarity". *Daedalus* 99, 1015-1055.

第5章
原子货币

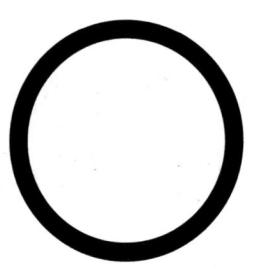

> 现代银行系统无中生有地制造"货币";这个过程也许是有史以来最令人震惊的"戏法"。
>
> ——**安格斯少校**（Major L.L.B. Angas），《**债券暴跌**》（*Slump Ahead in Bonds*），1937

> 大多数改造项目都只是满足于在相同的旧房间里搬动相同的旧家具，有些想扔掉一部分家具。但真正的改造需要我们重新设计房间本身，也许还需要把旧房间炸了，它要求我们改变思维背后的思维。
>
> ——丹娜·左哈尔，《转变企业思想》（*Rewiring the Corporate Brain*），1997[1]

核武器的能量来自高放射性物质，比如实验室用的铀和钚。金融体系的力量来自另一种可裂变物质，即货币。本章以中世纪的符木棒（Tally Stick）和古代的铸币为例，探讨了货币创造这一如同炼金术的过程；展示了提炼这种材料的技术这些年来发生了怎样的变化；并揭示了货币这种魔法为什么像量子魔法一样，长期与军事联系在一起。

1945年7月16日星期一上午5时30分，在美国新墨西哥州的沙漠上空发生了一次巨大爆炸，这是世界上第一次核试验。

科学家和观察员在16千米外的一个营地目睹了所谓的"三位一体"核试验。在这次核试验的官方报告中，该项目主管托马斯·法雷尔（Thomas Farrell）将军描述了他所看到的景象："效果可以说是前所未有的宏伟、美丽、惊人又可怕，以前从未出现过如此强大的人为现象，光照效果难以形容。整个国家都被灼热的闪光照亮了，其强度是正午阳光的好几倍……爆炸发生30秒后出现了第一股强烈的气流，压迫着人和其他东西，跟着立即传来强劲、持续、可怕的咆哮，发出世界末日一般的警告，让我们觉得我们这样微不足道的小东西竟敢篡改全能者迄今为止保留的力量，简直是亵渎神灵。"[2]

根据《纽约时报》的记者威廉·劳伦斯（William Laurence）的描述，科学家们高兴地"欢呼雀跃——跳起来的他们象征着双足离不开地球的人类重获自由新生———股新的力量就此诞生，第一次让人类有了摆脱地球引力的方法。"[3]但就像索迪和威尔斯持不同的看法一样，并不是每个人都这么积极地看待此事。试验场主任肯尼斯·班布里奇（Kenneth Bainbridge）说道，"好了，现在我们全都是大坏蛋了。"[4]

三位一体核试验向世界展示了量子的力量，过去人们认为这种力量只与亚原子世界有关，现在它的影响力扩大了，与我们的生活息息相关。从发现核裂变到试验原子弹，这一路走得非常快。原子核由两种粒子构成，质子和中子，质子带正电,中子不带电,直到1932年英国科学家詹姆斯·查德威克才发现了中子的存在。1938年,德国科学家奥托·哈恩(Otto Hahn)和弗里茨·施特拉斯曼(Fritz Strassman)所做的实验证明了用中子束轰击铀可以使铀核发生核裂变,这将把它们的部分质量转化为能量,并释放出新的中子,这些中子又会与邻近的原子发生碰撞。"我们这些人一直都好傻啊!"量子物理学家尼尔斯·玻尔听到这个结果后惊呼道,"哦,太棒了!就应该是这样的!"[5]

物理学家利奥·西拉德(Leó Szilárd)因避难从匈牙利到了美国,他在哥伦比亚大学领导了一个小型实验,演示了链式反应(他在1933年就提出了这个想法,并在1934年为一个核裂变反应堆的设计申请了专利)。他指出,如果存在的可裂变物质的数量超过某个临界质量(铀235的临界质量只有几千克),结果将是一个自我维持的链式反应,并以指数级速度增长。这个过程可能是核裂变反应堆的基础——又或者说,成为核弹的基础。当看到核试验成功的那一刻,他说,"这个世界正走向悲伤,我的脑海里对这一点确认无疑"。[6]

当他听说占领捷克斯洛伐克的德国军队已经封锁了约阿希姆斯塔尔(Joachimsthal)所有铀矿的出口时,西拉德的紧迫感变得更加强烈。他请他著名的朋友爱因斯坦帮忙,并写了一封信给罗斯福总统,爱因斯坦同意在信上签字,但是警告他说"美国可能会因此制造出一种新型的极具威力的炸弹。"[7]

这封信最初没有什么效果，但到了 1941 年 12 月，日本袭击了珍珠港，把美国卷入了战争。此后不久，研制原子弹的曼哈顿计划正式启动，并随着"三位一体"核试验告终。仅仅三周后，也就是 1945 年 8 月 6 日，美国首次对日本使用了该武器。

当报道那一恐怖事件时，专业的目击者们似乎突然失去了生动准确地描述事物的能力。"广岛的废墟中没有放射性物质"（NO RADIOACTIVITY IN HIROSHIMA RUIN）是劳伦斯在 9 月 12 日发表在《纽约时报》上一篇关于爆炸的文章的标题，报道称法雷尔将军"断然否认核试验过程中产生了危险的、挥之不去的放射性物质"。

从那时起，原子能也被用于破坏性较小的用途。裂变反应堆提供用于和平目的的核能。通过让原子结合而不是分裂来产生能量的聚变反应堆正在开发中。我们已经学会了如何以不同的方式，即通过信息技术利用原子的量子能量。事实上，据估计，大约 30% 的美国国内生产总值源自利用量子效应制作的微芯片、全球定位系统、激光等设备。[8] 此外，各国的公司和政府还在竞相开发量子计算机，这种计算机明显是基于量子逻辑的。

尼尔斯·玻尔对量子理论的贡献之一是他的对应原理（Correspondence Principle），该原理指出，当系统变大时，经典物理和量子物理应该给出相同的答案。换句话说，量子效应在亚原子层面上可能很重要，但在更大层面上就不重要了。但量子技术显然是被设计成要规模化发展的，原子弹不会被淘汰。这一点也可以从另一种以量子力学为原理设计的量子货币中看到。

* 5.1 开采美元 *

约阿希姆斯塔尔现在是一个水疗胜地。然而，在中世纪晚期，它更像是一个矿业城镇。其产品包括银，以及当地的玻璃制造商所使用的另一种物质，也就是所谓的沥青铀矿（Pechblende），其名称主要由两个词构成，pech 意思是坏运气，而 blende 意思是矿物。制造商主要是看中了其美丽的荧光。

在该地区铸造的银币被称为"泰勒"（Thaler），这是该城镇名字的缩写，用这些银币铸造的铸币就是泰勒。这个词后来的发音演变为了"刀"（Dollar），泛指"货币"，并传播到世界各地，其中最著名的就是美国的美元。与此同时，1789 年，化学家马丁·克拉普罗特（Martin Klaproth）发现沥青铀矿中含有一种他称之为铀的金属物质，这一名称源自不久前（1781 年）发现的天王星（Uranus）和希腊的天神。

我们会看到，货币是社会版的铀。它储存着大量的能量——它的能量最初是由军方利用的，而且是最大限度地利用。

在经济学教科书中，货币通常是作为一种惰性物质，是自然出现的交换手段。例如，一本加拿大教科书这样介绍："如果没有货币，货物将不得不用以物易物的方式交换……使用货币作为交换媒介解决了这个问题……所有的商品都曾在某个时期被用作货币，但黄金和白银最后显示出具有巨大的优势。随着铸币的发明，也就没有必要在每次交易时对金属称重，但它让权威机构（通常是国王）扮演了一个重要的角色，他们制造铸币并加盖印章，确保铸币中含有的贵金属数量。"[9]

历史上也有类似的描述：保罗·萨缪尔森在他的《经济学》一书中写过；19世纪新古典经济学家卡尔·门格尔（Carl Menger）和威廉·斯坦利·杰文斯写过；18世纪的亚当·斯密的作品中也提到过……。事实上，这个故事可以一直追溯到亚里士多德，他在《政治学》（*Politics*）一书中写道，"简单的交易（以物易物）继续发展，我们就可以料到它会演变成比较简便的交换形式（货币）……凡是生活必需品往往是笨重而难于运输的，大家因此都希望有某种本身既有用而又便于携带的物品作为交易货物及购取所缺货物的中介物品。于是人们发现铁、银以及类似的金属合乎这种要求。起初这些金属就凭其大小轻重来计值；最后，为免除大家分别称量的烦劳，每块经过称量的金属都被加上烙印，由这种烙印表明其价值。"

虽然这个故事几个世纪以来一直保持不变，但它并不是基于实证。事实上，正如人类学家长期以来指出的那样，纯粹基于物物交换的经济似乎从未存在过。[10] 相反，货币根源在5000

年前的美索不达米亚（Mesopotamia）创造的虚拟信用系统，在那里，债务被记录在黏土楔形文字上。量是以谢克尔（Shekel）为单位的，谢克尔是指银的重量，然而，银本身通常不易手。

最早的铸币可以追溯到公元前7世纪，在吕底亚王国（Kingdom of Lydia）附近出现，这个做法很快传播开来，首先传到了小亚细亚沿海的希腊城市，然后从那里传到了大陆和周围的岛屿。在公元前6世纪的毕达哥拉斯时代，大多数希腊城邦都在生产自己的铸币，以此作为独立的标志。从那时起，控制货币供应的权力，以及规定什么是法定货币的权力，一直是一个国家的决定性特征。例如，古罗马人通过装饰在铸币上的皇帝形象，将权力投射到遥远的殖民地。

事实上，铸币类货币流通的主要动机似乎与市场需求关系不大——历史学家迈克尔·克劳福德（Michael Crawford）称之为"铸币流通的偶然结果"——而与军队的需求关系更大。[11]货币找到了它的杀手级应用，那就是战争。

铸币被引入的时候，希腊统治者最大的开销是动员庞大的军队。铸币是一种支付手段，同时也是一种激励军队和控制公众的工具。士兵和雇佣兵用开采或掠夺的金属获得报酬，他们把钱花在食物和用品上。然后政府要求从商业交易中退还一部分铸币作为税款。税款为士兵提供食物或住房，从而解决了军队的后勤保障问题。

亚里士多德的学生亚历山大大帝（Alexander the Great）完

善了这一体系。在征服波斯帝国期间,他的10万多名士兵每天的工资约为半吨白银。这些白银主要来自波斯帝国的矿,随后被制成亚历山大自己的铸币,战俘是主要的劳动力。接着他开始入侵美索不达米亚的巴比伦帝国(Babylonian Empire),在那里他消灭了原有的铸币,并坚持用他自己的铸币纳税。货币体系不是从物物交换中自然产生的,而是一种设计好的社会技术——它是凭着利剑的锋刃强加于人的,在许多方面是权力的一种表达。

* 5.2 一件微不足道的事情 *

当然,正如核能可以同时用于创造性的或破坏性的目的,除了可以帮助维护军队或入侵其他国家,货币体系对于许多事情都是非常有用的,铸币类货币在世界各地的传播恰逢艺术、哲学、文学、建筑、天文学、数学以及最重要的商业等繁荣发展。货币在塑造人类文明方面所发挥的作用比任何其他发明都更大。因此,我们似乎对它知之甚少,只把它当作一种中性的交换媒介,这一点实在很有趣。这就好比说铀矿只是一种奇特的岩石。

目前主要有两种货币理论:金银通货主义(金银本位主义,或称为重金银主义,Bullionism)和名目主义(Chartalism)。第一种理论认为,货币只有在有黄金或白银等贵金属支持的情况下才有价值；第二种理论认为，货币之所以有价值，是因为它代表着政府信用，如在现代货币理论（Modern Monetary Theory）中即是如此。正如奥地利经济学家约瑟夫·熊彼特（Joseph Schumpeter）所指出的，"两种基本货币理论"之间的争论可以追溯到古希腊，当时亚里士多德认为，货币本身必须是一种有价值的商品，而柏拉图则将其视为一种象征。[12] 每一种理论都将货币简化为一个单一的维度，可以被实际拥有的金属，或账本上抽象的计算符号。

金银通货主义者和名目主义者就像两种相互竞争的魔法流派，他们经常试图揭露对方才是骗子。还有第三种理论——通常不被提及，但大多数主流经济学家都会同意——它假装自己凌驾于所有琐碎的争吵之上，甚至比另外两种理论更有影响力，尽管它实际上是所有理论中最奇怪的。根据这一理论，货币没有独特的性质，而是由它的角色来定义的，譬如作为交换媒介。例如，萨缪尔森将货币定义为"任何被普遍接受的交换媒介"。[13] 按照这个逻辑，正如一位经济学家打趣说的那样，"鸡都可以当钱花"，只要人们愿意接受这种支付手段。[14] 货币的两面——商品和符号——坍缩为一种惰性筹码（Inert Chip）。

那么这个筹码代表什么呢？被称为经济学之父的亚当·斯密遵循金银通货主义者的方法，提出货币的价值仅由其中贵金属的重量决定，数字标记除作为核检的证明之外没有任何用处。然而，根据他的定义，商品的交换价值与货币毫不相干，而是"(一个人)能够购买或支配的劳动力数量"。就像铀的质量可以转化为能量一样，金属的质量也等于为此投入的等量工作。我们接下来将会看到，这种对价值的假定来源随后从劳动力转向了效用，但实际上几乎没有什么区别。

在市场经济中，这种价值会被市场那只"看不见的手"发现，这是亚当·斯密理论的核心。亚当·斯密还进一步区分了商品的"实际"和"名义"价格。像任何其他商品一样，黄金或白银的成本取决于生产它所需的劳动力，而劳动力又取决于诸如矿山的"肥沃或贫瘠"等因素。因此，货币过剩转化为名义价格上涨。但经济学家的作用是关注实际价格，这就剔除了欧文·费雪后来所谓的"货币幻觉"（Money Illusion）所带来的分散效应。因此，亚当·斯密是用劳动分工和交换机制等概念来解释经济的，而不是用货币来解释经济。他的魔杖一挥，货币就会灰飞烟灭。

正因为此，经济学家约翰·斯图亚特·穆勒（John Stuart Mill）才会在他 1848 年出版的《政治经济学原理》（Principles of Political Economy）一书中写道，"简言之，在社会经济中，不可能有比货币本身更微不足道的东西"。《政治经济学原理》在过去 60 多年里一直是标准教材。也是因为同样的原因，保罗·萨缪尔森才会在他的《经济学》——20 世纪下半叶最畅销的教科书——中写道，贸易"在很大程度上可以归结为物物交换"。因此中央银行的银行家会在金融危机发生十年之后的演讲中指出，主流经济模型中并未包含货币或者金融领域。

∗ 5.3 保留符木 ∗

尽管主流经济学家将货币视为一种惰性的物质，或账目核算的衡量标准，但其实更恰当的说法是将其描述为一种强大的、变革性的技术。和铀一样，这种能量是通过量子过程产生的。

纵观历史，货币要么是真实的事物，要么是虚拟的数字，在以世纪为单位的时间尺度上交替出现，同时始终保持着两者的特性，这或许是货币真实/虚拟本质的最好例证。[15] 如前文提到过的，在美索不达米亚，当债务被刻在黏土楔形文字上时，货币作为一种会计系统（信用系统）诞生了。在古希腊和古罗马，货币转变为了金属铸币，直到中世纪早期才恢复为以信用系统为主。在新大陆发现了大量的白银和黄金，这最终开启了后来的国际金本位制，并以这样或那样的形式持续到虚拟法定货币的兴起。

1100 年前后由英国国王亨利一世引入的支付系统是一个典型的、持续时间最长的信用系统的例子。这在原理上与古代楔形文字相似，不同之处在于它是基于一种叫作符木的木棍。这些抛光的榛木或柳木木棍上面都有刻痕，代表债务的多少，如 12 世纪的著述《有关国库的对话》(*The Dialogue Concerning* the Exchequer）中所记载的："符木的最顶端代表1000英镑，刻痕的厚度相当于一个手掌，100英镑刻痕的厚度相当于一根拇指，20英镑刻痕的厚度相当于一只耳朵，1英镑刻痕的厚度相当于1颗饱满的大麦粒，1先令的刻痕更窄一些。1便士的标记方法仅是划一道刻痕，而不需要切去一块木头。"

然后，沿纵向自中间劈开符木，这样每一边都有一个匹配的数量记录。债权人保留一部分，称为股份（Stock），稍长一些，而债务人得到较短的存根（Stub）。当债务还清后，将这两部分匹配在一起，木纹作为防止伪造的证据，符木会被销毁掉。

在大约七个世纪的时间里，符木被财政部门用作征税工具，但符木本身也作为一种货币流通。例如，假设甲某持有1股份，乙某持有1存根，代表乙某欠了甲某的钱。那么，甲某不用等着乙某还钱，甲某可以用这1股份给丙某付钱（假设甲某也欠了丙某的钱），也许会有一点儿折扣。丙某随后可以从乙某那里收回欠款，或者将股份卖给中间人，中间人在债务到期时收回欠款。在中国也存在类似的系统，不同的是符木是用竹子做的。

1804年的《拿破仑法典》（Napoleonic Code）中提到了符木，"木纹对应的符木为当事人提供了证据，这些人习惯用这种方式对他们在零售业务中收取的佣金进行核查"，符木在英国一直用到1826年。然而，随着铸币类货币在15世纪卷土重来，美洲大陆的金银盛行一时，符木失宠了，一直到1694年英国央行成立以后，符木又兴起了一阵——用符木来买一些银行的原始股份。1834年，最后一批符木被收集在一起进行集中处理。英国议会网站显示，他们正在寻找合适的地点，"工程主管认为，位于上议院地下室的两个地下火炉会是一个比较安全且合适的处理地点。"

我敢肯定，许多读者会想起自己生活中的一些画面，即任由一堆高度易燃的可燃物自生自灭，这种做法并不可取。而就符木的例子来说，它所导致的"1834年的大火"（Great Fire of 1834）让威斯敏斯特宫（Palace of Westminster）付之一炬。我们今天看到的只是重建的宫殿。然而，符木中蕴含的能量并不存在于真实的材料中（即使它是可燃的），而是在虚拟的债务中。

* 5.4 熵 *

将中世纪的符木与量子计算机进行比较似乎有些奇怪，但实际上符木可以用量子术语进行建模，即图5.1中修正后的债务关系量子模型。下面的量子位元现在代表债权人，而上面的量子位元是必须偿还债务的债务人，纠缠门代表符木。债务人的量子位元的初始状态是0，但如前所述，由于门A的作用，它被翻转到接近1的值。

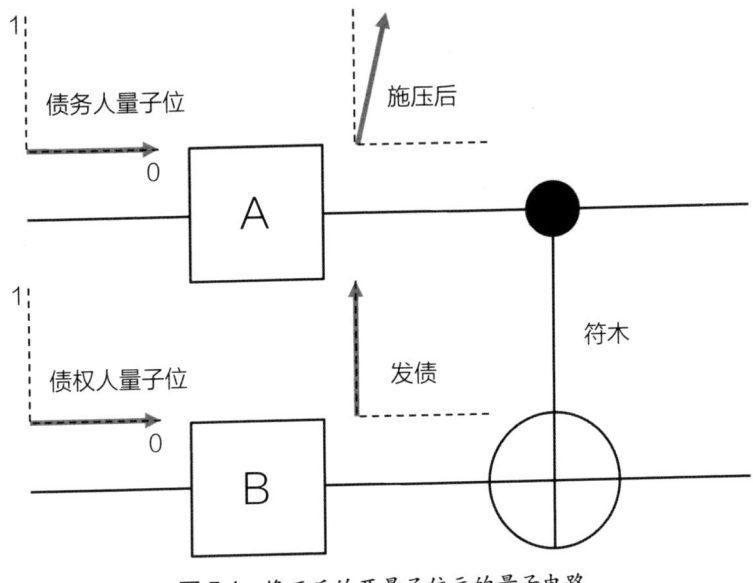

[图：修正后的两量子位元的量子电路，标注包括"债务人量子位"、"债权人量子位"、"施压后"、"发债"、"符木"、门A和门B]

图 5.1 修正后的两量子位元的量子电路

这一量子电路还是代表一种债务，但这一次它是国家保障债权人的权益。因此，门 A 代表了国家对债务人施加的压力。如果没有压力，或者债务人根本付不起钱，那么这些符木就没有价值了。如果债务人有 5% 的可能性违约，那么这就会影响到债务的价值，中间人只会以合适的折扣购买。因此，一般来说，作为货币对象的符木的价值取决于债务的价值，但也取决于违约的可能性，这反映了国家施加的强制力量，以及债务人信誉的相关信息。

因此，为了评估符木中所储存的能量，我们需要找到一种途径来表达改变一个人的想法所需的能量，换言之，就本例来说，是让债务人偿还债务所需的能量。在19世纪，"心理物理学"（Psychophysics）这一新领域曾试图测量心理的能量，如心理量。新古典经济学家弗朗西斯·埃奇沃思（Francis Edgeworth）甚至提出了一种快乐测量仪（Hedonimeter）的概念，它可以记录"个体所体验的愉悦的高度"，或者更准确地说，"可以隐约视之为一种测量心理层面的快乐磁场（Hedonico-Magnetic Field）中的物理变化"（而且人们认为量子经济学是挺神经兮兮的）。[16] 今天，神经经济学家（Neuroeconomist）可以对人进行扫描，看看他们大脑中负责快乐或痛苦的中心是否被激活。但是另一种表达这种影响的方式是从熵力的概率出发。

在物理学中，熵是一种能量，具有精确的热力学定义，但可以简单描述为反映系统的无序程度。熵、信息和力之间的联系可以用麦克斯韦妖（Maxwell's demon）这个谜题来说明，麦克斯韦妖是以19世纪的物理学家麦克斯韦命名的，麦克斯韦妖是他的假想。这一假想包括一个带有两个隔间的容器，每个隔间内都装满了温度相同的气体；还有一个想象中的妖，坐在分隔墙的小窗边。当妖看到左边隔间里有一个快速移动的原子时，就打开窗户让它去到右边的隔间；相反，它也会让右边的隔间中移动缓慢的原子去到左边的隔间。一段时间后，左边隔间内粒子的平均速度会比右边隔间内的慢。由于温度是衡量粒子平均速度的指标，这就意味着左边的温度要比右边的温度低。这样就有可能从这种温差中提取能量，这似乎违反了能量守恒的原则。

1929 年，非常善于创新的利奥·西拉德针对这个谜题给出了一个答案，这个妖做了某种工作，通过操纵信息来抵消系统的随机性。在这个意义上，妖就像一个办公室职员，不做实际的体力劳动，只是操纵虚拟的符号。

但如果信息可以做功，那么就可以得出，其他种类的工作可能与信息有关。举个例子，假设一个盒子里装着一定量的气体，在盒子里的任何地方，任何给定的粒子被发现的概率都是相等的（图 5.2a）。"概率密度"（Probability Density）在盒子内是一个常数（意味着每个位置的可能性都是相等的），在盒子外是 0。因为分布是稳定的，而不是随着时间往外扩散的，由此可见，一定有一个力，如箭头所示，使粒子的随机运动保持平衡。

图 5.2a 中的力来源很明确，是由盒子壁提供的。但更普遍地说，物理学家埃德温·杰恩斯（Edwin Jaynes）于 1957 年首次提出的物理学中的最大熵原理（Principle of Maximum Entropy）表明，一个系统倾向于向在统计学意义上更无序的状态演化，因此具有更高的熵。这种演化可以被看作是由一种力驱动的，这种力被称为熵力。

例如，在图 5.2b 中，一个粒子可能的位置位于中心点附近。这表示一个受力约束的粒子集合，但我们同样可以将其理解为对某一结果的倾向，这也是一种信息形式。任意点的倾向

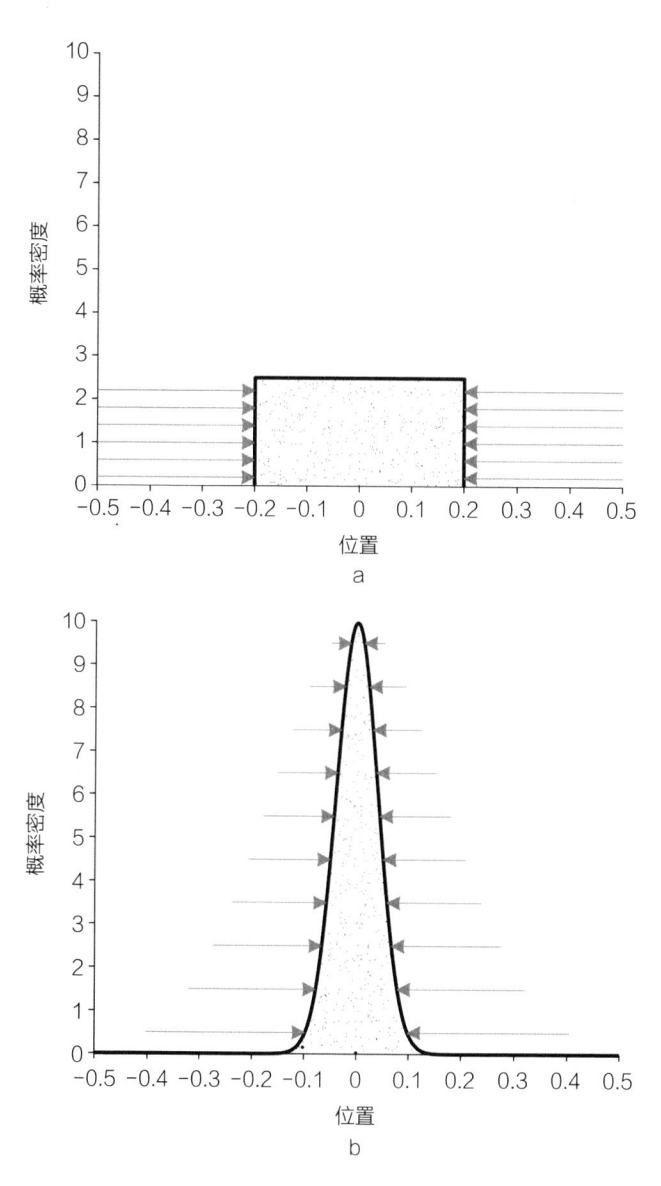

图 5.2 特定范围内的均匀概率分布

可以用波函数来描述，其含义与第3章中抛硬币的倾向相同。不同之处在于，波函数不是坍缩为一枚硬币的正面或反面，而是坍缩到一个位置；可能的结果也不是像抛硬币一样是二元性的，而是一个连续的范围（尽管总概率之和仍然是1）。

熵力方法在物理学中得到了广泛的应用：例如，用来描述热分子的扩散，或者用于描述所谓的聚合物这一长分子链的行为。2009年，物理学家埃里克·弗林德（Erik Verlinde）甚至认为，引力可以被解释为熵力，它是由与实物位置相关的信息产生的。[17]虽然这一结果存在争议，但更明显的作用是对我们思考和决策的方式的影响。毕竟，我们根本没有必要假设一个虚构的分拣粒子的妖，才能意识到像金融交易这样的事情受到心理量或信息流的推拉。因为我们面对的是经济学，我们可以把价格当作是对位置的测量，并由此推导出其他术语，如力和能量。

想象一下，有人递给你一根木棒，上面有一些刻痕。你的第一印象是，这根木棒的价值接近于零，除非你认为可以用它当木柴。但随后你被告知，尽管看起来不太可能，但这根木棒的价值实际上与纳税义务规定的金额相当，是欠下的税款。为了让你认可这个评估，我必须做一些严肃的工作来重新调整倾向曲线，从而描述你眼中的木棒价格。

在物理学中，抵消熵力所需的功取决于倾向的相对变化，用最终倾向和初始倾向之比的对数（反映了相对变化）表示。

这与 19 世纪心理物理学的发现"韦伯定律"（Weber's law）相呼应，该发现以医生恩斯特·韦伯（Ernst Weber）的名字命名。韦伯定律指出，在心理层面上，重要的不是绝对变化，而是相对变化。它也把心理量的概念置于一个更牢固的基础上，作为一种概率函数——你不需要什么快乐测量仪来测量它。

我们稍后会重新探讨这个公式，但现在的重点是熵力法允许我们用书面形式表达改变一个人的倾向所需的心理层面的努力；或者同样的，其他人，在概率层面上——通过鼓励、广告，或者简单的蛮力——来改变你对某物价值的想法所需要花费的能量，在本例中指的是我们眼中的一根木棒的价格。此时，能量不是用物理单位来衡量的，而使用货币单位（尽管，正如后面所探讨的，这些是相关的）。需要明确的是，我们并不是试图在物理学和维多利亚时代经济学家所说的心理现象之间建立直接的联系；相反，我们正在寻求一种统一的方式来表达影响我们决策倾向的变化。

当货币是由黄金或白银等贵金属而不是木材制成时，一个明显的优势是，由于货币本身就很有价值，国家不需要施加太多压力就可以让货币得到认可。炼金术士将黄金 ♂ 与另一种核能来源——太阳能 ☉ 联系在一起，而银 ☋ 则与暗淡的反射——月亮 ☾ 联系在一起。而金属的市场价格越接近铸币的面值，铸币被接受的可能性就越大。在古代，开采铸币所需的能量通常由奴隶提供，因此，这些能量得以添加到国家所行使的权力中。即使在某国政权几乎没有影响力的地方,铸币也可以被接受。由此可见,伪造货币所需的能量可以通过两种方式来提供:获取和控制贵金属,或者通过讨债来行使社会力量。这证明了通过法律和军事方法投射的虚拟能量是可以与贵金属真实的质量相转换的——这也再次指向了货币固有的二元性,也是货币这种物质具有复合特性的原因所在。

当然,读者可能仍然担心,社会系统永远不能简化为方程式,而经济学滥用力和能量等物理学概念的历史由来已久。正如林语堂在1937年出版的《生活的艺术》(*The Importance of Living*)一书中所写的那样,"人类的性格生来是世界上最不容易服从机械律的;人类的心思永远是捉摸不定,无法测度,而常常想着,怎样去逃避那些发狂的心理学家和未有夫妇同居经验的经济学家所要强置在他身上的机械律,或是什么唯物辩证法。"但经济学家确实需要用方程式来表达人类行为的某些方面,而如果某些东西被遗漏,比如权力,那么它往往会被忽略。在新古典经济学中,图5.1所示的模型不需要对准债务人纠结的心理状态——两个量子位元不会彼此交谈——因为,正如你将在第8章中看到的,违约的可能性通常是不存在的。新古典经济学的问题不在于它的创始人用力和能量来表达他们的观点,而在于他们把这些观点建立在抽象的效用概念上,而不是建立在可以实际测量的东西上。

相比之下,本书所提出的方法是从通常可以测量或推断的倾向这一想法开始的，例如，行为经济学领域依赖实验来评估一个人做出某些决定的概率，这是倾向函数（Propensity Function）的离散情况。在下一章中，我们可以将描述买卖倾向的曲线定义为价格函数。倾向函数不会是完全稳定的，但仍然可以用来描述一种特定的情况：营销人员研究消费者的购买倾向，目的是操纵它，而购买倾向在金融市场中是非常明显的。熵力——以及相关的能量表达式——来自倾向函数，因此这只是描述同一件事情的另一种方式（事实上，从计算的角度来看，所有的计算都是概率）。人类行为不能简化为机械方程式、力或能量，但我们仍然可以把数学作为一种语言来描述和预测对金融交易的观察。

* 5.5 强核力 *

自然界中已知的最强的力将原子核结合在一起，我们称之为强核力（Strong Nuclear Force），可谓名副其实。根据一种理论，它也可以被看作是一种熵力。[18] 如果是这样的话，那么在铀原子的中心一定有大量的信息。

就像铀一样，货币可以被看作是一种僵化的信息，也可以在精心控制的条件下引爆。关于货币的一个奇怪的特点是，虽然有无数的著作提出了各种关于货币的理论，但很少有人关注它的根本属性，即它与数字和信息的关系。这就好像，当我们乐于谈论货币的影响时，我们却害怕检查它的能量来源，就像害怕盯着太阳一样。

到目前为止，我们还没有谈到为什么应该用量子形式来为货币建模。我们说货币是一个量子模型，唯一的原因就是，债务人的状态被视为违约和非违约的叠加：用符木来偿还债务，或者干脆把符木付之一炬。然而，就像抛硬币那个简单的例子一样，从倾向的角度分析交易，促使我们采用一种量子方法。在接下来的几章中，当我们考虑影响经济决策的软硬力量组合，以及如何通过购买和出售货币（或经济学家所说的供给与需求）来衡量价格时，这一点将变得更加清晰。

注释

1 From Rewiring the Corporate Brain, copyright © 1997 by Danah Zohar, Koehler Publishers, Inc., San Francisco, CA. All rights reserved.

2 Farrell, T.F. (1945), "Trinity test, July 16, 1945. Eyewitness Brigadier General Thomas F. Farrell". *NuclearFiles.org*.

3 Laurence, W. (26 September 1945), "Drama of the atomic bomb found climax in July 16 test". *New York Times*.

4 In Davis, N.P. (1968), *Lawrence and Oppenheimer*. New York: Simon and Schuster, p. 309.

5 Quoted in Sime, R.L. (1996), *Lise Meitner:* A life in physics. Berkeley, CA: University of California Press, p. 244.

6 Rhodes, R. (1986), *The Making of the Atomic Bomb*. New York: Simon & Schuster, p. 292.

7 Einstein, A. (1960), Letter to President Franklin D. Roosevelt, 2 Aug 1939, delivered 11 Oct 1939. In *Einstein on peace*, edited by Nathan, O. and Norden, H., New York: Simon & Schuster, 294-295.

8 Folger, T. (2001), "Quantum Shmantum". *Discover* 22(9).

9 Ragan, C.T. and Lipsey, R.G. (2011), *Economics* (13th edn). Toronto: Pearson Education Canada, p. 121.

10 Graeber, D. (2011), *Debt: The First 5000 Years*. Brooklyn, NY: Melville House.

11 Crawford, M.H. (1970), "Money and exchange in the Roman world". *Journal of Roman Studies*, 60, 40-48.

12 Schumpeter, J. (1954), *History of Economic Analysis*. London: Allen & Unwin, p. 53.

13 Samuelson, P.A. and Nordhaus, W.D. (2001), *Economics*. 17th edn. Boston, MA: McGraw-Hill, p. 511.

14 Hirsch, T. (2013), *The Future of Money, TEDx Edmonton*.

15 Orrell, D. and Chlupatý, R. (2016), *The Evolution of Money*. New York: Columbia University Press.

16 Edgeworth, F. Y. (1881), *Mathematical psychics: An essay on the application of mathematics to the moral sciences*. London: C.K. Paul.

17 Verlinde, E. (2011), "On the Origin of Gravity and the Laws of Newton". *Journal of High Energy Physics* 2011(4): 29.

18 Freund, P.G.O. (2010), "Emergent Gauge Fields". arXiv:1008.4147.

第6章
不是相交而是波浪

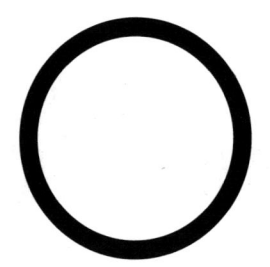

> 经济学就在这个中间的区域，无论是电子的终极哲学还是心灵的终极哲学都对其没有影响，它关心的是物理学世界和精神世界这两个极端的交界地带，生命最日常的表现形式。
>
> ——弗雷德里克·索迪，《笛卡尔主义经济学》（*Cartesian Economics*），1921

供给和需求是经济学的基础。每本入门教科书上都会有一张图，其中两条线分别代表供给和需求，以 X 形相交。传统理论假设，供给和需求如魔法般玄妙莫测地推动着经济达到均衡。然而，正如金融资产等价格波动的事物所表明的那样，现实情况似乎略有不同。本章借鉴了计算生物学和量子物理相关内容，提出了一种新的供求理论，这些量不再相交，而是成波浪形。

魔法世界有耀眼之星，他们发明了许多基础幻术，这些幻术至今依然沿用。如果说经济学也有一个类似的核心人物，那就是英国经济学家亚当·斯密。

亚当·斯密和任何巫师或先知一样怪诞不经。他以心不在焉著称：一位朋友曾称他为"我见过的最心不在焉的人，他动着嘴唇，自言自语，面带微笑"。[1] 有一次，他不小心走进了大坑里；还有一次，他穿着睡衣去散步，最后走到了城外 24 千米的地方。他自小和母亲相依为命（父亲在他还是婴儿时就去世了），母亲在他去世前六年过世，享年90岁。他终生未娶，依靠几位资助人获取收入。总而言之，正如他的传记作者杜格尔·斯图尔特（Dugald Stewart）所言，亚当·斯密"肯定不适合这个世界上的一般商业领域"。[2] 但这并没有阻止亚当·斯密改变世界对商业的看法。

亚当·斯密以其令人称奇的"看不见的手"闻名于世。[3] 在这个隐喻中，价格神奇般地被经济学家们称为"内在"或"基本"价值的东西。如果你问内在价值是什么，他们会说是价格，从而证明了他们自己的论点。价格是买卖双方或者消费者和生产者之间的妥协。如果价格过高，则生产者增加和（或）消费量减少，卖家之间的竞争将压低价格。但是，如果价格过低，生产者就会退出，消费量增加（至少相对增加），而剩余的卖家可以提高价格。因此，由于市场上这只看不见的手，价格总是会被修正回均衡值。

亚当·斯密本人并没有太频繁地使用"看不见的手"一词，该词后来被保罗·萨缪尔森推广开来。亚当·斯密第一次提到"看不见的手"，实际上是在一部名为《天文学史》（*The History of Astronomy*）的早期著作中，该著作与经济学毫不相关，"因为据观察，在所有多神论的宗教中，在蛮族人中，在早期古代异教徒中，只有自然界无律可循的事件才被归于神的推动和力量。烈火燎原，川流不息；重而浊的东西慢慢下沉，轻而清的东西冉冉上升，皆大自然作用；而无涉朱庇特（Jupiter）无形之手（即看不见的手）。然雷电、暴风雨和阳光，这些更加变化莫测的事件，都归因于神的恩惠，抑或神的愤怒。"

因此，亚当·斯密提出的"看不见的手"在这里指的是神的神奇行为。直到后来，他才重新使用这个词来描述市场的精妙运作，但实际上大同小异。

看不见的手并不是真正新奇的概念，类似的观点由来已久。[4]不过，亚当·斯密于工业革命拂晓写下该词，作为所谓苏格兰启蒙运动的一部分，恰逢其时，恰如其分。看不见的手最终成为资本主义自组织能力的代名词，不仅可以计算价格，还可以在起初产生极其丰富的商品和服务。后来，它被新古典经济学家转变为数学密码，作为供求理论。

* 6.1　X特殊标记 *

"供求理论"指的是一种特定商品的供求关系，可以绘制为两条曲线。供给曲线显示生产者供给量和价格之间的函数关系，而需求曲线显示消费者所需商品数量和价格之间的函数关系。供给随价格增加而增加，但需求反之。根据亚当·斯密"看不见的手"，两条线相交的点代表一个均衡点，供给等于需求，市场出清，效用优化。正如哈佛大学的格里高利·曼昆（Gregory Mankiw）在他的畅销书《经济学原理》（*Principles* of Economics）中总结的那样，"在均衡价格下，买方愿意并且能够购买的商品数量恰好均衡了卖方愿意并且能够出售的数量……买卖双方的行为自然会推动市场走向供求平衡。"[5]

著名的X形供求关系图总结了这一规律，它为每一本入门教科书增添光彩，为经济决策提供依据，在数学模型中以方程的形式出现，从评论家口中发出，塑造了我们对经济的认知。传统上，该图是在纵坐标处绘制价格，但这在经济学以外的领域并不寻常，因此我改变了坐标轴（如图6.1所示）。

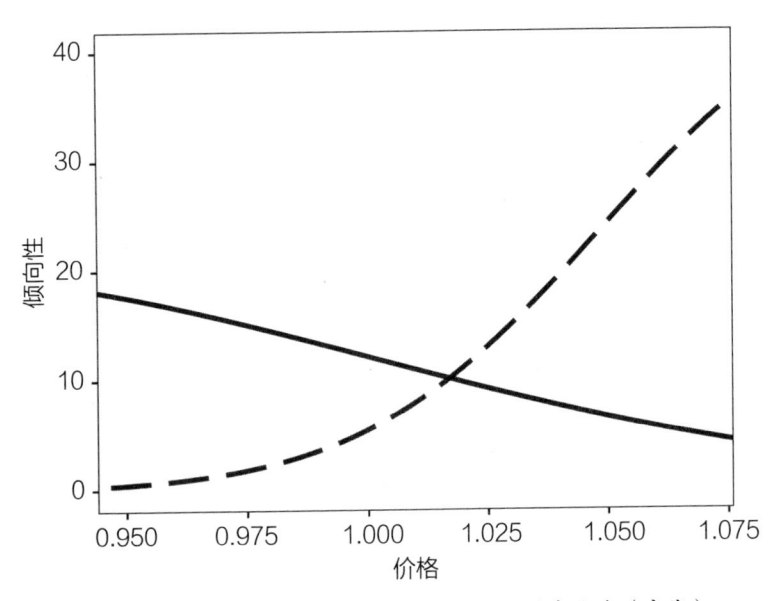

图6.1 新古典经济学中使用的向下倾斜的需求曲线（实线）和向上倾斜的供给曲线（虚线）。纵坐标数值通常表示为数量，这里变为倾向性。

在继续下面的讨论前，我们需要指出，上述方法在经济学领域之外是罕见的。虽然我确信该方法适用于一些在工程学等领域遇到的简单问题，但就我个人而言，我曾在电气工程、天气预报、生物学等多个应用领域工作过，通过绘制两条曲线并找到交点的方法来分析复杂的动力系统，尚未有人觉得实用。没有人会这么做，原因很简单，同一系统下的两个部分通常不可能彻底分离。而供给和需求却被视为独立个体。

就经济而言，供给和需求通常以复杂的方式耦合——奢侈品之所以令人垂涎，是因为供给受限；昂贵的房子令人梦寐以求，因为房价会水涨船高；而石油价格则是自成一体——不能单独衡量，因为我们所拥有的只是特定价格点的交易信息。正如经济学家路德维希·冯·米塞斯（Ludwig von Mises）在1949年所写的那样，"重要的是要认识到，我们对这种曲线的形状浅见寡识。一直以来，我们所了解的都只是市场价格——也就是说，不是曲线，而是两条假设曲线的交点（均衡点）的数量和价格。"[6]

这就解释了为什么虽然教科书中充满了供求曲线，但是这些曲线从来没有基于实际的经验数据。经济学家斯蒂芬·莱维特（Stephen Levitt）在2016年总结了这种方法，他不带讽刺意味地说，"我们对供求曲线的定义了若指掌，但我们从未真的见过一条这样的曲线。"2021年，一项对五本主流教材的调查得出结论："这些教材中没有任何一本提供了实际的需求曲线、供给曲线或和均衡有关的图、表。连一个都没有！"某一本经济学教科书中的一个注释也表达了这种情况："如果有人知道在时间和（或）空间上运用良好的实证供求模型，请联系我，便于我引用。"[7]这也解释了为什么该理论似乎不适用于房地产、金融服务或资源部门等行业。

供求理论的缺陷已被评论家们多次抨击，实例请参见我的《经济和你想的不一样：经济学十一大误解》，这里就不再赘述。我只是要指出该理论依赖于潜在的均衡假设，即两条曲线的交点。如果我们不将经济视为一个力学系统，而是将其视为一个以复杂的动力学和反馈回路为特征的复杂生物系统，那么这种假设似乎站不住脚。举个例子，在生物学中，唯一处于均衡状态的系统是死亡。

当然，从数学的角度来看，均衡假设确实行之有效，因为它消除了考虑动力学的需要。新古典经济学家阿尔弗雷德·马歇尔在其1890年的教材《经济学原理》（*Principles of Economics*）中首次推广了供求曲线，他写道，"经济学家的圣地在经济生物学"，但他继续写到"力学概念没有生物学概念那么复杂；因此，基础经济学教材中必须有一卷书用相对较大的篇幅解释力学类比，要频繁使用'均衡'这一术语，它暗示了某种静力类比"。又或者，正如保罗·克鲁格曼近期解释的那样，"动力学很难，而观察动态过程的假定最终状态——均衡——可能会告诉你很多你想知道的东西。"[8]因此在大约130年后，静力类比仍然存在，这无疑很好地证明了均衡。但是，对于在其他领域提到的大多数动力系统而言——例如肿瘤生物学、流行病学或天气预报——从均衡的概念开始建模的方法将是相当无益的，经济也不例外。我们是否能找到更好的方法呢？

* 6.2 交易倾向性 *

新古典经济学的供求模型将两件事混为一谈：个体行为者以特定价格进行交易的愿望，以及市场上行为者的数量。例如，供给曲线应该随着价格的增加而增加，部分原因是价格较高时会有更多的供应商进入市场，而较低的价格会导致一些供应商退出。然而，公司进入或退出市场取决于长期逐渐展现的复杂过程。

一个相关的问题是，虽然个人或公司可能会考虑供求理论，但当我们查看大量行为者的总体聚合行为时，事情就会变得杂乱无章，一塌糊涂。事实证明，供求曲线几乎可以呈现出任何你能想象到的形状。因此，让我们首先看一个定义更为明确的问题，即利用个体行为者在特定交易期间进行交易的倾向作为价格函数。

亚当·斯密认为，"互通有无、物物交换、互相交易的倾向"是人类与生俱来的。随后，经济学家约翰·梅纳德·凯恩斯（John Maynard Keynes）在1936年写道，我们的"消费倾向"

被"储蓄倾向"所平衡。[9]在更普遍的认知里，化学体系也是如此。在化学领域，当来自两种化学物质的分子相互作用时，它们有一定的概率结合形成化合物，这种概率被称为反应的倾向性，取决于温度等因素。采用类似的方法，我们可以重新解释供求曲线，不是将其作为固定的图形，而是作为个体买方或卖方以特定价格评估交易项目的倾向。事实上，这项技术已经运用在了市场营销中，被称为"倾向建模"，用于模拟客户购买商品的意愿如何受到包括价格在内的属性的影响。值得再次注意的是，因为涉及金钱且我们可以用价格作为自变量，该方法在经济学而非一般社会科学中有效。我们不像新古典经济学那样假设供求决定价格，而是假设价格决定倾向。价格只是一个数字，不是真实不可变的东西，正是这一事实引入了不确定性，使量子方法变得适用。

例如，如果我们要求房主给他们的房子估一个值——也就是回答"多少钱？"这个和量子有关的问题——与图 5.2 相比，倾向性曲线可能如图 6.2 所示，箭头表示相关熵力的强度和方向。如果我们让曲线成为所谓的正态分布（即高斯分布或钟形曲线），那么分布的中心点（这里的 1 代表 100 万加元）将是最佳估算，而分布宽度（或标准差）将衡量其不确定性或灵活性。图 6.2a 的曲线表明房主对估价胸有成竹，而图 6.2b 的曲线表明房主更有协商意愿。横轴代表价格（其实使用价格的对数更佳，对数能表示相对变化，不过这里可以忽略）。

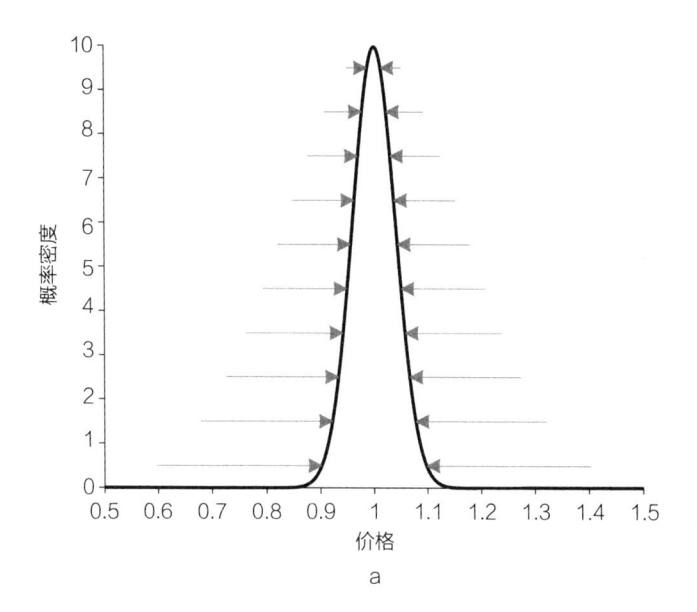

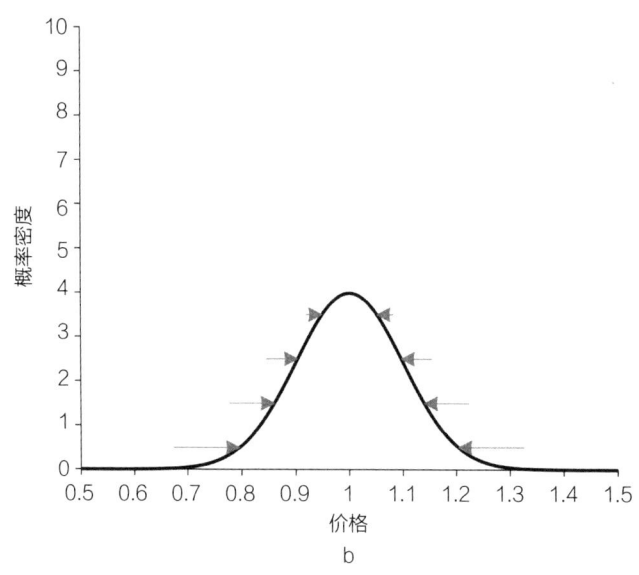

图 6.2 价格函数曲线

对应每一处价格，两条曲线的值表示在该价格下评估该项目的人产生购买倾向的概率密度（即相对概率）。如前一章所述，倾向可以解释为由熵力产生（熵力是一种不基于力学而基于信息的组织原则），在这种情况下，它将估值推向100万加元的中心估计值。如箭头所示，对于低于100万加元的价格，熵力向右推，而对于高于100万加元的价格，熵力向左推。因此，熵力的作用是将所有可能的价格限制在100万加元附近一个较窄的范围内。诸如传染性贪婪（Infectious Greed）或损失厌恶（Loss Aversion）等因素将分布转向更高的价格，可以被视为向右推动的恒定熵力。

在图6.2中，力的强度由箭头的长度表示。对于正态分布，熵力与弹簧弹力方程相同。当建议价格达到房主预期估值的100万加元时，他们就好像头脑中有一种弹簧在静止。如果房地产经纪人建议对价格进行小幅调整，房主可能会同意；如果他们提出一个看起来完全不切实际的价格，房主可能会争论或另寻其他代理人。恢复力的强度还取决于倾向性曲线的宽度：图6.2a中曲线的恢复强度更大，这合情合理，因为该曲线的形状（更窄）意味着更高的组织程度和更准确或更明智的价格估计。

以买卖双方之间的市场交易为背景，这些曲线中唯一活跃的部分将是它们相交的部分。图6.3说明了这一情况，该图是代表买方（实线）和卖方（虚线）的两条倾向性曲线交点的放大视图。在每种情况下，倾向性曲线都被选为正态分布的一部分，峰值出现在理想价格处（买方低价，卖方高价）。这些曲线代表该行为人的策略。例如，买方以接近其理想价格的价格购买的机会很大，而过于高昂的价格则会降低他们的需求。如果供应商固定价格并拒绝协商，可以视为一条位于其价格处的无限窄的倾向性曲线。

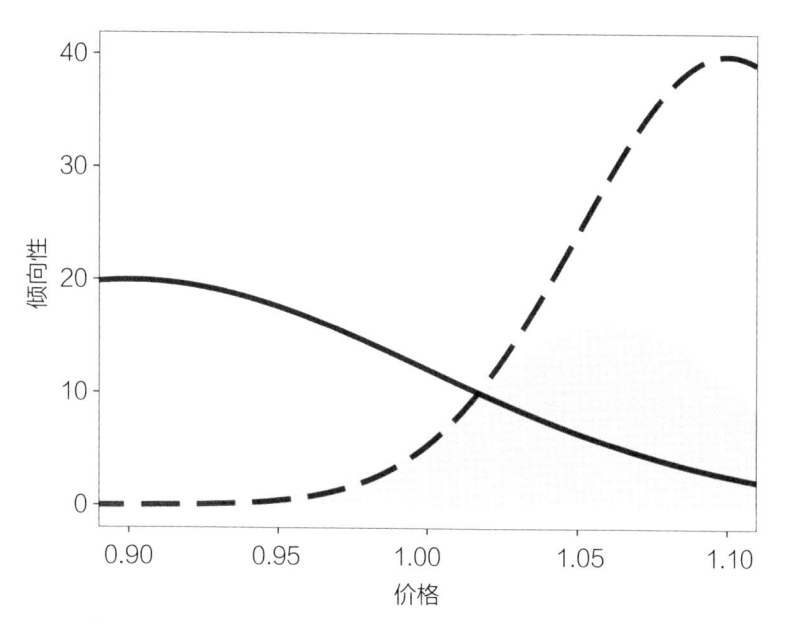

图 6.3 买方倾向性曲线（实线）和卖方倾向性曲线（虚线）

买方和卖方曲线共同详述了买方和卖方各自以特定价格评估商品的概率。因此，为计算就每个特定价格达成一致的概率，我们只需将这两个数字相乘即可。结果是阴影区域显示的联合倾向性曲线。经过一些数学计算，结果还表明，与联合倾向性曲线对应的熵力只是供给力和需求力的总和，它们的作用方向相反。恢复力再次像弹簧一样起作用：当价格过高时，它会降低价格，而当价格过低时，它会提高价格。因此，在交易概率方面用熵力解释赋予了这些力真正的意义。

图6.3在许多方面与经典图（图6.1）不同。其一是视角的转变：价格不再是供求关系的确定性结果，而是产生于买卖双方的倾向性。在经典图中，均衡价格是供求线的交点。在概率版本中，唯一的均衡并不存在，只有随概率而变化的价格。概率最高处的价格也不符合经典均衡价格，在这种情况下，买方和卖方倾向性曲线之间的不对称意味着价格明显被抬高。经典模型假设市场以均衡价格出清，而概率模型只给出了在每个价格下的交易概率。最后，量子模型不是静态的，而是对力和倾向性变化做出的反应。

* 6.3　价格震荡指标 *

正如俄国物理学家阿纳托利·康德拉坚科（Anatoly Kondratenko）——他开发了一个类似的市场交易模型，尽管没有用熵力解释[10]——所指出的那样，概率方法已经比传统模型更实事求是了，可以用来进行包括随机性在内的模拟。这种模型类似于计算生物学中经常用于模拟活细胞相互作用（其中许多作用涉及少量分子并受随机效应的影响）的随机模型。[11]经济学中相对简单的方法是，用例如在模拟个人之间交易的基于代理的模型中的概率模型去代替传统模型中的确定性供求曲线。[12]即使如此简化，使用概率模型仍有一个优点，即我们可以对系统的动态进行一些说明。

在新古典经济学中，供求通常被描述为推动价格上涨或下跌的力量，但这些力量的性质大多无人涉足。相反，与有效市场假说（稍后讨论）或亚里士多德物理学一样，经济学家们通过假设系统直接达到均衡并且市场出清来回避这一问题。这相当于假设运动是瞬时的，没有质量或惯性的概念来减慢速度。对于杰文斯和费雪等新古典经济学家来说，质量的唯一作用是衡量商品的数量。

但是，如上所示，供求的力量可以建模为弹簧状的熵力，反映了交易的概率。在经典图（图6.1）中，供求的力量似乎不切实际，因为价格只会围绕中心值来回反弹，在没有摩擦力的情况下，会无限期地反弹，永不停歇，就像亚当·斯密的看不见的手颠着一个溜溜球。当然，我们清楚价格是不会这样表现的，这也许是新古典经济学家没有进一步探索动力学的原因之一。但幸运的是，有一种方法可以解决它——那就是量子化。正如计算机科学家斯科特·阿伦森（Scott Aaronson）所指出的，量子方法适用于处理"信息、概率和可观察量，以及它们如何相互关联"。[13]供求（通过交易）似乎是信息、概率和可观察量一个很不错的例子，因此，这种方法很适合被采用，并且提供了一种相当巧妙的方法来解决诸如价格谈判之类的概率和动态特性。

理想弹簧的量子版本被称为量子谐振子,在物理学中用于模拟各种现象,例如分子振动,甚至是从虚空中产生粒子。[14] 它也是为数不多的可以精确求解的量子系统,因此通常被用作更复杂系统的近似值。它在许多方面与经典弹簧有所不同,其中最显著的特征也许是它不具有零能量状态。

对于经典弹簧图形来说,如果弹簧处于均衡点,也就意味着没有压缩或伸展,则能量为零。弹簧只是纹丝未动,对应着新古典经济学中的均衡。如果先伸展弹簧再松开它,那么弹簧将以取决于初始位移大小的能量来回弹跳。相比之下,在量子版本中,能量只能取一组特定的离散值——能量最低的状态,称为基态,具有正态概率分布的特征。能量永远不可能为零,因为会违反不确定性原理(简而言之,如果能量为零,我们会确切知道它是零)。因此,基态不代表振荡本身,而是代表振荡的潜力。

由于价格谈判的倾向性曲线呈正态分布,并且是由与震荡指标相同的熵力产生的,因此我们可以用相同的方式对买卖双方之间的潜在交易进行建模。由此产生的供求量子模型发表在《Physica A:统计力学及其应用》上,运用一种反映了谈判的动态性质的方式,该模型捕捉了互通有无的概率性质。[15] 更精妙的是,该模型可以将事物和诸如力与质量等有意义的概念结合起来。

在物理学中，如果存在倾向性，就会出现一个线性熵力，这种假设可以被看作是更复杂系统的一阶近似。当然，很多东西都可以用正态分布来描述（毕竟它们都是常态的），我们不会将它们建模为小量子弹簧，或将它们视为熵力的结果，抑或谈论它们的质量。但请回想一下，用于生成人类决策模型的假设值（使用2范数运算的倾向函数）是最小的；然而量子模型却横空出世。正如上文提到的，人们一直在谈论社会和经济力量，在谈判中要占有一席之地的想法并不陌生，因此换个角度来看，也许亚原子层面的现实并不像我们被引导着去相信的那样奇怪或反常。也许粒子的创造和观察与思想、观念、观点或决定的创造和观察有共同之处，不一定是因为它们都基于相同的物理过程，而是因为它们映照着彼此。正如我们终将明白，量子模型在大体上对于捕捉我们如何思考和如何做出选择大有裨益。

我们可以从诸如调查购买者意图之类的事物中观察到倾向性曲线，不过在股票市场的交易委托账本中也有类似曲线的身影。图6.4是苹果公司股票在两个小时内的未平仓买卖订单的简要示意。横坐标表示交易价格与平均价格的相对偏差，而纵坐标表示每个价格的订单数量比例（即概率密度）。图6.4类似于两个正态分布，左侧为买家，右侧为卖家，而中间重叠的部分代表成交。与此相似，证券经纪人发布他们将购买的价格与（更高的）将售出的价格，以及从价差中的获利。所执行的订单会立即从交易委托账本中删除。愿意以较高价格进行交易的买家或愿意接受较低价格的卖家不一定会广而告之，因此这部分信息缺失。事实上，人们必须愿意在这些重叠的范围之内进行交易，否则就不会产生交易。交易委托账本是一种经典现象（这些已发布的价单没有不确定性），它反映了市场的潜在群体倾向性函数（在图6.4背景中像幽灵一样潜伏着）。

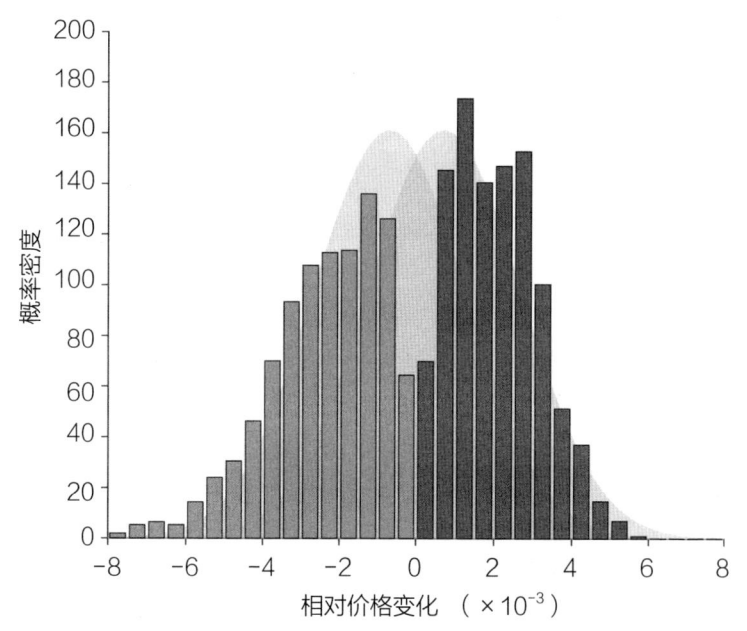

图6.4 两小时内苹果公司股票的买入（浅灰色）和卖出（深灰色）订单图

* 6.4　量子质量 *

对新古典经济学有一个很常见的批判，即它与物理学不同，并不关注单位。例如，曼昆的教科书可以有一个章节关于"供求的市场力量"，而不询问这些力量应该以什么单位表达，它们如何作用于物质以产生加速度，或其他类似的你在高中物理中遇到的基本问题。维度分析是科学中最强大的工具之一——即使仅仅作为一种确保你没有搞砸方程的现实检查手段。

例如，计算钟摆周期方程的一种方法是取所有相关物理量——即重物的质量、绳子的长度和重力加速度——并将它们组合起来，答案中只有时间单位（事实证明质量并不重要）。[16]在三位一体核试验之后，数学家杰弗里·泰勒（Geoffrey Taylor）通过应用相同的维度技巧估算了原子弹爆炸中的能量，但他也使用了能量、空气密度、爆炸半径和时间等物理量。他由此推测出，三位一体核试验中的爆炸当量相当于大约1.7万吨三硝基甲苯（TNT）爆炸，与2.2万吨的实际值相差不远。

对于量子模型来说，买方或卖方的质量取决于影响他们思维的"弹簧"的强度，和倾向性曲线的宽度有关。参考图6.2a曲线的窄分布代表比图6.2b曲线有更大的质量。因此，一个倾向性有限且明确的人比一个倾向性广泛且宽松的人具有更大的质量。在谈判中，平均价格向质量更大的一方转移。这就是为什么图6.3中描述的谈判中最高概率价格在经典均衡点的右侧——谈判中卖方的质量大于买方的质量。在这两方中，卖方是更难转变的一方。

同样，与特定资产价格相关的质量取决于联合倾向性函数的形状。不确定和不明确的价格比保持在狭窄区间内的价格质量要低，就好像被一个沉重的锚压住了一样。因此，量子模型允许我们将价格（即信息）与质量（通常被认为是机械量）联系起来。就像货币一样，它将虚拟和现实绑定在一个包裹中。例如，事实证明，价格发现过程可以用信息论术语解释为以熵最小化的特定方式使供给与需求保持一致（从而最大化系统中的有序度）。图 6.4 中的正态分布倾向性曲线满足了这种熵最小化特性。

由于取决于市场条件，供求质量肯定不是一个固定的数字。它也可以通过金融魔法来操纵。在核装置中，质量根据爱因斯坦著名的质能方程 $E=mc^2$ 转化为能量。在量子经济学中，任何产生连续货币流的方案也涉及质量和能量之间的类似转化，即质量会随着时间的推移而耗尽。[17] 这符合货币数量论，即通货膨胀与流通中的货币数量直接相关。在第 1 章探讨的哈特利伯货币创造计划中，货币供应可以成倍增长而对通货膨胀几乎毫无影响，这是因为新货币以房地产的形式沉积。这相当于有钱人获得金条后，把金条藏在地板下或埋在花园里。只有当这笔钱在大约同一时间被拿出来时，人们才会发现它和过去的重量不同了。

* 6.5 不确定性原理 *

当然，量子模型的一个基本特征是它们涉及的是采用离散能量包形式的单个量子。光束中的能量不是连续分布的，而是爱因斯坦所说的"由数量有限的、局限在空间各点的能量子所组成,这些能量子只能整个地被吸收或产生出来"。[18] 经济交易同样是量化的,因为它们由离散事件组成。当你为你的爱车购买汽油时,油价正随着汽油从泵中流出而上涨。但是,实际付款是涉及你和供应商两方的单笔交易。它不会从你的信用卡中缓缓流出,而是会跃迁。薛定谔曾经说过:"如果所有这些该死的量子跃迁都真的存在,我应该感到遗憾我曾经参与了量子理论。"但是一旦和货币有关,量子跃迁是司空见惯的事。

正如之后会探讨的,认知决策也是量化的,因为主观因素会导致阈值效应。这些主观力量造成了一种心理障碍,必须克服这种心理障碍才能达成交易。在供求量子模型中,能级之间的差距代表了打破这一障碍所需的能量差距。在基态中——同样是具有正常倾向性函数和最低能量的状态——该模型代表了两方之间的潜在交易,就像在物理学中,量子谐振子的基态可能代表有潜在的单光子形式。更高的能级代表一种兴奋的状态,参与者正在改变他们的想法和他们的立场,并且倾向性函数仿佛跳起复杂的舞蹈。在极端情况下,振荡指标表现得像一个经典的弹簧,从一个极端摆动到另一个极端。

虽然本章的重点是使用振荡指标模型来模拟交易过程,但量子金融领域的研究人员已经独立使用类似的模型来复制股票价格波动统计等数据。例如,2017年的一项研究发现,当用于拟合金融时报证券交易所(FTSE)全股指数的历史价格变化时，量子振荡指标模型的表现优于其他方法。该模型大部分时间处于基态，另外的两个能级贡献了剩余的几个百分比。[19]

一般来说，量子方法行之有效，因为它正确地将交易建模为测量事件。例如，由接受过量子物理学培训的杰克·扎尔基西安（Jack Sarkissian）领导的 Algostox Trading 投资公司使用倾向性函数的一个版本来模拟股票价格动态，并分析交易执行模型、大订单定价和非流动性风险评估等领域。[20] 正如第 11 章将会讨论到的，量子振荡指数模型可用于分析和预测金融衍生品交易的价格和交易量。随着投资银行将数十亿加元的研究资金投入量子计算，人们对这种方法只会更加兴趣盎然。正如一位评论员在 2021 年所写的那样，"有可能，甚至很有可能，已经有金融服务公司使用量子技术来指导他们的交易策略了。"[21] 还有什么比使用量子模型更好地利用量子技术的方法呢？

不过，在更基本的层面上，量子模型很有趣，因为它关于市场行为的解释很独到。自亚当·斯密时代以来，经济学一直被这样一种观点所主导，即市场的看不见的手将商品价格推向与其内在价值相对应的均衡水平。新古典经济学家们用供求理论将这种方法形式化，关注均衡本身而不是如何达到均衡的机制。有效市场假说将同样的想法应用于金融市场，但断言价格会直接调整，因此动态无关紧要。经济学家们用来模拟大规模经济的模型做出了相同的假设，但是添加了外部冲击和各种"摩擦"形式的本轮，以解释均衡如何对扰动做出反应。在整个过程中，货币的作用被完全淡化或忽视，因为经济不过是一个美化了的物物交换系统。

在这样一个时代，这种物物交换交易模式似乎特别顽固而又迁延过时，主要交易所交易的大部分价值——和约标准普尔500指数的90%——来自知识产权、软件许可、商业权利、研发和其他形式的信息等无形资产（最新的是"非同质化代币"，它赋予艺术品等事物数字权利）。或者更确切地说，是控制该信息的法律限制和界限。[22] 即使你购买了像房子这样有形的东西，其价值也不在实体建筑物或土地上，而是在规则和法规编码的信息中——比如限制你的邻居们把他们的房子变成塔楼或化学工厂——以及诸如社会地位之类的东西。

正如经济学家彼得·雷德福（Peter Radford）所写，主流经济学"谈论资本和劳动力，而不是信息和能源。它仍然很大程度上是物质的而不是数字的。从业者们虽然努力解决的是现代问题，但运用的却是早期时代设计好的方法。"[23] 相比之下，量子模型将交易视为对从未真正处于均衡状态的量子系统的测量。即使在其基态，系统也具有与不确定性原理相对应的非零能量。有效市场假说假设价格变化随机性产生的原因是市场参与者拥有完美的信息并对所有扰动立即做出反应。而在量子版本中，随机性产生于不确定性，这与完美信息截然相反。因为该模型基于量子力学的波函数，所以可以包含干涉和纠缠等效应，正如之后会看到的，这些效应刻画了金融决策的特征。最后，虽然新古典经济学模型将价格视为非个人力量的自然结果，但量子方法强调了权力在谈判中所起的作用。特别是，当生产商掌权时——例如当他们限制供应或串通定价时——他们实际上在交易中拥有更多的质量。

经济学中有一个经典问题，为什么水比钻石有用，钻石却比水贵。通常的回答是因为钻石稀缺——但造成这种稀缺的原因之一是像戴比尔斯（De Beers）这样的公司有权限制其供应。[24] 另一个例子颇为难懂，即为什么美国国库券之类的利率在近几十年来已经下降到了实际等于零的程度。传统经济学用供求关系来解释这一问题，因此经济学家们认为，贷款的供应量高而需求量低。在量子经济学中，解释要简单得多：短期利率之所以低，因为拥有控制权的政府就是这样设定的；长期利率较低，因为投资者们认为政府将在未来继续实施这样的政策，还有一部分原因是任何轻微的偏离都会有引爆金融核弹的危险。[25]

* 6.6　理论盲区 *

爱因斯坦曾在 1926 年指出："你能不能观察到眼前的现象，取决于你运用什么样的理论。理论决定着你到底能够观察到什么。"[26] 超新星就是一个生动的例子，这些巨大的恒星爆炸会释放出持续很久的辐射。西方天文学家对此类事件的第一次观测是在 1572 年，由天文学家及炼金术士第谷·布拉赫（Tycho

Brahe）记录下来。之后的一次是在1604年，由他的学生和同事开普勒记录。然而，亚洲天文学家们几个世纪以前就已经知道超新星了。西方之所以花了这么长时间才追赶上来，是因为那些天文学家们被亚里士多德的科学蒙蔽了双眼，亚里士多德认为，行星在以太构成的透明球体中围绕着地球旋转，天空是不可变的。第谷还追踪到了一颗彗星，并表明如果这些透明球体真的存在的话，会被彗星粉碎掉。现在，我们需要粉碎掉的是想象中的供求透明球体。正如你已经看到的，权力的作用在债务关系中最为明显。为了防止出现"债务崩溃的超新星"，你首先要能够洞察问题所在。我们会在最后一章再提到这一点。

在科学中，对一个理论的传统检验是看它能否做出准确的预测，经济学家们喜欢选择性地利用预测检验来确定一个理论是否有用。然而，主流理论的核心预测只是价格反映了内在价值——这当然是不可验证的。有效市场假说做出的唯一预测是价格变化是不可预测的，这是一种不可验证的理论。

在供求量子模型中，缺乏可预测性可以部分归因于不确定性原理，这似乎也没有更行之有效。不过，正如第11章中将会提到的，我们仍然可以使用该模型进行一些利害关系的预测。换言之，与货币的量子理论一样，该模型指明了道路，根据经济的真正驱动因素（货币和权力）进行深入分析。在下一章中，我们将探讨货币令人困惑的方面、货币的波粒二象性，并会提出一个更引人注目的理论例子，它使我们对现实视而不见。

注释

1. Alexander Carlyle, quoted in: Ozler, S. (2012), "Adam Smith and Dependency". *Psychoanalytic Review* 99(3): 333-358.

2. Hamilton, Sir William (1858), *The Collected Works of Dugald Stewart, Esq.* F.R.SS. London: Thomas Constable and Company.

3. Smith, A. (1776), *An Inquiry into the Nature and Causes of the Wealth of Nations*. London: W. Strahan & T. Cadell.

4. Sedláček, T. (2011), *Economics of Good and Evil: The Quest for Economic Meaning from Gilgamesh to Wall Street*. New York: Oxford University Press.

5. Mankiw, N.G. (2018), *Principles of Economics*. 8th edn Boston, MA: Cengage Learning.

6. Von Mises, L. (1949), *Human Action. A Treatise on Economics*. Yale University.

7. Sleeman, A.G. (2017), "What Economics Majors and Economists Should Know About the Supply and Demand Model: 5 Is the Supply and Demand Model Empirically Useful?" *New York Times*.

8. Krugman, P. (28 August 2012), "Neo Fights (Slightly Wonkish and Vague)". *New York Times*.

9. Keynes, J.M. (1936), *The General Theory of Employment, Interest and*

Money. New York: Harcourt, Brace.

10 Kondratenko, A.V . (2015), *Probabilistic Economic Theory*. Novosibirsk: Nauka.

11 Orrell, D. and Bolouri, H. (2004), "Control of internal and external noise in genetic regulatory networks". *Journal of Theoretical Biology* 230(3): 301-312; Ramsey, S.A., Smith, J.J., Orrell, D., Marelli, M., Petersen, T.W., de Atauri, P., Bolouri, H. and Aitchison, J.D. (2006), "Dual feedback loops in the GAL regulon suppress cellular heterogeneity in yeast". *Nature Genetics* 38(9): 1082.

12 Orrell, D. (2021), *Quantum Economics and Finance: An Applied Mathematics Introduction (2nd edn)*. New York: Panda Ohana.

13 Aaronson, S. (2013), *Quantum Computing Since Democritus*. Cambridge: Cambridge University Press.

14 就像量子场论中所谓的真空能量。

15 Orrell, D. (2020), "A quantum model of supply and demand". *Physica A* 539: 122928.

16 摆动的周期与长度除以重力加速度的平方根成正比。

17 Orrell, D. (2021), *Quantum Economics and Finance: An Applied Mathematics Introduction* (2nd edn). New York: Panda Ohana.

18 Einstein, A. (1905), "Über einen die Erzeugung und Verwandlung des Lichtes betreffenden heuristischen Gesichtspunkt". *Annalen Der Physik* 17(6): 132-148.

19 Ahn, K., Choi, M.Y., Dai, B., Sohn, S. and Yang, B. (2017), "Modeling stock return distributions with a quantum harmonic oscillator". *EPL* 120(3): 38003. 完整的分析还是要考虑交易委托账本的影响，请参阅 Sarkassian (2020), *Quantum Markets: Physical Theory of Market Microstructure*. Honolulu, HI: Advanced Scientific Publishing.

20 Sarkissian, J. (2020), "Quantum coupled-wave theory of price formation in financial markets: Price measurement, dynamics and ergodicity". *Physica A: Statistical Mechanics and its Applications*, 554, 124300.

21 Byrum, J. (2021), "Quantum Computing In Finance-Where We Stand And Where We Could Go". *Science 2.0*.

22 Ali, A. (12 November 2020), "The Soaring Value of Intangible Assets in the S&P 500". *Visual Capitalist*.

23 Radford, P. (2021), "What do Durer and Soros have in common?" *Real-World Economics Review*.

24 Cochrane, D.T. (2015), "What's Love Got to Do with It? Diamonds and the Accumulation of De Beers, 1935-1955". Unpublished PhD dissertation. Program in Social and Political Thought. York University.

25 有关此论点的非量子版本，请参阅 Galbraith, J.K. (7 December 2020), "Reconsideration of Fiscal Policy: A Comment". Institute for New Economic Thinking.

26 Quoted in Salam, A. (1990), *Unification of Fundamental Forces*. Cambridge: Cambridge University Press, pp. 98-101.

第7章
实用转换

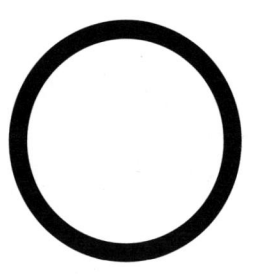

人需要钱，没有钱就无法生存。货币的魔法在这里清晰可见。钱帮助人类在经济发展上取得长足进步，同时也奴役了人类。回归到无货币状态，或者通过货币进行的现代交易方式——任何种类的钱，仍然都是钱——都是替代方案。钱扮演着巫师的精灵的角色——被创造出来，为主人服务，而主人却无法摆脱钱这一不可或缺的精灵。现在，钱才是主人。

——亚尔马·沙赫特,《货币的魔法》，1967

在19世纪，新古典经济学家认为，价值最好不像亚当·斯密等古典经济学家长期以来所假设的那样，被视为劳动的衡量标准，而是被视为他们称之为效用（utility）的东西。从那时起，主流经济学——与心理学、文学或民间智慧等其他研究领域相反——一直基于这样一种观念，即我们采取理性行动来优化效用，这种效用被各色各样地描述为一种快乐能量的形式、一种幸福的衡量标准或者只是一个排序的偏好。本章——通过魔术师称之为替代技巧的巧妙手法——展示了经济学家如何使有史以来最伟大的魔术幻想之一永存，即认为人类行为是完全理性的。

正如前几章所探讨的，货币具有两面性。一面对应虚拟数字，另一面对应真实对象。第一面是客观的，即数字是客观的；第二面是主观的，因为它与有价值事物的所有权相关。吕底亚[①]硬币诞生时，硬币只在一面印有符号，例如狮子的头部，因此我们可以将这面与虚拟面联系起来，将反面与真实面联系起来。货币体系的目的是在价值的模糊概念上加上确切数字：正面加反面。这个过程可以使用波函数坍缩来建模，它将概率波减少到一个固定的测量值。

再次注意，我们不是在用量子思想作为隐喻，而是用在数学模型上，两者千差万别。例如，新古典经济学之所以强大，是因为它使用了基于机械物理学的数学模型。如果只是使用机械物理学作为隐喻，它可能不会那么强大。

如第2章所述，毕达哥拉斯学派将右手统一的事物与左手分解的事物联系起来。在他们的对立列表中，右手边是善良的一方，左手边是邪恶的一方。如今，我们知道左手是由右脑控制的，反之亦然。正如心理学家伊恩·麦吉尔克里斯特（Iain McGilchrist）所指出的，自20世纪60年代以来进行的实验（包括对"裂脑"患者的实验，这些患者的胼胝体被切断以治疗癫痫症）表明两个半脑在认知中扮演着非常不同的角色：左脑寻

[①] 吕底亚（Lydia），小亚细亚中西部一古国，大约在公元前660年开始铸币，可能是最早使用铸币的国家。

找封闭的、固定的答案，而右脑则采取开放的、整体的立场，处理各种可能性。因此，右脑处理一种认知波函数，需要依靠左脑"坍缩"到具体答案。[1]

根据麦吉尔克里斯特的说法，左脑的一个重要特征是"它的关注点、它的主要动机是权力"。[2]因此，货币可以被视为左脑的一种动力假肢，通过将模糊的价值质量分解为价格的具体数量而增加了触及范围和抓地力；这种发现推动了麦吉尔克里斯特提出"半脑平衡"转变，该转变大约发生在同一时间，左脑（右撇子，是毕达哥拉斯计划的绝佳人选）开始篡夺右脑的角色。

因此，我们处理量子二元性时的不适具有讽刺意味，因为人类大脑最明显的物理特征是从中间被一分为二，大脑两部分的互补作用与货币的双重性质有着有趣的相似之处，具有波粒二象性。然而，正如麦吉尔克里斯特指出的那样，鉴于这些话题的禁忌性，科学家们在很大程度上仍未能解释甚至未能检验大脑"深度分裂的结构"，可能就不足为奇了。[3]

例如，行为经济学家们提出了许多涉及两个独立过程的人类认知模型。丹尼尔·卡尼曼（Daniel Kahneman）和阿莫斯·特沃斯基（Amos Tversky）提出了一个快速的系统1，该系统依赖于粗略的启发式算法，而慢速的系统2则需要时间来做数学运算。理查德·塞勒（Richard Thaler）提出了一个类似的计划者—行动者模型，计划者试图做出理性的决定，而行动者则更多地关注当下。诸如此类。事实上，一位该模型评论文章的作者曾抱怨说,"如此多的作者以如此多不同的方式诉诸双重系统,事实证明,将关于该主题的连贯概述汇总起来是一项复杂且具有挑战性的任务"。[4] 然而,这些双重系统模型似乎很少(如果有的话)与左右半脑的作用有明显的联系(提示:左脑进行计算)。我们目前列出的可怕的禁忌话题包括性别、嬗变、意识的作用等,如此一来,我们可以再加上大脑半脑特性的问题。

根据麦吉尔克里斯特的说法(他的重点),大脑不应被视为"一台认知机器,一台配备了用于构建世界的基于程序规则的计算机",而应被视为"一个具身的、有生命的有机体"。[5] 话虽如此,在制作认知模型时,问题可能在于我们刚刚使用了错误的操作系统。

* 7.1 巧手 *

正如前一章所讨论的,18 世纪古典经济学是建立在劳动价值论基础上的。这一理论隐含着货币和权力之间的联系。哲学家托马斯·霍布斯(Thomas Hobbes)在他 1651 年的《利维坦》(*Leviathan*)中写道:"一个人的力量,普遍而言,是他现在获得未来利益的手段。"他的朋友亚当·斯密表示赞同,"财富,正如霍布斯先生所说,就是权力……购买某种支配所有劳动或支配当时市场上所有劳动产品的权力。"此外,"一切事物的可交换价值必须总是精确地等于这种权力的大小,并传达给它的所有者。"另外，劳动总价值是主权者行使权力的能力的函数，并以纳税的形式索取征税对象的一部分劳动。

然而，在19世纪，新古典经济学家执行了魔术师所谓的替代技巧，即偷偷将一物换成另一物。他们用与其相反的东西——即快乐或效用——代替了艰苦劳动的概念。

效用概念的提出可以追溯到哲学家和社会改革家杰里米·边沁（Jeremy Bentham），他将其定义为"增加或减少利益相关方的幸福"。[6]根据边沁的观点，社会政策是最大化（他使用了 maximise）社会效用，导致"最多数人的最大幸福感"。

这一概念后来被威廉姆·斯坦利·杰文斯等经济学家采纳，他们在模型中假设人们和公司总是会采取行动来优化自己的效用。根据边沁的"幸福演算"，事件的幸福或痛苦取决于许多因素，包括其强度、持续时间以及确定性或不确定性。正如杰文斯所指出的，这意味着效用有两个维度，对应于强度和持续时间，并且还和概率有关，因为"当我非常有可能收到100英镑时，这个机会成本可能值50英镑"。[7]因此，重要的是预期效用，即一个人可能期望从一些结果不确定的交易中平均获得什么。

因此，经济学家的任务似乎很明确。"快乐和痛苦无疑是经济学微积分的终极目标，"杰文斯写道："以最少的努力最大限度地满足我们的需求——以牺牲最少的不受欢迎的东西为代价获得最多的可取的东西——换言之，使快乐最大化，这是经济学的问题。"经济学家弗朗西斯·埃奇沃思谈到了"计算快乐",并写道:"人作为快乐机器的概念可以证明和促进在社会科学中使用机械术语和数学推理"。[8] 行为经济学家丹尼尔·卡尼曼和阿莫斯·特沃斯基在一个世纪后写下了"人类有机体是一台快乐机器",呼应了杰文斯和埃奇沃思。

从劳动力价值基础转向效用价值基础,这是由复杂金融市场的发展推动的,这似乎切断了收入与实际工作之间的联系。例如,杰文斯曾在某种程度上依靠投资来养活自己。他在1864年给兄弟赫伯特(Herbert)的一封信中写道,"铁路红利也提高了6%,因此我会有大约170英镑的收入,足敷开支。"[9] 杰文斯对商业周期很着迷,他发展出一种理论,认为商业周期不是由投资者情绪驱动,而是由太阳黑子驱动。正如他在1875年所写:"如果天体支配太阳,而太阳支配年份和收成,进而支配食品和原材料的价格以及货币市场的状态,那么天体的格局可能会被证明是最大商业灾难的潜在原因。"[10] 他将平均商业周期定为10.5年,这一事实与太阳黑子周期不完全匹配,使他与天文学家们就观察天体展开了长期争论。

在一个你可以靠投资为生的世界里,投资的是在交易所上市的项目,其价格受大约 1.5×10^8 千米外太阳表面所发生的事件支配,很容易想象,劳动价值论似乎不具有适用性。这可能是导致杰文斯在他1871年出版的《政治经济学理论》(*The Theory of Political Economy*)一书的第二段中宣布"反复的反思和探究使我得出一个有点新奇的观点,即价值完全取决于效用"。毕竟,如果太阳出来了,你的投资组合的价值就会上升,那么效用也会上升,不需要做任何工作。

虽然由劳动力向效用的转换是以透明的方式完成的,但它也相当于一种微妙的把戏。就像货币是在价值的模糊概念上加了一个数字一样,经济学家用"硬"数字代替了"软"的概念。正如古典经济学家从分析中避而不谈货币一样,新古典经济学家也避而不谈权力问题。这个回避策略似乎是教科书般的示例,说明麦吉尔克里斯特所谓的"寻找确定答案的左脑"如何更好地从左到右篡夺了功能。这就是经济学数学化的原因,至少在经典数学方面是这样。因此,经济学可以将自己呈现为一门硬科学,掩盖权力的重要性,仍然声称"经济学是关于快乐的"。然而正如一位著名经济学家曾经写道的那样:"你看到手里账单的快乐到底在哪里?"

这是最高级的魔术。在货币这个魔术表演中,经济学家的角色可能是造物主或助手的角色,但一如既往,他们在维持幻觉方面发挥着至关重要的作用。

* 7.2 有效用是什么意思? *

这里有一个问题,如何准确测量所有这些迷人的幸福和快乐,因为对埃奇沃思所谓的"快乐磁场"的探测被证明是难以捉摸的。然而，另一种方法是简单地假设效用由价格反映。或者正如杰文斯所说："就像我们通过钟摆运动来衡量重力一样，我们也可以通过人类思维意志的决定来估计感觉的幸福或不幸福。思维意志就是我们的钟摆，它的摆动在市场的价目表中被精确地记录下来。"

当然，杰文斯将效用变成了一个有点循环的概念。正如经济学家琼·罗宾逊（Joan Robinson）在1962年所观察到的那样，她强调"效用是使个人想要购买商品的商品质量，个人想要购买商品的事实表明它们具有效用"。[11] 她确实为将经济学置于理性科学基础上提供了可能性。

这项工作由应用数学家约翰·冯·诺伊曼担任，他非常适合这项任务。他花费了数年时间，试图将所有数学简化为一组基本命题或公理。他认为自己成功了，但后来奥地利数学家库尔特·哥德尔（Kurt Gödel）证明，对于任何一组公理来说，如果不添加另一个公理，那么总会有一个命题既不能被证明是真也不能被证明是假。之后他研究了量子数学，他设法将维尔纳·海森堡的矩阵方法与埃尔温·薛定谔的波动方程方法统一起来，但这次他的风头被英国物理学家保罗·狄拉克（Paul Dirac）抢走了（物理学家更容易获得证明），冯·诺伊曼将注意力转向了经济学。

冯·诺伊曼听说一位经济学家朋友正在努力将经济学变成一门适当的（即"硬"）数学学科，随即意识到经济交易可以被视为一种游戏，买卖双方各自采取策略优化它们的效用——游戏通常有规则。他与经济学家奥斯卡·摩根斯特恩（Oskar Morgenstern）合作，开始撰写一篇论文，这篇论文最终成为一部600页的大部头，名为《博弈论与经济行为》（Theory of Games and Economic Behavior）。其目的是"从数学的角度找到为社会经济参与者定义'理性行为'的完整原则，并从中推导出该行为的一般性特征"。

他们的理论提出了定义理性决策者的四个公理。例如，完整性公理假设行为者具有明确的偏好，并且始终可以在两个备选方案之间进行抉择，而传递性公理假设行为者始终做出一致的决策。换句话说，要获得理性的资格，人们的行为方式不必让公正的观察者觉得特别聪明或见多识广，而是只需要在技术意义上保持一致。

这本书于1944年问世，在学术上广受欢迎。《纽约时报》甚至在其头版报道中将其称为"一种像扑克、国际象棋和纸牌等策略一样的新的经济分析方法，旨在通过开发和应用一种新的数学博弈理论来解决迄今为止无法解决的商业战略问题，在经济学家中引起了轰动。"[12]

数学结果通常不会出现在报纸的封面上，正如博弈论学者阿里尔·鲁宾斯坦（Ariel Rubinstein）所观察到的，博弈论引起轰动的原因之一在于其巧妙的框架，"冯·诺伊曼不仅是数学天才，他还是公共关系方面的天才。选择'博弈论'

（Game Theory）这个名称作为一种营销手段非常出色。'博弈'（Game，游戏）这个词让人产生友好、愉快的联想。它给人一种很不错的感觉。它让我们想起了我们的童年、国际象棋和跳棋，以及儿童游戏。尽管你可能正在尝试应对诸如核威慑之类的问题，这些联想也让人轻松，毫不沉重。"

再一次地，博弈论的"软"领域被"硬"数学理论所取代。事实上，博弈论成功的另一个原因是它从经济决策中消除了整个主观性问题。某人为什么偏爱一件事而不是另一件事并不重要，重要的是他们有固定的偏好，需要被满足。

我们稍后会回到博弈论的话题，但现在，效用的概念有多大用处呢？人真的像冯·诺伊曼假设的那样是由"理性行为"定义的吗？

* 7.3 避之不及 *

长期以来，批评者一直嘲笑理性经济人的理念，该理念是许多主流理论的依托。索尔斯坦·凡勃伦（Thorstein Veblen）在 1899 年将自己比作"一个计算快乐和痛苦的闪电计算器，在刺激的冲动下，像同质的渴望快乐的小球们一样摆动，让他在区域内四处飘荡而又完好无损"。[13] 经济学家反过来总是回答说，他们的理论比批评者认为得要复杂得多。正如英国经济学家莱昂内尔·罗宾斯（Lionel Robbins）在 1932 年所写的那样，

"如果人们普遍意识到理性经济人只是一种说明性的工具……它就不可能成为人人避之不及的东西。"[14] 我猜他指责那些批评者攻击本就犹如稻草人一般站不住脚的理论。

然而在"二战"后，理性经济人在经济学中发挥了更大的作用，首先是肯尼斯·阿罗（Kenneth Arrow）和罗拉尔·德布鲁（Gérard Debreu）提出了所谓的"看不见的手定理"。[15] 他们使用了博弈论的结果来证明自由市场经济会自动导致一种最优结果，即在没有使任何人境况变坏的前提下，使得至少一个人变得更好（这种情况被称为帕累托最优）。然而，要完成这一非凡的壮举，经济人不仅要有理性，还要拥有无限的计算能力和为每一个未来的可能性制订计划的能力。该模型自然地假设经济实际上是基于物物交换而不以货币为交换手段。

这确实令人印象深刻，理性经济人在 20 世纪 60 年代凭借尤金·法玛（Eugene Fama）的有效市场假说达到了新高度。这一理论是量化金融领域的基础，该理论认为理性投资者的行为意味着金融资产的价格反映了其在预期收益方面的效用。如果资产价格失控，这些理性的投资者会立即采取行动将其恢复到正确的水平。计算金融衍生品期权价格的是布莱克-斯科尔斯模型（Black–Scholes Model），我们稍后讨论。货币的唯一作用是假设投资者可以获得无限的信贷，因此他们可以通过借贷资金、购买资产来开发利用任何金融产品。

所谓"理性选择理论"（Rational Choice Theory）将理性经

济人的影响延伸到心理学、社会学、政治学等其他领域。正如经济学家梅森（J. W. Mason）在 2018 年写道，"可以将经济视为一个有无限生命的个体，计算未来所有时间内的休闲和消费之间的权衡。"对于主流的宏观经济学家（任何希望在过去 30 年内被研究型大学聘用的人）而言，这一理论不仅是宏观经济学理论中的一种，而且是宏观经济学的理论基础之一。一篇对梅森的评论简单地写道："不假设代理人了解全部信息的经济模型毫无意义。"

理性经济人远非"人人避之唯恐不及"或是"稻草人"，它更像是一种可以召唤来解决任何问题的神奇图腾。与此同时，2015 年一项对曼尼托巴大学（University of Manitoba）经济系的调查将这种稻草人谬误描述为"煤气灯效应"（Gaslighting），这听起来像是对大部分主流经济学的恰当总结。[16] 该领域的核心叙述（可以追溯到亚当·斯密，由阿罗和德布鲁在他们的看不见的手定理中编撰成文，并在有效市场假说中达到顶峰）长期以来就是，经济主体通过采取理性决策，引导经济走向社会最优结果，其中价格反映内在价值。因此，正如杰文斯所说，某物的效用就是它的价格，而且这个体系是合理的。

因此，经济学家和任何人一样对 2007 年至 2008 年金融危机感到惊讶，这似乎质疑了以下想法，即人们总是理性地行事，或对未来有完美洞察力，或正确且及时地分配资源，以使价格完美地反映了内在价值。

* 7.4　添加一些本轮 *

本书中反复出现的一个主题是，当经济理论与现实发生冲突时，它不会通过修改任何基本假设来进行调整——正如保罗·克鲁格曼所说，"无论是金融危机还是随之而来的大衰退都不需要重新思考基本的想法"——而是要添加一些本轮。[17]为了弥补经济人的理论不足，他们以行为经济学的形式准备了一套闪亮的新本轮。

行为经济学领域始于20世纪70年代心理学家丹尼尔·卡尼曼和阿莫斯·特沃斯基的工作，他们开发了一种被称为前景理论的方法。1977年的一份报告总结了其中一些主要见解，该报告部分由美国国防部拨款资助，并由海军研究办公室监督。报告摘要明确了其与军事决策的联系，其中指出"科学方法和形式分析对决策问题的应用始于'二战'期间，是在获得经验代价高昂或者几乎不可能获得的情况下起源和发展的，显示出人们对于解决战略和战术问题的需要。"[18]

报告所提出的标准决策理论是基于冯·诺伊曼的预期效用理论。事实上，"行为经济学领域的大多数学生都将预期效用理论视为面对不确定性时的理性行为准则，他们也将其视为观察到的经济行为的合理近似值。"然而，在实践中，"在不确定条件下的实际决策并不遵循预期效用理论。"例如，人们倾向于将问题描述为他们以不同方式预期的收益或损失。与对不同结果的概率加权不同，决策还受到对不确定性的态度的影响，例如风险规避。

因此，前景理论试图纠正这些影响，如图 7.1 所示。价值函数（图 7.1a）显示了事件的心理价值（纵轴）作为货币收益或损失（横轴）的函数。中心代表一个参考水平，根据该参考水平来体验收益或损失。例如，如果你自己的房子最近以特定价格出售，那么这一价格可能会成为参考点，因此以低于该价格的价格出售自己的房屋会感觉像是一种损失。这一现象被称为损失厌恶，意味着比起一定数量的收益（右侧虚线），人们对相同数量的损失感受更大（左侧虚线）。不确定性加权函数（图 7.1b）显示了结果如何通过其概率加权。在预期效用理论中，一个事件的不确定性权重简单地等于它的概率（虚线）。在前景理论中，曲线（实线）在 0 附近呈上凸形，在 1 附近呈下凸形。举个例子，这反映的是经验观察，即人们倾向于将过多的权重归于发生概率非常低的事件，因此风险的小幅增加会产生很大的影响。

卡尼曼和特沃斯基后来提出了越来越完善的前景理论，并与其他行为经济学家一起发现了数百种"认知偏差"，这些偏差使我们的行为方式不太理性。卡尼曼后来因其工作获得了 2002 年诺贝尔经济学奖（特沃斯基已去世），其他获此殊荣的行为经济学家包括乔治·阿克尔洛夫（2001 年）、罗伯特·席勒（Robert Shiller，2013 年）和理查德·塞勒（2017 年）。然

a

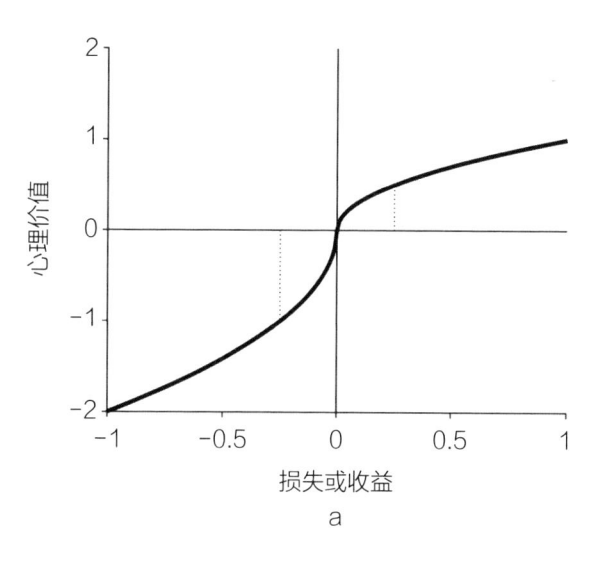

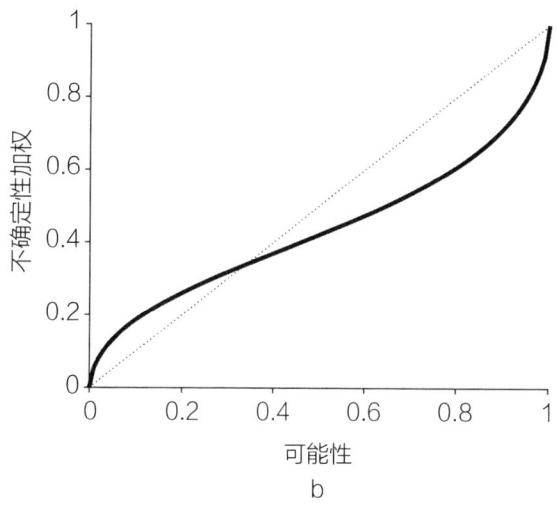

b

图 7.1 前景理论函数

而，在 2007 年至 2008 年金融危机之前，该理论几乎没有获得公众认可或是对主流经济学实践产生影响。

* 7.5 接受一种你能理解的新理论 *

行为经济学家和主流经济学家之间存在令人费解的脱节，即行为理论是一种根本性的改变，还是仅仅是经济学家工具箱的延伸。一方面，例如，塞勒经常将自己描述为"叛徒"，将他在行为经济学方面的工作描述为"异端"或"叛国罪"。[19] 另一方面，他没有被处以火刑，甚至没有被迫遭受任何严重的职业挫折——事实上，正如经济学家约翰·科克伦（John Cochrane）所指出的那样："塞勒是一位杰出的教授，在他所嘲笑的芝加哥大学担任多组别的基础教学工作，他是一家运营着 30 亿美元的资产管理公司的合伙人，获得包括美国经济学会（AEA）副会长在内的众多称号。"[20] 更不用说他还是诺贝尔奖的获得者了。

塞勒将他最初的发现归功于一件事，他觉得客人们在晚餐前吃了太多腰果，所以把碗拿走了，当客人们感谢他时，他感到很惊讶，从而证明了人类是多么的古怪。[21] 他写道，他在 1982 年遇到了罗伯特·席勒，并说服他接受一种异端观点，即社会现象对股价的影响可能与对时尚趋势的影响一样大。股票价格可能不受到其他现象的影响吗？这些现象也许超出了主流经济学家的视界。但是,在这样一个时代,因为埃隆·马斯克(Elon Musk)在推特(Twitter)上开了个玩笑就使狗狗币的价值飙升(狗狗币是一种虚拟货币,它本身就是一个笑话),这在主流经济学领域里可能看起来是"异端",而且并不完全属于弗雷德里克·索迪或亚历山大·温特的领域。

传统观点认为,在进行了激烈的抵抗之后,主流经济学最终会为了吸纳行为经济学的方法而转变,因此正如一篇论文的标题所言,"我们现在都是行为经济学家"。[22] 不过,另一种说法是,将行为经济学的方法描述为"异端",将其支持者描述为"叛徒",这是一种有用的营销方式,使它们看起来比实际更有趣,使主流看起来比实际更进步和宽容。正如经济学家戴维·斯隆·威尔逊(David Sloan Wilson)所写,"到目前为止,行为经济学家只是编制了一份'异常'和'悖论'的清单,这些'异常'和'悖论'仅在一般均衡模型的背景下才显得异常和自相矛盾,就像无法逃脱母星轨道的卫星。他们还没有提出自己的一般性理论。"[23]

我个人对这个主题的看法请参见我的作品《行为经济学:心理学、神经科学以及经济学的人性面》。[24] 行为经济学的方法使我们对人类行为的理解有了真正的进步,阐明预测和营销等主题,改变了一些例如金融经济学等领域;此外,正如后面所讨论的,它为量子认知奠定了经验基础。然而,它确实对核心模型的影响要小得多。例如,2018 年《牛津经济政策评论》(*Oxford Review* of Economic Policy）的"重建宏观经济理论"报告指出，支撑主流宏观经济模型的"两个关键假设"是"有效市场假说和理性预期"[25]。虽然它建议"放宽对理性预期的要求"，但是仍评论说"还没有看到新的范式"。普遍的看法似乎是，虽然人类行为在特定情况下才有趣且重要，但一切终会圆满。

正如约翰·科克伦所说："人们做了很多疯狂的事情。但是当你提高西红柿的价格时，他们购买的西红柿就会减少，就好像是效用最大化的拥护者走进了杂货店一样。"[26]

行为经济学容易被主流经济学吸收的真正原因在于，它被视为一个本轮，可以推出用来适应特定的经验现象，例如损失厌恶或不确定性厌恶，同时保持理论核心不变。正如克鲁格曼（作为公众人物，他是意见领袖）在 2018 年所写的那样，"我们从理性行为和市场均衡作为基线开始，并试图通过在边缘调整基线来消除经济增长障碍。"[27] 塞勒和法学教授卡斯·R. 桑斯坦（Cass R. Sunstein）在他们 2008 年出版的《推动》（Nudge）一书中描述了一个推论，即可以使用小的"推动"来处理经济问题，以调整人们的行为并使其更接近模型假设的理性分类。

然而，正如已经论证过的，就像核装置中的量子效应会扩大一样，货币的复杂属性也会扩大并以一种无法通过调整曲线或增加本轮来解决的方式影响全球经济。如同下一章中会涉及的那样，还会有一大类认知现象，其量子性质无法通过行为经济学的方法进行理解。

正如新古典经济学用效用取代劳动价值，量子经济学将关注点从效用转移到倾向。价格是通过交易来衡量的，而交易又取决于买卖双方的倾向曲线。虽然效用无法衡量，但我们至少可以推断出人们购买或出售的概率。概率模型是干涉和纠缠等量子效应的来源。

不过，在我们开始探讨之前，值得停下来思考一下新古典经济学产生心理扭曲场的强大力量。预期效用理论，再加上有效市场假说，可能是有史以来最有影响力的人类行为的数学模型——也是对人类最大的欺骗之一。例如，如上所述，这意味着人们能够"计算未来所有时间内的休闲和消费之间的权衡"，包括对他们后代的影响。这一假设直接影响到政府关于养老金和退休计划等政策的内容。然而，根据一项分析，在美国，平均工作年龄的夫妇为退休储蓄了大约 5000 美元，与零相比是高了一点儿；而对于那些即将退休的人来说，他们平均储蓄了大约 17000 美元的退休金。[28] 我们的后代可能不赞同他们的效用已经优化到了无限的未来，因为他们还要处理结构性不平等、气候变化和未爆炸的金融核弹的后果。仅靠行为经济学的推动并不能解决这些问题。

沉浸在新古典经济学理论中的商学院会讲授这样一种观点，即初创公司必须开发出令人信服的价值主张，该价值主张可以使用生产力或收入等指标来衡量。但是价值有两个组成部分，主体和客体——而且价值主张通常是对前者的合理化。例如，一个新的业务协作软件让每个人在一个共享平台上而不是通过单独的电子邮件进行交流。企业方的价值主张可能是它将提高生产力并减少对会议的需求。但主体的原因可能是人们喜欢使用它，而且（这部分没有明说）管理者们特别喜欢它，因为它使追踪下属的互动变得简单，管理者们可以获得更多的控制权，他们才是做出购买决定的人。因此，这份商业计划是正确的，但让它正确的原因却是错误的。相反，纸面上看起来不错的商业计划在实践中可能会失败，因为它没有考虑主体因素。

量子方法最重要的教训之一是我们需要更加谦虚——无论是在我们对经济的理解，还是在我们自身能力等方面。就像白雪公主中的女巫一样，我们从主流经济学的镜子中审视自己，并看到其中最公平、最理性的一面，只需稍加调整，我们就会完美！如后文所示，量子观察镜打破了这个魔咒，将我们投射到现实中。

注释

1 McGilchrist, I. (2009), *The Master and his Emissary*. London: Yale University Press, p. 233.

2 McGilchrist, I. (2009), *The Master and his Emissary*. London: Yale University Press, p. 209.

3 McGilchrist, I. (2009), *The Master and his Emissary*. London: Yale University Press, p. 503.

4 Evans, J. (2003), "Dual-processing accounts of reasoning, judgment, and social cognition". *Trends in Cognitive Sciences* 7(10): 454-459.

5 McGilchrist, I. (2009), *The Master and his Emissary*. London: Yale University Press, p. 120.

6 Bentham, J. (1907), *An Introduction to the Principles of Morals and Legislation*. Oxford: Clarendon Press.

7 Jevons, W.S. (1905), *The Principles of Economics: A Fragment of a Treatise on the Industrial Mechanism of Society; and Other Papers*. London: Macmillan & Co.

8 Edgeworth, F.Y. (1881), *Mathematical psychics: An essay on the application of mathematics to the moral sciences*. London: C.K. Paul, pp. 59, 15.

9 Jevons, W.S. (1886), *Letters & Journal of W. Stanley Jevons*. London:

Macmillan.

10 Jevons, W.S. (1909), "The Solar Period and the Price of Corn" (1875), in H.S. Foxwell (ed.), *Investigations in Currency and Finance*. London: Macmillan, 194-205.

11 Robinson, J. (1962), *Economic Philosophy*. Harmondsworth, Middlesex: Penguin Books.

12 Lissner, W. (10 March 1946), "Mathematical Theory of Poker Is Applied to Business Problems". *New York Times*.

13 Veblen, T. (1898), "Why is economics not an evolutionary science?" *Quarterly Journal of Economics* 12(4): 373-397.

14 Robbins, L. (1932), *An Essay on the Nature and Signif i cance of Economic Science*. London: Macmillan.

15 Arrow, K.J. and Debreu, G. (1954), "Existence of a Competitive Equilibrium for a Competitive Economy". *Econometrica* 22: 65-90.

16 Manson, A., McCallum, P., and Haiven, L. (2015), *Report of the Ad Hoc Investigatory Committee Into the Department of Economics at the University of Manitoba*. Manitoba: Canadian Association of University Teachers.

17 Krugman, P. (2018), "Good enough for government work? Macroeconomics since the crisis". *Oxford Review of Economic Policy* 34(1-2): 156-168.

18 Kahneman, D. and Tversky, A. (1976), "Prospect Theory: An Analysis

of Decision under Risk". Office of Naval Research.

19 Thaler, R.H. (2016), *Misbehaving: The Making of Behavioral Economics.* New York: W.W. Norton & Company.

20 Cochrane, J. (22 May 2015), "Homo economicus or homo paleas?" *The Grumpy Economist.*

21 Moore, J.D. (10 October 2015), "A Bowl of Cashews with Professor Richard H. Thaler". *Chicago Booth Magazine.*

22 Angner, E. (2019), "We're all behavioral economists now". *Journal of Economic Methodology* 26:3, 195-207.

23 Wilson, D.S. (2013), "A good social Darwinism". *Aeon.*

24 Orrell, D. (2021), *Behavioural Economics: Psychology, Neuroscience, and the Human Side of Economics.* London: Icon Books.

25 Vines, D. and Wills, S. (5 January 2018), "The rebuilding macroeconomic theory project: an analytical assessment". *Oxford Review of Economic Policy* 34(1-2): 1-42.

26 Cochrane, J. (22 May 2015), "Homo economicus or homo paleas?" *The Grumpy Economist.*

27 Krugman, P. (2018), "Good enough for government work? Macroeconomics since the crisis". *Oxford Review of Economic Policy* 34(1-2): 156-168.

28 Morrissey, M. (3 March 2016), "The State of American Retirement". Economic Policy Institute.

第8章
思想与货币

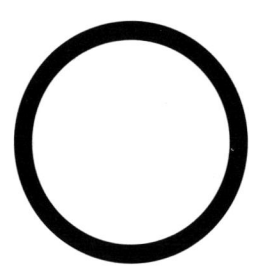

> 我们通过可能对患者本人或他人造成伤害的不稳定、不可预测、非理性的行为来识别患者是否精神错乱或疯狂。但这正是近年来金融市场的表现。金融市场在某一时刻异常狂躁,又毫无道理地在其他时候消沉。危机的爆发始料未及,对于大多数观察家来说,也出人意料。这些行为已经非常严重地损害了他人。这些市场的病情急需某种治疗。
>
> ——苏珊·斯特兰奇,《疯狂的金钱:当市场超过了政府的控制》(*Mad Money: When Markets Outgrow Government*),1998

虽然行为经济学领域调整了主流理论以适应一定程度的心理现实主义,但许多所谓的悖论和反常现象仍然无法解决,例如在考虑相互冲突的想法时,由心理干预引发的悖论。正如本章所见,主要问题是经济学基于经典操作系统,而我们的头脑似乎更喜欢量子方法,它以一种违背传统理性的方式结合了"硬"客观性和"软"主观性。这种量子本质在思想和金钱之间的神奇互动中表现得最为明显。

1947年,在三位一体核试验两年后,丹麦国王授予尼尔斯·玻尔该国最高荣誉（大象勋章）。这位物理学家需要在腓特烈古堡（Frederiksborg Castle）展示徽章，他选择的设计以阴阳太极符号和拉丁语格言为特色：对立面是互补的（拉丁文 contraria sunt complementa），体现了他的互补原则。这也就是量子系统具有互补属性的想法，例如位置和动量，它们不能同时被测量。尤其是，诸如电子波之类的量子实体同时具有波和粒子的特性。

人们可以像测量粒子似的测量一个电子的位置，但电子也像波一样有频率。这两种描述本身都不完整。电子是一种实体粒子，同时也具有波粒二象性。薛定谔波动方程可以解释其波函数。根据量子力学的标准解释，测量之前的系统处于所有可能状态的叠加状态。只有在测量时，它才会以某种方式"坍缩"到特定状态。当每个位置的波函数幅度为二次方时（又是量子概率的2范数），该波函数幅度给出了在该点检测到电子的概率，但是在测量之前，状态是不确定的。

与其他波一样，波函数表现出干涉等特征。最著名的例子是双缝实验，这是物理学中最神奇的实验之一。

长期以来，物理学家一直在争论光是粒子还是波。在公元前4世纪，德谟克利特（Democritus）说光是由离散的粒子或粒子流组成的。亚里士多德反驳说它是以太中的波。在17世纪，牛顿将其视为粒子流，而欧洲大陆的物理学家则更倾向于波。

1801 年，托马斯·杨（Thomas Young）进行了一项实验，实验中光源发出的光穿过屏幕上的两个狭缝。他发现，光在每个狭缝处发生衍射并形成干涉图案，该干涉图案被第二个屏幕上的检测器识别。这种图案的出现似乎证明了光是一种波。[1] 波有波峰和波谷，所以当两个波相互干涉时，会有相互加强的波峰和相互削弱的波谷（如图 8.1 所示）。

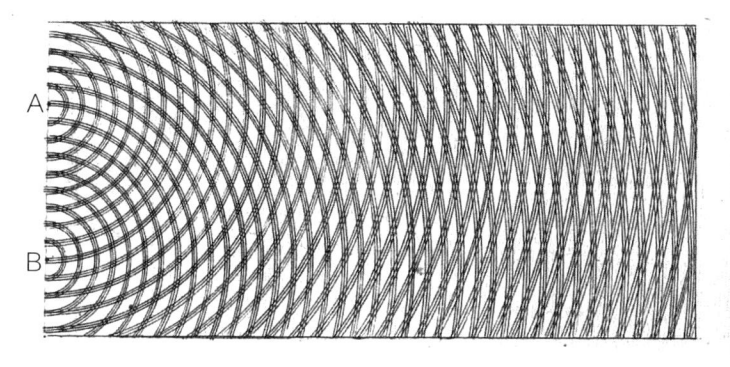

图 8.1 托马斯·杨的光波干涉图案草图

然而，当爱因斯坦提出光是光子流时，这场辩论获得了新生。最后，在 1909 年，杰弗里·泰勒用极弱的光源重复了这个实验，并证明即使单个光子通过狭缝，干涉图案仍然会重现。[2] 波峰对应的位置很可能看到光子，而波谷则概率很低。即使单个光子只通过一个狭缝，它们也会以某种方式对另一个狭缝的存在做出反应。但是，如果使用一个检测器来确定光子通过哪个狭缝，则干涉图案完全消失，显示出两条单缝图案。

大自然的这一把戏令人印象深刻,以至于物理学家理查德·费曼有句名言:双缝实验"蕴含着量子力学的核心。"实际上,它包含全部的谜团。[3] 然而,二元性并不局限于亚原子领域。尽管林语堂确实将"男性的、主动的、正的或阳的成分和女性的、被动的、负的或阴的成分"描述为"实际上不过是对电的阴阳两极原理的一种巧妙而侥幸的猜测",但阴阳是为人类发明的,而不是粒子。[4] 金银通货主义者和股市行情分析员长期以来一直在争论金钱是真实的东西还是虚拟的这一想法(当然,两者都是)。人类思维能够产生神秘的效应和悖论,这需要类似的量子方法。

* 8.1　精神干涉　*

行为科学家阿莫斯·特沃斯基和吉尔达·沙菲尔在1992年的一篇论文中提出了一个认知"悖论"的早期例子,被称作分离效应。该例子描述了一项实验,在实验中,研究人员询问一组学生,与考试结果未知的情况相比,如果他们被告知通过或未通过考试,是否会购买不可退款的夏威夷度假套餐。[5] 结果显示,如果知道了考试结果,无论是通过考试(54%选择购买)还是未通过考试(57%选择购买),都有超过一半的学生选择购买度假套餐。然而,如果他们不知道考试结果,购买度假套餐的比例下降到32%。从经典的理性角度来看,这两种情况下的差别毫无道理，因为考试结果要么是通过要么是未通过，不会影响购买度假套餐的选择。

分离效应之所以得名，是因为在逻辑上，分离指的是或者关系，在这个实验中，如果学生知道自己通过或者未通过考试，他们更有可能为度假付款。传统计算机具有或门，如果任一输入位处于状态 1，则输出 1。它没有精确的量子模拟，因为在量子计算机中，门总是可逆的。经典的或门会涉及信息丢失，因为知道输出为 1 并不意味着知道哪个输入为 1。量子计算机将信息保留到测量的那一刻。

特沃斯基和沙菲尔解释说，分离效应是由"不确定性存在而导致的敏锐度下降"所引起，这几乎适用于任何不确定的经济决策。然而，另一种看待它的方式不是信息或敏锐度的损失，而是量子干涉的结果。

他们的实验结果看起来像图 8.2a 的图形。在第一阶段，参与者面临着两种可能的考试结果，通过或者未通过。在第二阶段，他们必须就是否购买度假套餐做出是或否的决定。如果我们假设每个人都有 50% 的机会通过考试，那么从概率角度来看，我们可以通过分别分析每条路径来计算可能的结果。参考该图形，一半的人属于上方路径，即通过了考试。其中，54%的人决定购买度假套餐。另一半的人属于下方路径，即没有通过考试。其中，57%的人决定购买度假套餐。因此，如果我们不知道一个人是通过还是没有通过考试，他们购买度假套餐的概率应该只是这些数据的平均值,即 55.5%。

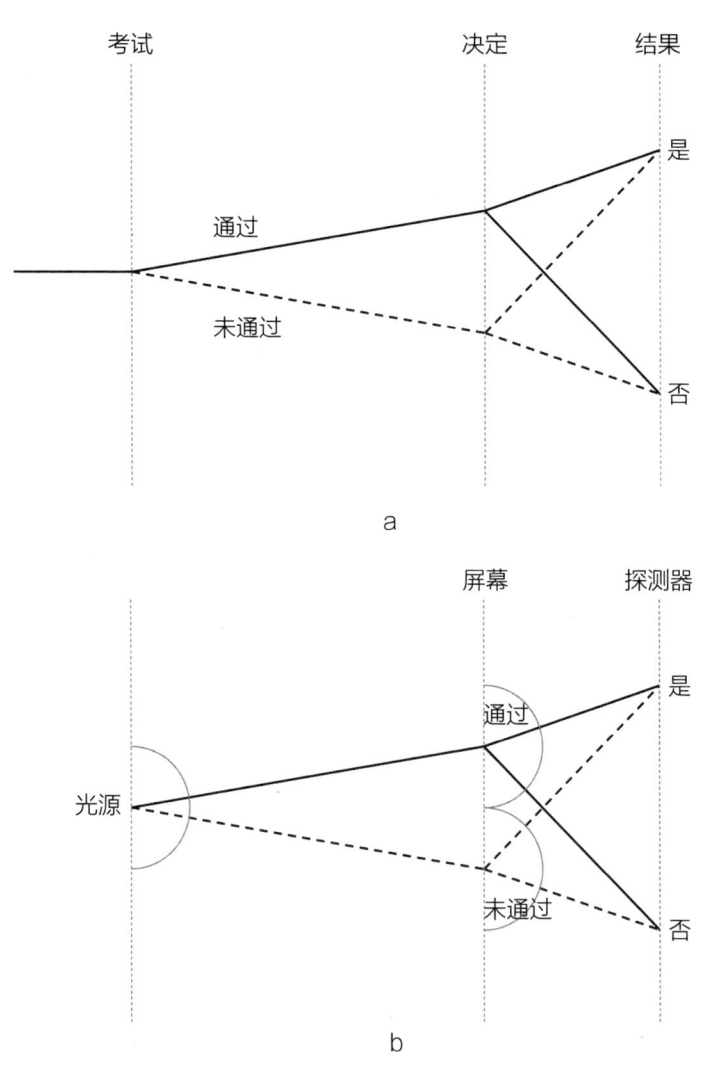

图 8.2 分离效应实验(a)和双缝实验(b)的示意

在量子模型中，只有假设测试结果是被测量的并且是已知的才是正确的，否则人不是处于单一确定的状态，而是处于叠加状态，会出现干涉的可能性。因此，这种情况就像带有两个检测器的双缝实验（图 8.2b 的图形）的简单版本。参加考试的事件就像一种双缝实验，它创造了两条可能的路径。即使不知道考试的结果，仅考试的存在就会影响参与者的心理状态。然后，购买度假套餐的决定以不同的方式作用于这种叠加状态的各个方面——通过考试的部分和未通过考试的部分——产生干涉。这就是为什么购买度假套餐的概率下降到 32%。然而，如果考试结果被判定，那么路径是已知的，干涉就神奇地消失了。

* 8.2 纠缠电路 *

正如我们可以使用计算机模拟认知逻辑电路一样，我们也可以使用量子电路模拟量子认知。最简单的方法是使用图 8.3 所示的电路。上面的量子位元由一个量子门作用，该量子门反映了通过考试（1）或未通过考试（0）的概率。如果我们选择这个量子门作为阿达马门（Hadamard gate），那么通过或未通过考试的比率是 50 ∶ 50。下面的量子位代表决定购买度假套餐的概率。两者被受控非门纠缠。

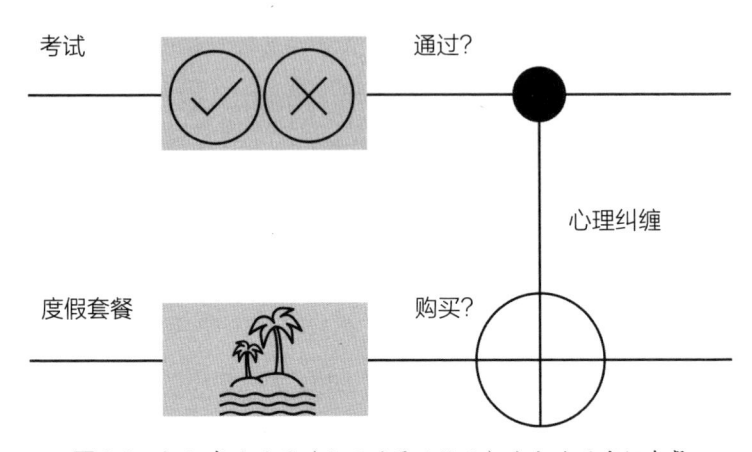

图 8.3 根据考试结果（上面的量子位元）决定购买度假套餐（下面的量子位元）的量子电路

为了与双缝实验的设置进行比较，图 8.3 上面的量子位元对考试结果进行了编码，其测量值代表通过或未通过考试，而下面的量子位元代表购买度假套餐的决定。受控非门，就像一个量子的条件语句，通过考试的结果使得是否购买度假套餐的决定可控，将两者纠缠在一起。当电路运行并测量输出时，会产生完全相同的干涉图案。我们这里省略数学细节，但请注意该电路与我们已经在图 3.4 中看到的量子信用电路相似，图 3.4 说明了思想和金钱之间的联系。不同之处在于，图 8.3 下面的量子位元上的量子门不再像量子信用电路中那样仅限于翻转量子位元。另外，纠缠门代表的不是两个人之间的契约，而是主体环境（考试结果）和最终决定（购买度假套餐）的内在纠缠。包含这个纠缠门，正是量子认知与传统逻辑的区别所在。

图 8.2 和图 8.3 是表示同一事物的两种不同方式。在前者中，单个量子位元被测量了两次，用于显示考试结果，然后作用于购买度假套餐的决定，而在后者中，考试结果和购买度假套餐的决定由单独的量子位元表示；但是这两种方法在测量时都会产生相同的概率结果。因此，使用纠缠门是一种建模选择。

无论是哪种描述，量子方法的一个优点是让我们区分决策的客观和主观成分的相对贡献。在分离效应的例子中，考试结果与是否购买度假套餐的问题没有直接关系，因此其影响纯粹是主观的。事实证明，如果考试结果是已知的，那么通过考试还是未通过考试对购买度假套餐决策的影响很小。但是，当考试结果未知时，考试结果确实会通过产生不确定性而发挥重要作用。事实上，在这种情况下，衡量对不确定性的厌恶程度是解释干涉效应的一种方法。

在概率模型中，做出决定的概率可以通过计算客观的期望效用来得到。在量子模型中，我们还需要考虑产生干涉的主观成分。当然，一般来说，在我们对其进行测试之前，不知道这个主观成分会有多大。然而，在没有其他信息的情况下，猜测这两部分的分量大致相等是一个不错的起点。如果我们以 0 到 1 的等级衡量结果的倾向（即被选择的概率），那么客观部分和主观部分同样重要；但是，由于干涉，它们的贡献以特殊的方式增加。如果这两个部分以干涉的方式相加，例如在波峰中，则总倾向为 0.75，而如果它们相减，例如在波谷中，则总倾向为 0.25。这一结果就是量子决策理论家迪迪埃·索内特（Didier Sornette）和维亚切斯拉夫·尤卡洛夫（Vyacheslav Yukalov）所称的四分之一定律。[6] 它指出，干涉将特定决策的概率上下调整约 25%，具体取决于选项是否被主观认为有吸引力。

例如，在干涉为负的分离效应的情况下，在已知考试结果时选择购买度假套餐的概率平均为 55.5%。当考试结果未知时，这一比例下降到 32%，相差约 1/4。事实上，四分之一定律已经在广泛的认知实验中进行了测试，并被证明是相当稳健的。

* 8.3 移动高山 *

分离效应也已经在一系列不同的实验中进行了测试，它是环境变化如何影响决策过程的一个例子。在这种情况下，背景环境是参加考试以及知道或不知道结果的事件。可以使用相同的方法来模拟调查结果中看到的所谓顺序效应，其中提出两个问题的顺序会影响结果，因为第一个问题为第二个问题建立了背景环境。[7] 在图 8.3 中，上面的量子位元代表对第一个问题的回答，而下面的量子位元则代表对第二个问题的回答。另一个例子是偏好反转现象。

稳态是新古典经济学的一个核心假设，意思是经济偏向于保持固定和稳定。正如诺贝尔奖获得者乔治·施蒂格勒（George Stigler）和加里·贝克尔（Gary Becker）在 1977 年所写的那样，"人们的品位既不会反复无常，也不会因人而异。在这种解释下，人们不会因为品位而争论，就像人们不会因为落基山脉争论一样——两者都在那里，明年也会在那里，而且对所有人来说都是一样的。"[8]不过，在现实世界中，人们似乎改变了主意。

心理学家萨拉·利希滕斯坦（Sarah Lichtenstein）和保罗·斯洛维奇（Paul Slovic）在 1971 年的一篇论文中已经正式证明了这一点。[9]实验对象被告知将旋转一个有 36 个扇区的轮盘赌，他们必须选择两个赌注游戏之一。在赌注 A 中，36 个扇区中有 11 个可以赢得 160 美元，而其余 25 个则会输 15 美元。在赌注 B 中，36 个扇区中的 35 个可赢 40 美元，而其余一个扇区则输 10 美元。

选择这两个赌注是为了让它们给出几乎相同的预期收益（A 为 38.47 美元，B 为 38.61 美元），但它们的风险状况却截然不同。赌注 A 令人兴奋，有机会赢得大奖，就像投资风险股票，而赌注 B 则更为保守，就像将钱投入更安全的债券中。在实验中，大多数人选择赌注 B 是因为它的安全性。然而，当他们随后被问到要向其他人收取多少门票才能选择这些赌注时，实验对象们为赌注 A 收取了更高的价格，可能是因为他们专注于获得更大奖金的可能性。总而言之，当被要求自己选择赌注时，他们更喜欢赌注 B，但在向他人出售门票时，他们更喜欢赌注 A。如果他们是投资顾问，会向客户推荐科技初创公司的股票，同时将自己的收入存入储蓄账户。

正如经济学家大卫·格雷瑟（David Grether）和查尔斯·普洛特（Charles Plott）在 1979 年的一篇文章中指出的那样，这种偏好反转现象再次与经典逻辑不一致，因为它"允许个人做出取决于背景的选择"。[10] 从表面上看，这意味着"即使是最简单的人类选择也没有任何优化原则"。他们紧接着指出，仅仅因为经典理论"有例外"并不意味着它应该被抛弃，特别是因为"目前没有其他可用的理论能够涵盖极其广泛的现象"。

事实上，正如卡尼曼后来指出的那样，该论文"对经济学家的信念几乎没有直接影响"[11]。卡尼曼在 1990 年的一篇论文中认为偏好反转可以用前景理论来解释，他说背景的变化迫使行为人从系统 1 的思维转换到系统 2 的思维。[12] 为自己选择赌注时，他们在系统 1 的模式下操作，更喜欢赌注 B，因为它更安全；在为赌注游戏定价时，他们戴上系统 2 的帽子并进行数学运算，因此选择赌注 A。

虽然这听起来像是一个合理的解释，但它也使事情变得混乱。如前所述，前景理论的主要成果用价值函数和不确定性函数来概括（图 7.1）。在这些图中，系统 2 的思维可以用一条直线来表示。因此，如果赌注的价值正好等于预期收益，那么前景理论已经结合了系统 1 和系统 2 的影响。在理性选择理论中，适应偏好逆转的唯一方法是引入一个额外的临时本轮,以区分这两种情况。

特沃斯基和塞勒在 1990 年的另一篇论文中得出结论:"首先,人们对每一种意外情况都没有一套预先定义的偏好。相反,偏好是在做出选择或判断的过程中构建的。其次,做出选择或判断所涉及的背景和程序会影响并引发人们在潜意识中的偏好。实际上,这意味着在经济学家认为背景相同的情况下,人们的行为可能会有所不同。"[13] 但如果偏好不固定,那么优化效用就变得不可能,而效用是主流经济学的基础。

我们从分离效应中可以认识到任何决定都是客观和主观成分的混合,后者通常对背景环境敏感。重要的不是抽象的效用,而是观察到的倾向。

* 8.4 不要把事实带入争论 *

回到上面关于分离效应的纠缠电路(图 8.3),想象上方的量子门不对应于考试结果,而是对应于为决策奠定基础的一般主观背景。然后这个背景环境将再产生干涉,无论是积极的还是消极的,这都会影响决策。如果我们使用四分之一定律作为第一个近似值,那么当主观背景被加强到客观效用中时,总倾向将在 0.75 左右,而当两者相互削弱时,结果将在 0.25 左右。它们之间的差异是 3 倍。

一个推论是，主观背景创造了一种阈值，客观效用在改变决策之前必须克服这个阈值——虽然效用通常可以在连续的数字尺度上（如价格）来衡量，但主观背景更多类似开关的效果。例如，如果主观背景支持某个特定的决定，那么该决定的任何逆转都将依赖于弥补该差距的客观效用的数量。当进行数学计算时，客观效用可以通过金钱来衡量并改变决策——在量子决策理论中称为偏好反转理论。

如果说客观效用需要平均增大3倍才能克服主观偏好，这听起来很荒谬——尤其是因为在理性决策模型中，主观背景影响为零，因为重要的只是客观的效用。但另一方面，它确实有助于解释为什么理性论证似乎对诸如谁是一个好的政治领袖，或者我们应该如何应对气候变化等问题影响如此之小。当主观力量在起作用时，"不要把事实带入争论！"这种开玩笑的表达可能是正确的。

事实上，这种偏好反转理论已经过实证检验，并再次证明是相当稳健的。它还与行为经济学家研究的许多其他认知效应有关。一个例子是禀赋效应，它指的是一种观察结果，即如果我们拥有某个东西，我们会比不拥有它时更重视它。行为经济学家已经多次证明了这一点，最著名的实验是给受试者一个马克杯，然后让他们有机会出售或交换它。研究人员发现，人们要求以7.12美元的平均售价来出售马克杯，但他们只愿意花2.87美元的平均价格购买马克杯。与上面的轮盘赌示例一样，背景环境的变化——在该实验中,从拥有到不拥有——足以改变人们对物品价值的看法。价格的相对差异约为2.5倍,与量子决策理论预测的3倍相差不远,特别是与新古典经济学理论相比,新古典经济学理论表明差异应该"可以忽略不计"。[14]

* 8.5 资不抵债 *

虽然这种认知效应通常在受控条件下使用实验对象来证明,但在美国次贷危机期间观察到的违约率提供了偏好反转的自然实验。根据客观效用最大化,如果与居住相关的成本超过与出售房屋相关的成本,则违约是有意义的;2008年12月至2010年9月对美国家庭进行的季度调查发现,大约30%的受访者表示,如果债务缺口超过10万美元,他们将违约,64%的大多数人表示,如果债务缺口超过20万美元,他们将违约。[15]

然而,违约的实际统计数据描绘了一幅截然不同的画面。到2009年年中,超过16%的美国房主拥有超过其房屋价值20%的负资产,但违约仍仅占所有抵押贷款的1%至2%。[16]事实证明,违约的主要原因不是效用最大化,而是失业导致无法维持支付。根据美联储的一项估计,"平均62%的借款人在资不抵债时会离开家"。[17]

从表面上看,这种行为似乎是不合理的,因为即使不考虑违约的各种成本,从狭隘的功利主义角度来看,最好的选择往往是违约。例如，一篇论文描述了一个假设的房主的案例，他在迈阿密房地产市场的高峰期以大约 36 万美元的价格购买了一套普通房屋，那所房子现在只值 15.9 万美元左右，加上利息，房主将有大约 17 万美元的负资产。假设他打算在这所房子里住五年，他可以通过离开并租用类似的房子来节省大约 14.7 万美元……对于过去五年在迈阿密地区或任何存在市场泡沫的、房屋的购买价格高于平均水平的地区的人来说，离开的优势更为明显。通过战略性地拖欠抵押贷款，数百万美国房主每人可以节省数十万美元。房主应该成群结队地离开。但他们没有。[18]

事实证明，根据标准普尔凯斯—席勒（S&P Case-Shiller）迈阿密房价指数，迈阿密的房价在 2012 年触底，此后已经恢复到金融危机前的水平，但当然当时很少有人预料到这一点（违约者在 2010 年年初本可以将他们的积蓄投资于股票市场，并在接下来的十年中将他们的资金增加两倍，但在当时这也不是一个受欢迎的选择）。

根据偏好反转理论，人们可能会预计在业主离开家之前房屋价格会下降约 2/3，这与美联储估计的 62% 相差不远。因此，次贷危机可以被视为一种巨大的自然实验，它展示了偏好反转的量子性质。根据理性选择理论，房主一旦清楚他们可能因留下而赔钱，就应该违约。调查显示，房主认同这一点，至少在他们回答调查问题时是认同的。然而，当他们面临违约的实际前景时，伴随着一系列情绪，例如对不确定性的恐惧、对背弃债务的耻辱、对家园的依恋、对失去家园的悲伤等，这些情绪迫在眉睫，远大于任何客观的效用计算。

如果你想要一个简单的方法，请记住决策是大脑两个半脑协同工作的产物。左脑擅长数学，因此我们可以赋予它会计的角色，编制损益表。右脑负责全局并对背景环境敏感。如果我们在决策中为两者分配大致相同的角色，但有一定程度的背景相关干扰，那么这赋予你偏好反转的选择。当然，半脑之间的相互作用和认知动力学非常复杂，但如果测试的是预测准确性，那么这个非常基本的认知模型似乎会击败经典的只强调价格等客观方面的效用方法。

主观因素不仅会影响我们的心理决定、主观决策，还会影响我们的身体，就像医学上神奇的安慰剂效应一样。1784年，由包括本杰明·富兰克林（Benjamin Franklin，当时担任美国驻法国大使）在内的一个皇家委员会对此进行了第一次公共医学试验，弗朗茨·安东·梅斯梅尔（Franz Anton Mesmer）参与其中，他曾声称能够赋予物品具有治疗能力的"动物磁力"。在处理了经过特殊处理（"催眠"）的物体或物质后，他的客户会进入以抽搐、昏厥等为特征的"危机"，之后他们被宣布治愈。然而，委员会发现，一些患者在接触被告知有催眠功能的白开水后经历了"危机"，而另一些患者则对他们被告知是白开水的处理过的水没有反应。他们得出的结论是，任何影响都是由"想象力"造成的。虽然催眠术已经过时，但安慰剂效应以及主观信念和想象力的力量仍然完好地存在。例如，安眠药通常是蓝色的，因为这种颜色增强了安慰剂效应（显然，意大利男性除外，他们将蓝色与他们的国家足球队联系在一起）。[19] 可能存在温特所说的社会科学中关于主观性的禁忌，但在医学领域，它更难被忽视，这就是为什么必须设计临床试验来证明治疗优于安慰剂的原因。

* 8.6　量子阈值效应 *

在物理学中，量子的存在是马克斯·普朗克（Max Planck）于1901年首次提出，用来作为一种技巧去解释为什么在实践中没有发生所谓的紫外灾变。众所周知，光束携带的能量取决于其频率，对于可见光而言，频率对应于颜色。蓝光的频率比红光高，因此更有活力。不可见的紫外线具有更高的能量。问题在于，根据经典理论，能量在高频时会变得越来越大。紫外线会比红外线具有更高能量，它会让人晒伤。普朗克发现，如果他假设能量是离散的或被打包在量子中传输的，那么问题就消失了。

爱因斯坦在1905年利用光电效应证明了量子不仅是一种数学上的理论，而且指某些材料在被光线照射时会发射电子的趋势。根据经典客观效用理论，发射电子的能量应仅取决于光源的强度（即亮度）；但在实践中，事实证明真正重要的是频率。此外，每种材料都有一个截止频率，低于该频率，任何光都无法工作。似乎电子必须接受一定的能量阈值才能从原子中脱离。在1905年的一篇论文中，爱因斯坦表明光电效应可以用普朗克的量子来解释。

次贷危机是相似的，不同之处在于，我们不是计算从原子中驱逐电子所需的能量数量，而是计算驱逐房主所需的债务数量。如果量子的概念最初是在物理学中被引入来解释为什么在实践中没有发生紫外灾变，那么经济学中的阈值效应可以解释没有发生不那么引人注目但仍然非常昂贵的另一种灾难：如果资不抵债的借款人的反应像理性经济人并参与大规模违约，那么根据第一美国集团（The First American Corporation）的估计，恢复损失的股指将花费约7450亿美元，或略高于2008年银行救助的规模。这一情况没有发生可以归结为量子阈值效应。

回到第1章的讨论，同样的效果或许可以解释为什么2021年的加拿大贷方如此渴望在疫情和经济衰退期间提供高杠杆贷款：银行知道在危机来临之际，房主会尽其所能来偿还债务。换言之，他们以符合量子经济学的方式进行计算，而不是理性决策模型，在任何情况下，理性决策模型通常不包括金融系统或违约的可能性。[20]

正如我们将在考虑金融交易的动态时讨论的那样，次贷危机与光电效应之间的相似性更深。不过，就目前而言，值得注意的是主观效应在货币扩张中起着关键作用。回到我们的符木电路（图5.1），符木作为货币的可靠性取决于债权人施加的强制程度。同样，强制将是客观和主观因素的混合。这些影响之间的干涉意味着我们可能期望货币本身表现出一种阈值效应。就像生活中的许多其他事情一样，一直工作到（突然）不工作为止。它们不仅是法律和武力威胁的产物，而且是无形因素的产物，可以说是对货币供应神圣性的信仰。

任何信仰体系都需要神圣的带路人来帮助保持信仰的活力，而在现代经济中，这项任务落在了经济学家和中央银行家身上。经济学家真的不喜欢被比作神圣的带路人，因为显然不符合该领域作为一门客观科学的形象。然而，他们的大部分活动可归结为维持一种关于货币和市场的神圣故事。在下一章中，我们将注意力转向量子魔法的另一个来源：纠缠的抉择。

注释

1 Young, T. (1807), *On the nature of light and colours. Vol. 1 in A Course of Lectures on Natural Philosophy and the Mechanical Arts*. London: Joseph Johnson.

2 Taylor, G.I. (1909), "Interference fringes with feeble light". *Proc. Cam. Phil. Soc.* 15: 114.

3 Feynman, R. (1964), *The Feynman Lectures on Physics*. Vol. 1. Reading, MA: Addison Wesley.

4 Yutang, L. (1937), *The Importance of Living*. New York: John Day.

5 Tversky, A. and Shafir, E. (1992), "The disjunction effect in choice under uncertainty". *Psychological Science* 3: 305-309.

6 Yukalov, V.I. and Sornette, D. (2018), "Quantitative Predictions in Quantum Decision Theory". *IEEE Transactions on Systems, Man & Cybernetics: Systems* 48(3): 366-381.

7 Wang, Z., Solloway, T., Shiffrin, R.S., and Busemeyer, J.R. (2014), "Context effects produced by question orders reveal quantum nature of human judgments". *Proceedings of the National Academy of Sciences* 111(26): 9431-9436.

8 Stigler, G.J. and Becker, G.S. (1977), "De Gustibus Non Est Disputandum". *American Economic Review* 67(2): 76-90.

9 Kahneman, D. (2011), *Thinking, Fast and Slow*. New York: Farrar, Straus and Giroux, p. 355.

10 Grether, D.M. and Plott, C.R. (1979), "Economic Theory of Choice and the Preference Reversal Phenomenon". *The American Economic Review* 69(4): 623-638.

11 Kahneman, D. (2011), *Thinking, Fast and Slow*. New York: Farrar, Straus and Giroux, p. 356.

12 Tversky, A., Slovic, P. and Kahneman, D. (1990), "The Causes of Preference Reversal". *The American Economic Review* 80(1): 204-217.

13 Tversky, A. and Thaler, R.H. (1990), "Anomalies: preference reversals". *Journal of Economic Perspectives* 4: 201-211.

14 Kahneman, D., Knetsch, J.L. and Thaler, R. (1990), "Experimental Tests of the Endowment Effect and the Coase Theorem". *Journal of Political Economy* 98: 1325-1348.

15 Guiso, L., Sapienza, P., and Zingales, L. (2013), "The determinants of attitudes toward strategic default on mortgages". *The Journal of Finance* 68(4): 1473-1515.

16 White, B.T. (2010), "Underwater and Not Walking Away: Shame, Fear, and the Social Management of the Housing Crisis". *Wake Forest Law Review* 45: 971-1023.

17 Bhutta, N., Dokko, J. and Shan, H. (2010), "The Depth of Negative

Equity and Mortgage Default Decisions". *Federal Reserve Board*, FEDS Working Paper No. 2010-2035: 21.

18 White, B.T. (2010), "Underwater and Not Walking Away: Shame, Fear, and the Social Management of the Housing Crisis". *Wake Forest Law Review* 45: 971-1023.

19 Moerman, D.E. (2002), *Meaning, Medicine, and the "Placebo Effect"*. Cambridge: Cambridge University Press.

20 Goodhart, C., Romanidis, N., Tsomocos, D., and Shubik, M. (2016), "Macro-Modelling, Default and Money". LSE, FMG Discussion Paper DP755.

第 9 章
纠缠的抉择

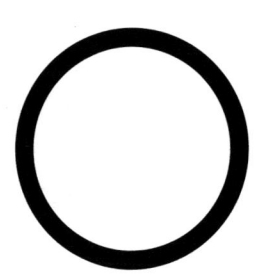

许多关于金钱的讨论都广泛涉及了巫医咒语。其中一些是有意为之。那些谈论金钱、教授金钱、以金钱为生的人,就像巫医一样,通过制造他们与神秘学有特权的联系而获得声望、尊重和金钱回报。

——约翰·肯尼思·加尔布雷思(John Kenneth Galbraith),《金钱:从哪里来,到哪里去》(Money: Whence It Came, Where It Went),1975

如果我们相信个人和群体是有意识且纠缠的行为者,能够大规模地改变文化和体系,我们的生存概率会更大吗?

——卡伦·奥布莱恩(Karen O'Brien),《你比你想象得更重要:繁荣世界的量子社会变革》(You Matter More Than You Think: Quantum Social Change for a Thriving World),1975[1]

理性选择理论和被称为博弈论的数学领域的一个关键公理是人们独立行动。现实情况是,我们既直接通过从众行为,也间接通过共同的社会规范和信仰受到其他人的影响。正如本章所见,纠缠是量子系统(包括物理系统和社会系统)的标准技巧，也是量子计算机的一个重要特征。设计在量子计算机上运行的游戏不仅颠覆了博弈论，而且颠覆了我们思考人类行为的方式。

化学并不是唯一从炼金术中诞生的科学领域。经典物理学经常被描述为理性主义、机械主义世界观的胜利，但它并不是这样开始的。

例如牛顿本人在诸如卡巴拉主义（Kabbalism）等神秘主义的追求上比在科学上花费了更多的时间，在圣经中寻找预言段落，试图解开金字塔的密码以确定天启的日期等。他写了整整30万字关于《启示录》(*Revelation*)的批注，比《启示录》长了大约30倍。他还是一位严肃的炼金术士：据他的秘书说，即使在写他的杰作《数学原理》(*Principia Mathematica*)时，他仍坚持炼金术实验，火焰彻夜燃烧，直到"他完成了他的炼金术实验，用他最准确、最严格、最严谨的表现"。

牛顿将他的科学和神秘工作视为同一方法的不同方面。事实上，正如索迪对炼金术的兴趣可能激发了他对辐射的洞察力一样，或许是神秘主义使牛顿首先能够构想出他的万有引力理论，因为该理论依赖于有距离的瞬间动作，这似乎不是很符合机械论。正如他在一封信中解释的那样："重力必须是由一个根据某些规律不断行动的主体引起的，但是这个主体是物质的还是非物质的，这是我留给我的读者们考虑的问题。"他同时代的莱布尼茨（Leibniz）甚至指责牛顿将重力视为一种"神秘的品质"，即无法用理性或机械的方法来解释。换句话说，就像魔法一样。

在魔术中，移位术是指用魔法将某物从一个地方移动到另一个地方，例如，将一枚硬币从一只手传到一个人的耳后，或者一只鸟出现在灯泡里。牛顿的万有引力作用也是如此：在太空中一种神秘的力。即使在像力学这样的"硬科学"中，也总会有魔法——或者宗教——进入的地方。根据哲学家安德鲁·贾尼亚克（Andrew Janiak）的说法，"牛顿显然认为上帝可能是物体之间所有引力相互作用的'非物质媒介'。"[2] 而且，即使他设想了一个由机械支配的发条宇宙，牛顿还让神扮演了一个角色，即首先为时钟上弦的"原动力"。

牛顿并不认为自己真的发现了牛顿运动定律，而是相信这些真理早已被上帝揭示，并且为一些古人所知。不过，它们早就失传了，因此他只是在重新找回这些定律。一切都是由原子组成的想法就是一个例子。正如牛顿所写，"所有物质都由原子组成，这是一个非常古老的观点。这是在亚里士多德之前的众多哲学家的教义，如伊壁鸠鲁（Epicurus）、德谟克利特、厄克方图（Ecphantus）、恩培多克勒（Empedocles）、色诺克拉底（Xenocrates）、赫拉克利特（Heraclides）、阿斯克莱皮亚德斯（Asclepiades）、狄奥多罗斯（Diodorus）、梅特罗多洛（Metrodorus）、毕达哥拉斯，以及在这些人之前，斯特拉博

（Strabo）宣称比特洛伊战争更古老的腓尼基人。"

或许更值得注意的是，牛顿还相信毕达哥拉斯知道万有引力定律，但作为一名优秀的魔术师，他决定将其保密。证据被秘密地编码在希腊艺术、神话甚至硬币中，以阿波罗的竖琴符号的形式出现。据说竖琴的七根弦代表了主要的天体，因此它的音乐捕捉到了毕达哥拉斯学派所谓的天体音乐，据他们说只有毕达哥拉斯作为半神人才能听到。

如前所述，毕达哥拉斯是第一个将音乐和声与数学联系起来的人，这就是他认为宇宙是基于数字的原因。通过一些实验，他发现在一定拉力下，弦所产生的音调会根据其长度的平方而变化。这与万有引力定律非常相似，即一个物体对另一个物体产生的引力随着距离平方的增加而减小。因此，根据牛顿的说法，由阿波罗的七根弦的竖琴编码的秘密信息是："太阳通过他自己的引力以相同的单位长度作用于不同距离的行星上，拉力通过相同的单位长度作用在不同距离的弦上。"或者更简单地说：万有引力定律对应于音乐定律。毕达哥拉斯学派知道这条定律，但"喜欢隐藏他们的神秘言论并提出庸俗的言论来让人奚落"。[3]

1693年，牛顿感到崩溃，可能是由于他的炼金术活动导致了他汞中毒。他向他的朋友塞缪尔·佩皮斯（Samuel Pepys）吐露说，他在过去的12个月里既没吃好，也没睡好，并且缺乏"以前思路的连贯性"。1696年，另一位朋友将他调到英国皇家铸币局一个本应该很舒适的职位——然而，他满怀热情地担任起了新角色，尤其是在打击造假者方面，并作为管理人继续全职练习魔法和金融领域的炼金术，之后成为造币厂主管，直到他于1727年去世。

在牛顿去世后，他留下了大量的论文和手稿，总计约1000万字，细分大约是50%的宗教内容，30%的科学内容，10%和炼金术有关，还有10%与他在金融方面的工作有关。甚至他还有关于如何治疗瘟疫的有用提示，在可能的治疗方法中，他写道，"最好的办法是捆住蟾蜍的一只腿，将它悬在烟囱里三天，让它最后吐出泥土，里面有各种昆虫，吐到一盘黄蜡上，不久后蟾蜍就死了。放干它的血，将蟾蜍磨成粉与呕吐物和血清混合制成锭剂并涂抹在患处，可以驱散传染并排出毒素。"[4]

在牛顿的国葬之后，他被安葬在威斯敏斯特教堂，成为新科学时代的英雄（实际上是自然哲学——"科学家"这个词在另一个世纪里才被创造出来），他的继承人浏览了这位伟人的手稿，被内容吓坏了，因此他们并不急于出版。

1936年——两个世纪后——经济学家约翰·梅纳德·凯恩斯在拍卖会上买了一大批牛顿的论文。在为庆祝牛顿诞辰300周年而举行的一次讲座中——由于战争而从1942年推迟到了1946年，但凯恩斯在三个月前去世，所以演讲由他的兄弟杰弗里诵读——他写道："牛顿并不是理性时代的第一人。他是最后一个魔术师，最后一个巴比伦人和苏美尔人，最后一个伟大的思想家，用与不到一万年前开始建立我们的智力遗产的那些人一样的眼光看待可见的和智力的世界。"[5]

"我为什么称他为魔术师？"凯恩斯写道，"因为他把整个宇宙和其中的一切都看成一个谜，一个秘密，可以通过将纯粹的思想应用于某些证据、某些神秘的线索来解读，这些线索是上帝为世界奠定的，以允许某种哲学家对奥义的探寻。"但这种与魔法的联系被压制和遗忘了。相反，牛顿成为"理性时代的圣者和君主"。他说的当然不准确，因为牛顿"秘密地研究异端邪说和经院哲学的迷信……曾是他要隐藏的终生研究！"。

正如凯恩斯所说的那样，社会对魔法和炼金术之类的东西深感不安，因此试图压制它们。正如我们将看到的，这就是为什么人们对货币的神奇特性知之甚少的一个原因，特别是纠缠的概念，爱因斯坦将其称为"幽灵般的远距离行动。"最近科普作家布赖恩·克莱格（Brian Clegg）在他的一本书的标题中将其称为"上帝效应"。

在物理学中，纠缠指的是一种看似神奇的方式，即使粒子位于宇宙的两端，它们也可以相互关联。例如，物理学家可以在实验室中纠缠成对的光子，如果一个光子的测量结果为向上旋转，那么另一个光子只能为向下旋转。因此，旋转方向在测量之前是不确定的，但同时是相关的，这令人困惑，因为光子没有通过能够瞬时传输的隐藏线连接。心灵感应可能是魔术表演的中流砥柱，但正如爱因斯坦在1942年的一封信中所写，

"上帝掷骰子并使用'心灵感应'方法的想法……是我一时无法相信的"。[6] 后续实验表明宇宙就是这样运行的。

正如第 3 章所探讨的,纠缠是量子的一个特征,它是量子计算机功能的关键。鉴于计算机的发展与计算机游戏的发展齐头并进,量子纠缠的第一个应用是游戏,其历史可以追溯到博弈论的建立,这也许不足为奇。

* 9.1 逃出牢笼 *

在 20 世纪 40 年代博弈论被发明之后,政策智库兰德(RAND)等机构的研究人员开始四处寻找可以将数学上优雅的理论有效地应用于现实世界的方法。一个似乎与现实生活相关的话题,至少是在监狱中遇到的那种,是一种被称为"囚徒困境"的博弈。

该博弈涉及犯罪团伙的两名虚构成员 A 和 B,他们因犯罪被捕并被单独关押。检察官为每名囚犯提供两个选择:证明另一个人犯了罪,或者保持沉默。他们面临的处罚结果如下:

结果 1. 如果两名囚犯都保持沉默,他们每人都可以减刑两年。两名囚犯的总监禁时间为四年。

结果 2. 如果 A 证明 B 犯了罪而 B 保持沉默,则 A 立刻出狱,而 B 得到整整五年的监禁;反之亦然。两名囚犯的总监禁时间为五年。

结果 3. 如果两名囚犯都证明对方犯了罪,他们每个人都被判四年。两名囚犯的总监禁时间为八年。

从两名囚犯的整体来看,结果 1 是最好的,因为总的监禁时间只有四年,而结果 3 是最差的,总共有八年。因此,两名囚犯都应保持沉默。然而,从单个囚犯的角度来看,理性选择理论表明了不同的反应。

如果 A 选择证明 B 犯了罪,那么 A 将获得四年或零年的监禁,具体取决于 B 的行为。如果他们在没有其他信息的情况下假设每种可能性具有相同的概率,那么 A 预期的刑期是这些可能性的平均值,即两年。另一方面,如果 A 不选择证明 B 犯了罪,那么 A 预期的刑期是两年和五年的平均值,也就是三年半。因此,具有最佳预期结果的选择是证明对方犯了罪。

如果双方都选择证明对方犯了罪,则任何一方都无法通过单方面改变自己的策略来改善自己的结果。例如,如果 A 将策略从证明 B 犯了罪转变为保持沉默,A 将受到最长五年监禁的打击。在博弈论中,这种相互证明对方犯了罪的状态被称为纳什均衡。如果双方都选择保持沉默,则该策略是帕累托最优,因为任何改变都会使其中一个参与者的情况变得更糟(见表 9.1)。

表9.1 囚徒困境

A的策略	B的策略	A刑期	B刑期
沉默	沉默	2	2
沉默	背叛	5	0
背叛	沉默	0	5
背叛	背叛	4	4

* 9.2 末日机器 *

现如今，通常当科学家提出一个令人兴奋的新理论时，他们会寻找安全的东西来测试一下，以确保没有任何需要解决的错误。例如，当利奥·西拉德提出核链式反应的想法时，他并没有积累几千克铀来看看是否能炸毁他的后院。相反，他在他的实验室中使用一个小样本进行了小规模试验。

然而，博弈论者并没有做田野调查，他们也没有去真正的监狱看囚犯的行为。如果他们做了这两件事中的任何一件，就会发现，人们的合作远远超过理性选择理论所代表的。相反，数学家们决定跳过这个过程，直接进入严肃的应用程序。

博弈理论与当时兰德公司遇到的紧迫问题有关，即面对可能的核冲突采取的最佳战略。在两个核对手之间的对峙中，每一方都可以选择合作（不炸毁对方）或背叛（炸毁对方）。兰德的顾问包括博弈论的创造者约翰·冯·诺依曼,由于他在核弹方面的工作,他也是美国原子能委员会的成员,并担任艾森豪威尔(Eisenhower)总统的顾问。在冯·诺依曼看来,美国与苏联之间的较量是两人博弈的典型例子,有明确的规则和回报,在这种情况下恰好涉及彻底毁灭。根据博弈论,只有一种制胜策略——美国应该在苏联有机会开发自己的核武器之前立即出击。

然而,当冯·诺依曼设法说服国务卿约翰·福斯特·杜勒斯(John Foster Dulles)和艾森豪威尔时,艾森豪威尔犹豫了。也许他的右脑正在给他一些信号。当苏联人在 1949 年宣布他们也有核弹时,为时已晚。

结果,冷战变成了以博弈论中的另一种策略为特征的对峙,这种策略被称为相互保证毁灭。据说冯·诺依曼参与起了这个名字。作为计算机科学的创始人之一,他还研究了一种早期的计算机(Mathematical Analyser, Numerator, Integrator and Calculator, MANIAC)。具有讽刺意味的是,这些理性预期理论的产物以其首字母缩略词 MANIAC(疯子)闻名于世。据说,冯·诺依曼晚年坐轮椅,是斯坦利·库布里克(Stanley Kubrick)1964 年电影《奇爱博士》(*Dr. Strangelove*)中的彼得·塞勒斯(Peter Sellers)扮演的主角的灵感来源。确实,该角色的解释"由于自动化且不可撤销的决策过程,排除了人类干预,世界末日机器令人恐惧,易于理解……并且完全有能力且令人信服",似乎确实相当好地捕捉到了经典博弈论的冷酷逻辑。

* 9.3 把博弈论和量子联系起来 *

博弈论通过与冷战战略的关联而在经济学中获得了很大的可信度——毕竟，没有什么比在核冲突中扮演角色更能增强作为一门"硬"科学的印象了——而且诸如囚徒困境等博弈是经济学教科书中的主要内容。然而，它所描绘的人性图景，作为一个仅由优化个人效用需求驱动的理性计算机，似乎有点黯淡。正如我已经提到的，它与人类行为的经验观察不相符。一系列实验表明，在一次性囚徒困境博弈中，有 1/3 到一半的人选择合作。例如，行为经济学家阿莫斯·特沃斯基和吉尔达·沙菲尔于 1992 年进行的一项实验表明，37% 的人选择合作。[7] 政治学家詹姆斯·德·代元（James Der Derian）在他所在的世界政治课上教给来自加德纳州立监狱（Gardner State Prison）的囚犯这个博弈，发现囚犯们的决策倾向于合作而不是背叛，合作的原因例如"传统的沉默守则、预先设定的选择和犯人间的荣誉仪式"，这些都没有出现在经典模型中。[8]

虽然博弈论者将囚徒困境描述为"社会科学中的大肠杆菌"（大概是因为它作为研究工具的有用性，而不是具有任何类似细菌的特性），但现实是科学哲学家罗伯特·诺思科特（Robert Northcott）指出，这个博弈"被严重高估和过度研究：它几乎什么都解释不了。"[9] 在例如拍卖的设计等特殊情况之外，博弈论在一般情况下或许不太现实或有用。博弈论家阿里尔·鲁宾斯坦

（Ariel Rubinstein）似乎以"我绝对看不到任何对博弈论有帮助的案例"为荣。[10] 如果博弈论对学者来说只是一种有趣的智力练习，那就太好了，但事实上，它在一些新古典经济学理论中发挥着关键作用，例如，阿罗－德布鲁（Arrow–Debreu）的"看不见的手定理"使用博弈论结果来"证明"均衡的存在，而且接触博弈论无疑也助力塑造了几代经济学家的理论。

行为经济学家通过考虑诸如战略思维限制、学习能力、情感因素等影响来调整博弈论。[11] 然而，虽然建模者总是可以在模型中添加本轮以使其更现实，但更直接的方法是承认我们的行为不是孤立的粒子，而是被视为整体的一部分。换句话说，我们被纠缠了。

当你向物理学家提到社会纠缠的概念时，他们通常（并不总是）看起来不高兴，因为纠缠非常神奇，只影响极小的粒子，而不是现实生活，因为现实生活的范围很大，所以应该遵循传统和经典的理论。[12] 但是，当我们使用量子电路模拟囚徒困境之类的内容时，它只是意味着每个囚徒的心理状态都被建模为叠加状态（请记住，这就是不确定性、主观性和客观性如何干涉的），但与此同时，这些状态通过相当于社会契约的数学版本的方式相互关联。

囚徒困境的量子版本最早是在 1999 年的一篇论文中被提出的，两年后，一个团队证明了这一点，该团队设法用无线电脉冲控制一对纠缠的氢核来进行移动。当然，被困的原子核是真正被困囚犯的相当简化的模型。

博弈的量子电路有两个量子位元,分别代表两个囚犯。它们在状态 0 中初始化,表示合作的策略,而 1 表示背叛的策略。然后这两个量子位元被一个受控 U 门作用,使它们纠缠在一起。之后,每个纠缠的量子位元都由一个代表个人策略的门操作(但纠缠对另一个人有影响)。最后,另一个门(受控 U 门的反转)反转纠缠,以便将两个量子位元带回其原始状态,结果被测量。

为了复制经典版的博弈,可以将纠缠门设置为不变,也就是说它没有效果,两种策略可以分别设置为不变或翻转。不变意味着量子位元保持在 0 状态,因此囚徒不会背叛,而由非门执行的翻转将 0 变为 1 并代表背叛。在任何一种情况下,量子位元都不是处于叠加状态,而肯定是 0 或肯定是 1。随后,各种结果遵循经典博弈规则。例如,如果两个量子位元都处于状态 1,那么每个囚徒都选择了 100% 的背叛,表 9.1 中的惩罚将分别为 4 年刑期。

但是,当我们允许量子叠加时,博弈变得更加有趣。例如,假设我们选择纠缠门为受控非门;不同于坚持让每个囚徒就是否背叛做出二元决策,我们允许他们出现叠加状态的动作,例如阿达马门,即 50% 的背叛概率和 50% 的不背叛概率。因为受控非门的特性是它对初始化的量子位元没有影响,所以这个量子电路简化为我们之前已经看到的纠缠电路(在这个新的迭代中由图 9.1 表示)。在这种情况下,博弈结果将是不同可能性的平衡混合,每个参与方的预期惩罚为 2.75 年,这代表了纳什均衡。这与经典博弈中每个囚犯背叛对方并被判4年刑期的纳什均衡形成对比。其他量子版本的博弈也存在，它们产生帕累托最优均衡预期惩罚仅为2年。再次引用大卫·迈耶的话，"量子策略可能比经典策略更成功。"

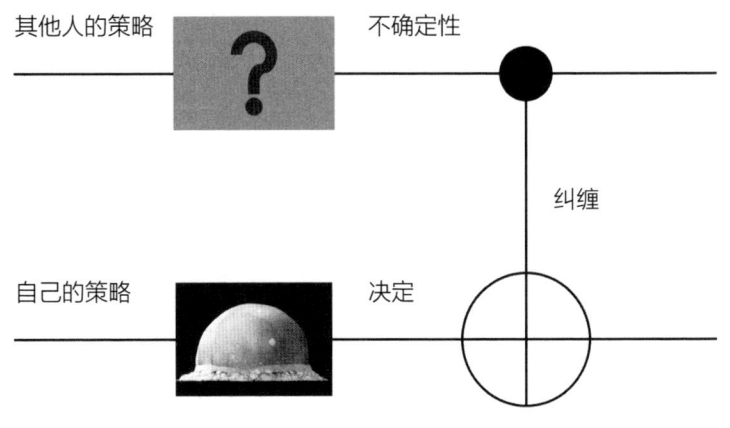

图9.1 表示囚徒困境的纠缠电路

* 9.4 量子纠缠程度 *

量子纠缠程度取决于受控U门的选择，可以从没有到全部。从实验中观察到的统计数据表明，量子纠缠的程度相当高。那么这种纠缠意味着什么呢？

一种解释是当计算机科学家第一次开发量子博弈论时，他们假设每个参与者都可以使用某种量子设备，这使得每个人都可以通过测量他们的量子位元的状态来确定他们的策略。当博弈在量子计算机上运行时,这可能会起作用,但在当地监狱似乎不太可能。

另一种解释是物理主义的方法,它断言大脑和意识通常基于量子过程,因此我们实际上就是亚历山大·温特所说的"行走的波函数"。[13] 正如温特指出的那样,这种方法得到了实验证据的支持,即量子效应在光合作用或鸟类导航等生物现象中发挥作用。[14] 科学家假设意识可以被编码,例如,在大脑中分子的量子纠缠中,或在发挥作用的生物光子中。[15] 虽然这些发现肯定会改变社会科学中围绕量子效应的讨论,但它们在这里并没有直接作用,因为证明大脑工作需要利用量子特性并不能证明囚徒困境也具有这种特性,或是告诉我们如何对他们进行建模,就像知道了鸟类利用量子效应进行导航一样,也不意味着鸟类迁徙模式最好使用量子建模。正如物理学家罗伯特·劳克林(Robert Laughlin)所指出的,流体力学定律不能从第一性原理中推导出来——"我们相信它们的原因,就像大多数新兴事物一样,是因为我们观察到它们"——社会现象也是如此。[16]

我们下面回到解释量子纠缠程度的问题上,但这里使用的方法还是在数学模型的背景环境中使用纠缠。一些量子社会科学家提到"类量子"方法,但这在量子数学方面不起作用——当我在生物学模型中使用微积分时,我并没有说它是"类微积分"。使用第3章中抛硬币的量子模型,模拟的不是系统的量子力学,而是使用2范数计算的概率状态,这自然导致了叠加、干涉和纠缠的概念。与往常一样，决定哪种建模技术最适用于特定问题是建模者的特权（同样，物理学家没有否决权）。因此，与其诉诸物理学作为采用量子方法的理由，社会科学家不如从表面上看待量子的社会属性——让物理学家和哲学家思考为什么亚原子世界与现实世界相似。

因徒困境量子版本与经典版本的一个关键差异是，两种策略的选择是叠加而不是二元决策，结果是概率性的。因此，两种策略应该被视为以某种方式行动的倾向。纠缠意味着两个因徒的这些倾向不能分开。它们不是完全独立，也不是完全联合，而是介于两者之间。

与稍后讨论的期权定价的量子模型一样，看待这种纠缠的方法时要注意，被建模的不是博弈的实际结果，而是从参与者的角度来看的预期结果，他们在脑海中发挥出各种可能性。在这种观点下，参与者的策略不是与其他参与者纠缠在一起，而是与他们自己关于其他参与者将做什么样的主观想法纠缠在一起，且基于共同的游戏规则和行为等。[17] 因此，与前一章的分离效应中的不确定性厌恶相同，现在的不确定性来自其他参与者的未知策略。

如果如上所述，我们选择纠缠矩阵 U 作为受控非门，那么图 9.1 所示的纠缠电路等效于之前用于图 8.3 中的分离效应的纠缠电路。[18] 因此，因徒困境可以解释为与分离效应相同的一个版本，其中下面的量子位元现在代表一个参与者的策略，而上面的量子位元代表他们对另一个参与者策略的主观想法。

同一纠缠电路的不同版本可用于模拟社会纠缠、依赖环境的决策和债务关系，这一事实再次推动了心理和财务现象之间密切的、炼金术式的联系。请注意，纠缠电路也可以在没有纠缠门的情况下表示，例如图 8.2 所示。这突出了一个事实，即此处的纠缠是一种建模选择，用于产生所需的效果。

应用四分之一定律并根据观察所得，大约 10% 的参与者在知道对方的策略时选择合作，这表明（如果我们假设不确定性会增加合作的机会）35% 的参与者应该选择在不确定性存在下合作，与特沃斯基和沙菲尔实验发现的 37% 相差不远。当然，如果参与者表现得像被纠缠一样，那么这会影响最终的结果，因此本质上是由一种集体意识做出的决定。

* 9.5 公众物品 *

囚徒困境只是博弈论的一个例子，根据经典经济学理论，人们应该以自私的方式行事，但在实践中倾向于以更利他的方式行事。2018 年一项调查中的一句引人深思的引述指出，量子博弈"会产生违反直觉的结果，例如利他主义比经典博弈论更为普遍"。[19] 或许经典博弈论对经济学的最大贡献在于它成功说服几代学生利他主义是违反直觉的。

另一种揭示某种社会纠葛的博弈是最后通牒博弈。[20] 之所以得名，是因为若两个人中的一个人（提议者）获得了例如 10

美元的奖金，必须为另一个人（响应者）提供分成。如果被响应者拒绝，那么他们都将一无所获。根据经典理论，最佳选择是提议者向响应者提供响应者能接受的适当奖励，因为这总比什么都没有好。这个实验已经在不同国家重复了很多次，结果一致表明，低于 3 美元的出价往往会被拒绝。当然，原因是响应者认为较低的出价是不公平的，并且愿意牺牲奖金来表达他们的厌恶（神经科学家已经证明，参与拒绝不公平出价的大脑部分是双侧前脑岛，与愤怒和厌恶有关）。

最小可接受阈值的存在也可以看作是偏好反转引起的阈值效应的另一个例子。从某种意义上说，因为提议者和响应者纠缠在一起，所以他们是在和自己谈判。因此，两种奖励之间的差异反映了由于从价格制定者到价格接受者的背景变化而导致的偏好反转。

一个相关的例子是公共物品博弈。在经济学中，公共物品是一种资源，例如灯塔，任何人都可以使用，并且一个人使用它并不会减少另一个人对它的使用，是非竞争性的。该术语可以追溯到 1954 年保罗·萨缪尔森的一篇论文，该论文认为公共物品在自由市场经济中将供应不足，因为即使它们是有益的，人们也不会为它们买单。

在博弈论中，很多人获得了代币，并被要求投入一部分到公共池中，这代表了公共物品。公共池中的代币乘以大于 1 的因子，反映了从公共物品中获得的效用增加。然后公共池中的资金将被平分给参与者。因此，参与者的最终持有量包括最初得到的部分，减去他们对公共池的贡献，再加上他们最终在公共池中分得的份额。

根据经典博弈论，任何个人参与者的正确举动都是不向公共池投钱（所谓的搭便车问题）。然而，与囚徒困境或最后通牒博弈一样，很少有人采用这种方法。通常，投入比例取决于公共物品的回报，对于一个有40名参与者和1.3倍因子（因此回报率为30%）的博弈，大多数人投入了大约50%。同样，大多数人出于同样的原因愿意纳税，这似乎是合理的。然而，有一组人似乎特别容易出现搭便车问题。正如社会学家杰拉德·马韦尔（Gerald Marwell）和鲁思·埃姆斯（Ruth Ames）所发现的那样，接受经济学教育具有将投入率50%降低到20%的效果——这并不令人惊奇，因为他们已经接受过训练，以理性经济人的眼光看待世界。参考图9.1，新古典经济学消除了纠缠门（由此减少的30%距离四分之一定律不远）。

公共物品问题与"公地悲剧"有关——由生态学家加勒特·哈丁（Garrett Hardin）在1968年的一篇论文中推广[21]——不同之处仅在于现在公共物品具有竞争性，即随着过度使用而退化。哈丁的例子是许多牧民共享的牧场。对于每个牧民来说，理性的自身利益决定了他们应该尽可能多地开发土地；但如果他们都这样做，那么结果就是过度放牧，没有人受益。结论似乎是这些公共区域必须由私人或国家管理。然而，正如政治学家埃莉诺·奥斯特罗姆（Elinor Ostrom）所言，证据表明，包括林业、渔业、灌溉系统、草原等在内的公地可以得到可持续管理①。毕竟，你不需要一台量子计算机来意识到人们不仅受法律、金钱或效用优化的支配，还受同理心和社会规范等事物的支配。事实上，有人可能会争辩说，在许多情况下，正是货币体系侵入了以前被视为公共的领域，才助长了金融核弹的风险，并助长了一场真正的悲剧。

* 9.6 打开科学之门 *

在物理学中，粒子通过相互作用而纠缠。许多这样的相互作用的效应就是粒子永远不能被孤立看待，而总是在一定程度上与它们的环境纠缠在一起。这种纠缠的结果之一就是退相干现象，这意味着量子系统失去了它们的量子性质并以更经典的方式表现。量子计算中最棘手的挑战是通过将这种环境纠缠减少到可以将计算机视为一个孤立系统的程度来避免退相干。

在量子决策理论中，环境纠缠同样可以使系统以更经典的方式运行。事实上，实验证据表明，当参与者通过与他人协商交换信息时，认知偏差往往会减少。[22] 这种效应在前面讨论的

---

① 有关埃莉诺·奥斯特罗姆的相关观点可参考《自主治理：埃莉诺·奥斯特罗姆关于公共资源管理的见解》。——编者注

债务违约案例中得到了体现。正如一份报告指出的那样，认识债务违约人的人有82%的可能性公布他们的违约意图："这种影响似乎不是由于态度相似的人聚集在一起，而是由于了解了违约成本。我们从各类媒体中发现了类似的学习效果。"[23]

当然，经典行为并不总是意味着稳定或理性。羊群行为等效应是经典的，但从更广泛的角度来看，不一定是理性的，正如行为经济学家喜欢指出的那样。退相干也不意味着量子效应会在社会层面消失，原因是至少在金融方面，最强的纠缠形式是扩大规模的货币体系。贷款合同或金融衍生品并没有什么神秘之处。我们稍后再回到这个话题。

不过在继续之前，许多读者或许仍然怀疑人们可能会被社会纠缠，或者我们可以选择将他们建模为好像他们被纠缠一样。或者他们可能只是想要一些具体的东西来定义可视化量子计算机中的纠缠门应该在人类行为方面代表什么。根据我的经验，社会纠缠的概念似乎引起了与迄今为止讨论的其他各种禁忌一样的不适——这也许就是为什么经济学长期以来一直基于一个理念，即人们不受社会纠缠或金融纠缠。人们还想知道纠缠是否存在性别联系，至少玛丽·米奇利做到了。在20世纪50年代，她为英国广播电台写了一篇文章，文章开头是"几乎所有伟大的欧洲哲学家都是单身汉"（见第2章开头的引文）。在文章中她写道："很明显，一种意识会流向一个身体，就好像每个人都是一个封闭系统，只能通过外部行为向另一个人发出信号，而这种行为必须从他/她以前的经验中加以解释。我不知道假如男性能怀孕和哺乳，他们是否会保持现在的行为和思想。"[24] 这篇文章被编辑拒绝了，因为编辑认为它是"琐碎的、无关紧要的家庭事务对智识生活的侵犯"。

今天，我们生活在这样一个世界上，我们的心理纠缠往往在本质上是物质的，而不是精神上的。例如，我们的债券与银行有关。从经济或数学建模的角度来看，这种通过贷款等事物涉及的纠缠似乎比通过爱情或社会联系的纠缠更直接。但另一种看待这个问题的方式是，金钱会干扰仁爱。正如教皇方济各（Pope Francis）写道："现在比以往任何时候都更暴露出一个谬误，就是把个人主义作为社会组织原则。"[25] 新冠疫情证明了一件事，那就是我们生活在一个互联的星球上。疫苗是公共物品的一个例子，当病毒可能在全球其他角落变异成更致命的形式时，一个国家只为本国公民接种疫苗是不够的。不平等和气候危机等问题在本质上同样具有公共性。

总而言之，新古典经济学和量子经济学之间的一个关键区别在于，前者假设决策是基于理性的、独立的效用最大化，而后者则考虑了与背景环境相关的影响。就大脑功能而言，它们分别是左右半脑的特长。[26] 新古典经济学就像是大脑执行的经济学，其中连接两个半脑的胼胝体被切断了，而量子经济学整合了左右半脑，如图 9.2 所示，背景环境可以代表先前的事件、对另一个人推测的想法（如在囚徒困境中）或任何主观因素。

在新古典经济学中，假设背景环境对决策过程没有影响，因此纠缠门被忽略了。量子经济学适用于购买决策等事情，也适用于信用关系和货币的特性。量子经济学强调了金钱和权力的重要性，而这在新古典经济学中几乎没有作用。从效用转向概率倾向引发了观点的变化。但是，纠缠在经济中的作用可能难以捉摸（与亚原子粒子相比并没有实际作用），而且你似乎需要某种"顿悟"的时刻，这又是一种右脑现象。[27]

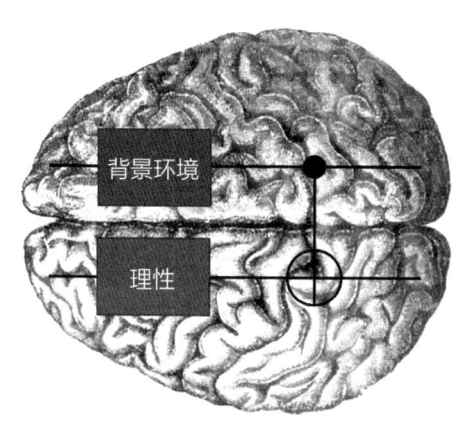

图 9.2 关于量子经济学的大脑

主流经济学强调人类行为的"硬"的、粒子的方面，而量子经济学可以处理"软"的、纠缠的方面，这可能导致非常不同的理论与实践，例如经典计算机中的二进制的是/否逻辑与量子计算机中纠缠的多量子位元的行为不同。在下一章中，我们将深入了解复杂的机器，其根源可以追溯到中世纪的魔术师。经济学家为模拟和预测经济而建造了量子社会系统。

注释

1 O'Brien, K. (2021), *You Matter More Than You Think: Quantum Social Change for a Thriving World*. Oslo: cCHANGE Press.

2 Janiak, A. (2008), *Newton as Philosopher*. Cambridge: Cambridge University Press.

3 Harrison, P. (1995), "Newtonian Science, Miracles, and the Laws of Nature". *Journal of the History of Ideas* 56(4): 531-553.

4 Flood, A. (2 June 2020), "Isaac Newton proposed curing plague with toad vomit, unseen papers show". *Guardian*.

5 Keynes, J.M. (1946), "Newton, the Man". *Mathshistory.*

6 Einstein, A., edited by Dukas, H. and Hoffmann, B. (1979), *Albert Einstein, The Human Side: Glimpses from His Archives*. Princeton, NJ: Princeton University Press.

7 Tversky, A. and Shafir, E. (1992), "The disjunction effect in choice under uncertainty". *Psychological Science* 3: 305-309. See also: Wendt, A. (2015), *Quantum Mind and Social Science: Unifying Physical and Social Ontology*. Cambridge: Cambridge University Press, p. 172.

8 Der Derian, J. (1998), "Review: The Scriptures of Security". *Mershon International Studies Review* 42(1): 117-122.

9 Northcott, R. and Alexandrova, A. (2015), "Prisoner's Dilemma doesn't explain much". In: Martin Peterson (ed.) *The Prisoner's Dilemma* (Cambridge 2015), 64-84.

10 Bernard Guerrien (2018), "On the current state of game theory". *Real-World Economics Review* 83: 35-44.

11 Camerer, C. (2003), *Behavioral Game Theory*. Princeton, NJ: Princeton University Press.

12 Orrell, D. (2021), *Quantum Economics and Finance: An Applied Mathematics Introduction* (2nd edn). New York: Panda Ohana.

13 Wendt, A. (2015), *Quantum Mind and Social Science: Unifying Physical and Social Ontology*. Cambridge: Cambridge University Press, p. 3.

14 Lambert, N., Chen, Y.-N., Cheng, Y.-C., Li, C.-M., Chen, G.-Y., and Nori, F. (2013), "Quantum biology". *Nature Physics*, 9(1): 10-18.

15 Adams, B. and Petruccione, F. (January 2021), "The light of the mind". *Physics World*.

16 Laughlin, R.B. (2005), *A different universe: Reinventing physics from the bottom down*. New York: Basic Books.

17 这是量子决策理论中使用的解释，参见：Yukalov, V.I. and Sornette, D. (2018), "Quantitative Predictions in Quantum Decision Theory". *IEEE Transactions on Systems, Man & Cybernetics: Systems* 48(3): 366-381.

18 Orrell, D. (2021), *Quantum Economics and Finance: An Applied Mathematics Introduction* (2nd edn). New York: Panda Ohana.

19 Khan, F.S., Solmeyer, N., Balu, R. and Humble, T.S. (2018), "Quantum games: a review of the history, current state, and interpretation". *Quantum Information Processing* 17(11): 309.

20 Güth, W., Schmittberger, R. and Schwarze, B. (1982), "An experimental analysis of ultimatum bargaining". *Journal of Economic Behavior and Organization* 3(4): 367.

21 Hardin, G. (1968), "The Tragedy of the Commons". *Science*, 162(3859): 1243-1248.

22 Charness, G., Karni, E. and Levin, D. (2010), "On the conjunction fallacy in probability judgement: new experimental evidence regarding Linda". *Games and Economic Behavior* 68: 551-556.

23 Guiso, L., Sapienza, P., and Zingales, L. (2013), "The determinants of attitudes toward strategic default on mortgages". *The Journal of Finance* 68(4): 1473-1515, p. 1514.

24 Midgley, M. "Rings and Books", unpublished script.

25 Pope Francis (2020), *Let Us Dream: The Path to a Better Future*. New York: Simon & Schuster, 2020.

26 McGilchrist, I. (2009), *The Master and his Emissary*. London: Yale University Press, p. 49.

27 McGilchrist, I. (2009), *The Master and his Emissary*. London: Yale University Press, p. 65.

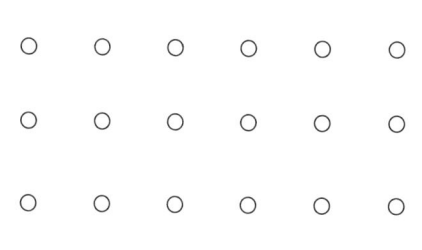

第 10 章
机器人大脑

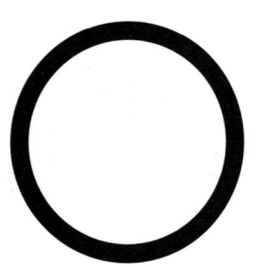

> 模型的真实性不是现象的真实性。这两种真实性经常被混淆——魔法常常如此——有时会把模型（被视为现实世界的一部分）神圣化，并赋予科学家牧师的角色。
> ——安托万·当尚（Antoine Danchin），《德尔斐之船：基因组告诉我们什么》（*The Delphic Boat: What Genomes Tell Us*），2002

> 对科学的检验在于它的预测能力。
> ——理查德·费曼，《费曼物理学讲义》，1964[1]

魔术师和他们的观众一直沉迷于自动化机器，它可以完成令人印象深刻的任务，例如下棋、预测未来或模拟生物，它们的构造与科学和计算机的发展息息相关。经济学家同样着迷于可以模拟和预测经济的数学模型和机器。本章将深入探讨这些模型和机器，揭示它们的实际工作原理，说明为什么它们的预测和预言通常并不比随机猜测好，并提出一种更现实的替代方案来解释量子不确定性。

正如亚历山大·温特所指出的，在包括经济学在内的社会科学中，有一个基本假设是因果关系是机械的和局部的，因此社会系统可以被视为一台精密的机器。于是理论上，应该可以通过将机器拆开、找出引导它的力、表达为数学方程式并求解来理解和预测经济。或者，可以让计算机替你完成工作，这是机器学习领域背后的理念。然而，建造这样一台展示人工智能形式的预测机器，这一想法甚至早于牛顿时代。

据说，在13世纪，大阿尔伯图斯（Saint Albertus Magnus）花了30年时间建造了一个"黄铜脑袋"，这是一个人类头部的黄铜复制品，能够思考。不幸的是，它喋喋不休，最终托马斯·阿奎那拿锤子敲碎了它，并让它永远闭嘴。正如阿奎那所写，"只有上帝才能实现奇迹、创造和改变。"这个故事可能启发了他们同时代的方济各会修士罗杰·培根（Roger Bacon），他写了一出戏剧，其中也有一个黄铜脑袋，尽管这个脑袋没有那么健谈。

培根在牛津大学讲授亚里士多德，但也涉足占星术和炼金术，并可能在此类做法被镇压后被监禁了一段时间。尽管他本人似乎从未获得过博士学位，但在他去世后，他有时被称为奇妙博士（Doctor Mirabilis，拉丁文 Mirabilis 为惊人的或奇妙的）。他因撰写了许多关于亚里士多德哲学的著作而受到赞誉，并且在一年内写了100万字，这使他与牛顿并驾齐驱。但他最出名的是他的黄铜脑袋——我们今天所说的"说话的头颅"（英语中指电视上的发言者）的早期版本，只不过它只用"是"或"否"来回答有关未来的问题（经济学家也这样做），它由黄铜制成（因此名字里有黄铜），而且并不出现在电视上。

在 16 世纪的一篇匿名传奇散文《修士培根的著名历史》(*The Famous Historie of Fryer Bacon*) 中，黄铜脑袋被描述为包含"内在部分"的"自然人头部"的复制品。换言之，它是一个功能正常的自动化机器。根据这一说法，这个头的目的是帮助培根在英国脱欧之前在英国周围建造一堵神奇的黄铜墙，以防止入侵和非法移民。如图 10.1 所描述的场景，培根很难让这颗头颅说话，因此他召唤了魔鬼，魔鬼说它最终会说话，但首先必须让六个最热的药草（炼金术中使用的植物）制剂发出的持续烟雾。培根照他说的做了，但是在关键时刻睡着了，错过了它的神谕，那就是："现在有时间""过去有时间""时间一去不复返"。事后证明这是某种一次性神谕，因为黄铜脑袋随后爆炸了。

图 10.1　伊丽莎白木刻版画中的黄铜脑袋

* 10.1　与天使对话 *

1594 年前后，同样的故事出现在罗伯特·格林（Robert Greene）的一部名为《培根修士和邦盖修士》（*Friar Bacon and Friar Bungay*）的戏剧中，不同之处在于，在这个版本中，黄铜脑袋是在"死灵符咒"的帮助下建造的，即要与死者协商。培根作为魔术师的声誉一直持续到 17 世纪，这可能是基于他在光学方面的工作（在格林的戏剧中，他有一个"魔法玻璃杯"，可以让他看到未来的场景），或者也许是他对早期宇宙黄铜模型的迷恋（最初用于预测天体的占星仪器）。在 17 世纪的伦敦，正如丹尼尔·笛福在他的《瘟疫年纪事》（*Journal of the Plague Year*）杂志中指出的那样，占星术和算命"变得如此开放和普遍，以至于在门口竖起标志和铭文变得很普遍，例如'这里住着一位算命师''这里住着一位占星家''在这里你可以算出你的天命'等；培根修士的黄铜脑袋，是这些人住所的常见标志，几乎在每条街上都可以看到"。

这种与巫术的联系似乎具有讽刺意味，因为培根是一位数学家，一些学者认为他对实验的重视有助于为科学方法的发展奠定基础。然而，格林所说的"魔法和数学规则"在当时被认为是相关的。一个例子是英国数学家约翰·迪伊（John Dee），作为伊丽莎白一世的顾问，他的工作涉及占星术、命理学、炼金术和与天使交谈，尽管罗伯特·胡克（Robert Hooke）后来说这可能是一种发送加密情报信息的方式。据说迪伊为了一出戏制作了一只巨大的机械蜣螂，可以背着演员，蜣螂逼真的表演让他获得了魔术师的美誉。"对于这些，以及诸如此类的奇妙艺术和壮举，自然地、数学地和机械地锻造和设计，任何学生和谦虚的基督教哲学家都应该被算作魔术师吗？"迪伊抱怨道。

数学也被认为是一种巫术，数学书被当作"魔法书"烧毁。当然，今天，科学与神秘巫术之间有着明显的区别。在科学中，预测不是一种神秘的实践，它是科学方法的关键部分。正如物理学家理查德·费曼所说，"对科学的检验在于它的预测能力。"

可以理解的是，经济学家并不那么热衷于此——例如，一位经济学家写道："费曼是完全错误的。解释才是科学的核心。"[2] 正如凯恩斯在1936年所观察到的那样，经济学家长期以来一直"更关注解释而不是预测，因为他们的理论结果与观察事实之间缺乏一致性，这是普通人没有注意到的差异，而且情况一直没有改善。"[3]

* 10.2 纯粹的机器 *

当然，这种对自动化机器的迷恋并没有在中世纪结束。有一个例子可能更接近现代宏观经济模型的内核，即法国发明家雅克·沃康松（Jacques Vaucanson）的作品。他在1739年发明了一种叫"消化鸭子"（Canard Digérateur 或 Digesting Duck）的机器，它可以喝水，可以用腿站起来，并且可以逼真地嘎嘎叫。它的外壳由镀金铜制成，有超过一千个活动部件，包括世界上第一条柔性橡胶管。不过，它的主要技巧是从观众手中吃掉谷粒，代谢谷粒，然后（在适当的时间后）排便排出谷粒。

沃康松带着消化鸭去巡回演出，并变得富有。路易十五对他印象深刻，以至于给了他一份丝绸制造检查员的工作。通过设计更高效的织机，英格兰和苏格兰的丝绸工业正在发生革命性变化，沃康松着手开发基于现有穿孔技术的世界上第一台全自动织机。这个想法后来被约瑟夫·玛丽·雅卡尔（Joseph Marie Jacquard）提炼，并被英国数学家和发明家查尔斯·巴比奇（Charles Babbage）改编为他的"分析引擎"，被认为是现代计算机的先驱。

不幸的是，事实证明，沃康松的自动织机远没有消化鸭那么受欢迎，尤其是在织布工人中，织工们有一次在街上向他投掷石块。正如我们今天被提醒的那样，只要不是你被自动化，自动化就很酷。1844 年，魔术师让·欧仁·罗贝尔·乌丹检查了这只鸭子以了解它是如何工作的，并确定了排便实际上是"魔术师很乐意在魔术中加入的一种技巧"。[4] 排出物是放在单独隔间里的染成绿色的面包屑。

匈牙利发明家沃尔夫冈·冯·肯佩伦（Wolfgang von Kempelen）在 1770 年采用了一种不同的方法，他发明了机械土耳其人，又名自动国际象棋棋手，由一个真人大小的模型组成，该模型是一个留着胡须并带着头巾的男人的头部和躯干，穿着像奥斯曼帝国的巫师长袍。它的左臂托着一根烟斗，右手搁在木柜上的棋盘旁边。柜子的每一侧都有门，人们可以窥视以检查内部。这是一个复杂的齿轮和齿轮的组合，有空间让观众可以在主持人打开门时从一侧看到另一侧，以证明里面没有隐藏任何助手。

肯佩伦带着机械土耳其人成功地在欧洲巡回演出，击败了包括本杰明·富兰克林在内的竞争对手。然而，与沃康松一样，肯佩伦似乎厌倦了他的机械土耳其人，更愿意专注于开发更复杂的机器，包括那些试图复制人类语言的机器。在他于 1804 年去世后，这台机器被卖给了一位名叫约翰·内波穆克·马泽尔（Johann Nepomuk Mälzel）的巴伐利亚音乐家，随后后者将这个机器人带到了伦敦，并越过海洋到达了美国和加拿大。

埃德加·爱伦·坡（Edgar Allan Poe）注意到它并在 1836 年写道："我们到处都能找到具有机械天才的人……他们毫不犹豫地宣称自动化机器是纯粹的机器，在其运动中与人类无关。"[5] 他认为这样的事情与巴比奇的电脑之类的东西完全不同，"算术或代数计算，就其本质而言，是固定的和确定的……但棋手的情况却大不相同。"它没有确定的演变，而是根据其他参与者的不确定行为而进行的。不过，作为讲故事艺术的大师,爱伦·坡并没有被吸引,他认为这台机器是精心制造的伪造品。

事实上,魔术表演的粉丝可能会注意到,很多魔术似乎都涉及柜子或类似物品,这些物品看起来是空的,但也恰好是适合人类的尺寸。就拿机械土耳其人来说,人类助手坐在一个平台上,该平台可以根据打开的门来回移动以避免被看到。他或她可以看到棋子的位置,并控制机械土耳其人的手臂移动。

* 10.3 算命师 *

今天,我们已经习惯了可以说话、回答问题(如 Siri)和在国际象棋中击败大师的设备。在经济学中,现代版本的自动化机器也以数学模型的形式存在。

这些模型具有数百个活动部件,它们基于诺贝尔奖认证的经济理论,它们产生了似乎是对实体经济的真实模拟。但是从模型隐喻的后部出现的像绿色排出物一样的答案并不是某种自然代谢过程的结果,相反,它们是一开始就添加进去的,而且推算并不是真正的公正或客观,像机械土耳其人一样,总包含着人的因素。

正如下一章将进一步讨论的那样,经济学家的伟大预测就是他们无法预测。例如,经济学家约翰·科克伦在 2011 年写道:"说我们没有预见到危机的到来,这很有趣,但有效市场假说的核心预测经验恰恰是没有人能知道市场走向何方。"[6] 就像一个黄铜脑袋，不会说是或否，只会说"我不知道"。而且不会爆炸，只是会不断出现在电视上。

尽管如此，正如文艺复兴时期的数学家建造精致的机械和自动化机器一样，无论它们是黄铜脑袋、蚱蜢还是宇宙模型，经济学家喜欢建立精细的经济机械模型。一个例子是动态随机一般均衡模型（DSGE）——所谓的宏观经济学主力模型——用于模拟经济并预测政策干预等事物的效果。

魔术中的道具旨在隐藏真正发生的事情，经济学的"模型"具有高度误导性。唯一真正以正常方式使用的词是"均衡"，这是故事的关键。"动态"这个词给人的印象是该模型被用来模拟一个动态进化系统，该系统会随着它的发展而变化和适应，就像实体经济一样。它的真正含义是该模型具有应对外部冲击（例如政策变化）并保持均衡的特征——这与现实大相径庭，谁说存在均衡？"随机"一词意味着该模型可以适应随机效应，例如油价变化，这些效应再次被假设来自外部。"一般"意味着该模型应该包括所有主要市场。然而，由于经济学家对货币有疑问，因此模型传统上不包括金融部分。

这些模型的早期版本是在 20 世纪 60 年代被开发的，随着更多花里胡哨的内容添加而发展缓慢。它们的运行方式是使用少数有代表性的行为主体来代表生产者和消费者，他们通过交易一些有代表性的商品来最大化效用。行为主体被假设知道经济是如何运作的,以及如果事情发生变化应该如何做出反应。本着理性经济人的理论,他们完全理性,他们也被假定为永生,头脑中有一个完美的经济模型,并且可以访问所有相关信息。结果是供求力量将价格推向其特定的最佳均衡点。在此过程中,模型可能存在与产出相关的通货膨胀等术语以及设定利率的中央银行,但除此之外,货币本身不会出现。

该模型被假定为处于均衡状态,因此类似经济衰退之类的事情不会被视为经济内部动态的结果,而是被视为外部强加的不幸事件。换句话说,经济衰退的情况与有效市场假说完全相同,即稳定和均衡仅受到无端出现的随机冲击的干扰。他们说时间并不重要,而不是"现在有时间,过去有时间,时间一去不复返"——见始知终。

这些模型的最新版本确实解释了所谓的金融摩擦,即一些公司在筹集资金方面遇到的困难,或者不是每个人都完全理性。然而,再次使用"摩擦"这个词背叛了建模者的机械思维。金融危机之类的事情不是金融摩擦的结果——它与金融摩擦相反,从金融角度上讲,当你脚下的地面塌陷时,你会发现自己悬浮在半空中。

当然,经济体的一个主要特征是它们倾向于扩张,这似乎与长期均衡的理念相矛盾。经济学家通过简单地添加一个新元素来解决这个问题。例如,罗伯特·索洛(Robert Solow)获得诺贝尔经济学奖因为他提出了所谓的增长模型,通过代表劳动力和资本（例如工厂）贡献的函数来计算生产产出，这些函数被一个代表"技术变革"的可变参数对应到各种不考虑因素的值上，在维度上毫无意义，但可以调整以适应数据。[7]后者被索洛粗略地定义为"生产函数中的任何类型的变化"。因此，经济放缓、加速，劳动力教育的改善以及各种事情都将表现为"技术变革"（可变参数）。[8]由于确切的机制仍然模糊不清，并被归因于无法解释的"残余"，另一位学者摩西·阿布拉莫维茨（Moses Abramovitz）将其描述为"衡量我们无知的标准"。

17世纪的炼金术士在神秘的火现象中面临着类似的谜团。他们得出的结论是，可燃物质含有一种称为燃素（希腊语Phlogistos）的火元素，表示可燃。这种物质的重量是负的，或者，正如孔多塞侯爵（Marquis de Condorcet）所说，"受到与重力方向相反的力的推动"，这就是为什么释放燃素时会冒烟。今天，经济学家对经济增长的解释与此大同小异，通过调整其函数可以得到任何他们想要的答案。经济学家保罗·罗默后来在各种函数的不兼容的变量中引入了其他几个参数，以适应政府刺激等效用，并获得另一个诺贝尔经济学奖。

在既非均衡也非增长的经济危机之后，经济学家当然试图与整个经济预测业务保持距离，考虑到他们显然不擅长预测，这是有道理的。正如一些学者们嗤之以鼻的说法，"我们不是占星家，也不是市场之神的祭司。"[9]

但这就像经济学家想要双管齐下一样。他们希望被视为严肃的科学家，但说到预测，他们所拥有的唯一预测就是经济无法预测。这也意味着——至少在他们看来——他们的理论不能被证伪。或者正如经济学家安德里·斯塔勒（Andri W. Stahel）所说的市场复杂性，"20 世纪和 21 世纪的经济学在面对经验证伪时对放弃其理论表现出极大的抵抗力。"[10] 这确实是最奇怪的算命方式。所以你可能想知道：如果是这样，为什么对他们的预测业务需求如此之大？

当然，原因在于，正如我们所看到的，魔法全都与故事有关。人们不会去找算命师或占星家来真正获得对未来的铁定预测。相反，他们在寻找一个有助于让别人理解他们的生活并证明其决定合理性的故事。当第二次世界大战期间担任空军天气预报员的经济学家肯尼斯·阿罗告诉他的长官他们的长期预测并不比随机预测更好时，他得到的回答是"总司令很清楚这些预测都不好。然而，他需要它们来进行规划。"[11] 因此，模型不需要准确，它们只需要产生一些能够给人以意义和宽慰感的东西。在经济学中，这依托于稳定和最优均衡的概念。

在魔术表演中，常年最受欢迎的是修复技巧。这包括破坏一个物体，然后奇迹般地恢复到原来的状态——比如手表被打碎然后恢复，或者助手被锯成两半，然后奇迹般地恢复了生命（这里的助手被视为一个物体，而不是一个人）。原因在于我们对稳定和均衡的想法以及我们对损害的恐惧，我们希望让时间倒流，让事情重新变得正确，我们需要获得宽慰和恢复秩序——每一个好的故事都有一个令人满意的结局。同样的叙述也出现在小说和政治中，出现在为混乱带来秩序的英雄的永恒形象中。但恢复技巧也关乎信任和权力，因为通过摧毁一件珍贵的东西，魔术师既是在向其主人主张权力，又是要求观众相信他有能力解决问题。经济学家是修复技巧的大师：即使在2007年至2008年危机之后，他们也总是准备好用油嘴滑舌的解释来说明供求的力量如何很快使经济恢复和均衡。毕竟他们的模型是这样的。

一位评论家指出，"理性预期动态随机一般均衡模型的预测能力是一个笑话，这已不是什么秘密"；但有时，就像一个老生常谈的电视节目一样，一个笑话的乐趣在于重复听。[12] 正如经济学家史蒂夫·基恩所观察到的那样，"这种自我调节的市场体系在'外源性冲击'后总是恢复均衡的形象是主流经济学家的强大情感支柱。"[13] 他们的受众亦是如此。

* 10.4 数学家 *

当然，一些投资者和对冲基金似乎确实能够预测市场波动，或者至少可以从中获得巨大而持续的利润。一个例子是对冲基金文艺复兴科技公司（Renaissance Technologies），据说其亿万富翁创始人詹姆斯·西蒙斯（James Simons）曾经为一家餐馆购买了一份保险单，这样他就可以一边吃饭一边抽烟，即便造成损失也不用自己负责。这些基金使用了一些不同类型的自动化处理方式。

对冲基金行业的创始人是数学家爱德华·索普（Edward Thorp），20世纪50年代他在麻省理工学院担任教授时对赌博数学产生了兴趣。他的想法与两位科学合作者约翰·凯利（John Kelly Jr）和克劳德·艾尔伍德·香农（Claude Elwood Shannon）一致并组成了一支小队，他们都曾在贝尔实验室工作（香农是麻省理工学院的一位教职员工）。

凯利开发了一个公式，后来被称为凯利标准，用于确定在靠运气的赌局的任何一轮中下注多少。1961年，他第一个实现了肯佩伦的目标，即在IBM计算机的基础上构建复制人类语音的机器。他通过让机器演唱歌曲《黛西·贝尔》（*Daisy Bell*）来演示这台机器——亚瑟·查理斯·克拉克见证了这一事件，他在他的小说（以及后来的剧本）《2001：太空漫游》中将它用于被称为HAL的计算机。

香农是被视为信息论之父的数学家，他发明了"比特（BIT）"这个词，用来表示从0和1中选出0或1所提供的不同信息，是经典计算机逻辑是/否的基础。另一方面，他发明了杂耍机器人和喷火小号等机器，听起来很有趣。他还在办公桌上放了他所谓的"终极机器"，这是一个带开关的盒子，按下开关后，盖子会打开，一只手会出现并将开关关闭，然后撤回到盒子中。正如克拉克所指出的，"一台除自动关闭之外什么都不做——绝对什么都不做的机器,有一种难以言喻的险恶感。"[14]

随着这支"梦之队"的集结,索普已经准备好迎战拉斯维加斯。他的第一个想法是预测轮盘赌的结果,使用他与香农共同开发的世界上第一台可穿戴计算机。这需要有一个人,将计算机藏在鞋内,敲击脚趾以记录球的位置并计算其可能的轨迹,通过耳机与第二个下注的人通信。

该方法确实有效,但存在技术问题,例如电线断裂或耳机脱落——更不用说有被抓到的风险。因此,索普转向更安全、更容易处理的二十一点问题。这一次的想法是,通过数牌,可以根据剩余牌的组成来计算赢得二十一点的概率。他在畅销书《击败经销商》(Beat the Dealer)中宣传了他的技术。在该书出版后不久,赌场开始行动,例如增加牌的数量,更频繁地洗牌等,让读过他的书的算牌人竹篮打水一场空。以可预测的方式行动是一个弱点,这就是为什么生命系统经常以不可预测的方式进化。

至此,索普本人已经进入了更大的赌场——市场。索普的想法是,与其直接预测市场,不如通过比较股票和期权的价格来寻找套利机会。例如,看涨期权赋予你权利而非义务,在特定日期以设定的金额购买股票。索普与他的合作者或者说"魔术师助理"哥伦比亚大学的席恩·卡索夫(Sheen Kassouf)一起获得了一条经验曲线,该曲线似乎描述了股票价格和期权价格之间的关系。然后，他可以寻找期权定价不正确的情况。例如，如果期权看起来太便宜，那么他们可以购买期权并卖出（做空）股票。这样一来，股票涨跌都无关紧要，因为无论哪种结果，他们都能从价格差异中获利。他们在 1967 年的一本名为《击败市场》(*Beat the Market*) 的书中发表了他们的方法，这本书促使对冲基金行业的创建。

1977 年，另一位名叫多因·法默（Doyne Farmer）的数学家与一群科学家合作，研究了一个几乎相同的轮盘赌方案。正如《连线》(*Wired*) 杂志在 1994 年报道的那样（显然不知道索普或他的书），这又涉及"在三只普通皮鞋的鞋底中构建一套手工制作的、可编程的微型计算机。计算机是用脚趾敲击键盘的。其功能是预测轮盘赌的投掷。"像索普一样，法默最终也成立了一家名为预测公司（Prediction Company）的对冲基金公司。与索普不同，法默没有公布他的方法。正如法默所说，"在金融版的魔术师誓言中，我们确实在金融数据中发现了具有统计学意义的模式，有一些可预测性。我们学到了很多东西，我很想能够向全世界描述这一切，写一本技术书籍，展示我们在如何提取金融市场中存在的微弱信号并进行交易方面积累的知识——一种金融预测理论。或可称它为'如何击败市场'。但考虑到涉及的资金数量，我相信我们的合作伙伴永远不会让我们这样做。"[15]

*　10.5　如何预测未来？　*

当然，今天有成千上万的对冲基金公司。最新趋势是使用人工智能和机器学习来分析"大数据"和可用于获利的现货价格模式。一些公司在这方面非常成功，包括上面提到的文艺复兴科技公司，但绝大多数公司都不那么令人印象深刻。我们有的不是黄铜脑袋，而是在匹配历史数据方面做得很好的黑匣子，这是它们被训练的内容，但在预测未来时可能并不可信。一项人工智能对冲基金指数使用机器学习跟踪13家对冲基金公司的回报，在2016年至2020年五年期间的平均年回报率为5.5%，这一事实表明了这种方法的局限性。其表现逊于更广泛的标准普尔500指数（12.5%），该指数超过了它两倍。[16]

那些成功的对冲基金似乎能够预测市场，但实际上它们更像是赌场的柜台——它们所做的是找到一个微弱的信号，或者一个持续存在的交易假象，然后通过使用大量的杠杆来放大它。虽然有可能在数据中找到这样的"可预测性口袋"（Pockets of Predictability），但是这对于真正试图预测有用东西的人来说并没有多大用处，比如预测经济衰退的时间，或者经济对环境的影响。

最复杂的数学模型也许是那些试图通过结合经济模型和气候模型来模拟综合经济-气候系统的模型。2018年，耶鲁大学经济学家威廉·诺德豪斯（William Nordhaus）因这种模型获得诺贝尔经济学奖（质量可靠的标志），经过费力计算，该模型预测气候变化的影响如下："包括所有因素在内，最终估计是升温3℃时损失是全球收入的2.1%，升温6℃时损失是全球收入的8.5%。"[17] 虽然8.5%的全球收入损失听起来很严重，但它是持续多年的累积结果，因此它代表的是增长放缓而非真正的危机。

然而，正如我在2007年出版的《万物的未来》（*The Future of Everything*）一书中讨论诺德豪斯的综合经济 - 气候模型时指出的那样，无论是气候模型还是经济模型都不能非常可靠地进行长期预测，将它们联系在一起不太可能提高它们的预测能力。此外，变暖6℃只是依赖于一系列关于全球气候变化的经济影响的假设，这些假设受到环保主义者的强烈质疑，或者就此而言，大多数人都没有身处诺贝尔经济学奖评委会。例如，关于气候变化的《巴黎协定》的目标是最高升温1.5℃。由于诺德豪斯的获奖作品大概是由一群领先的经济学家审查的，这证明了我当时的结论，即主流经济学家无法掌握气候危机的真正本质。或者正如生态经济学家理查德·诺尔加德（Richard B. Norgaard）在2021年所写的那样，"主流经济学家和许多较小众的经济学家，以及那些陷入漩涡的经济学家，已经脱离了地球的现实。"[18] 从某种方式上来说这是恰当的，阿尔弗雷德·诺贝尔（Alfred Nobel）作为炸药的发明者赚得盆满钵盈，因为经济学家似乎一心想以他的名义炸毁世界。

因此，我对经济学中最强大的预测方法的投票投向了计算期权价格的布莱克－斯科尔斯模型，我们将在下一章中讨论这个模型。我选择它的原因不是因为它的原创性。事实上，它已经被索普用过了，他猜对了这个模型，但他一直保密。还有一些证据表明，市场中的期权交易在使用布莱克－斯科尔斯模型之前和之后以相似的价格成交，这意味着该模型只是将交易者已经知道的东西形式化。[19] 不是因为我认为这是真的，而是该模型的证明基于有效市场假说等古老的魔法故事。我选择它是因为它实现了更高层次的量子魔法，即在一个被称为计量金融天然"表现性"的例子中唤起一组真理幻觉。[20]

毕竟，量子方法的主要教训之一是观察者会影响系统。如果市场参与者认为布莱克－斯科尔斯模型是正确的，那么他们就会进行相应的交易。通过将期权价格表示为数学计算的结果，该模型使每个人达成一致，并允许开发越来越复杂的衍生品。结果是价格或多或少地符合这个公式，而经济学家要通过添加本轮来解释一些异常情况。因此，该模型通过帮助创造未来来预测未来。

正如我们将看到的，计量金融确实为布莱克－斯科尔斯模型提供了一个可行的替代方案。然而，在更深层次上，量子经济学方法并没有为构建能够对经济做出准确预测的自动化机器的功能留下太多空间。正如量子认知所表明的那样，主观效用意味着永远无法客观地确定价值（同样，计量金融可能看起来像一门硬科学，但从结果上看，它的信息往往是模糊的）。经济不是一个机械系统,而是一个复杂的、有机的、量子的系统,其特性来自量子相互作用。鉴于我们无法根据我们对水分子的了解来预测水的性质,更不用说天气了,我没有理由认为我们可以建立一个准确的经济模型。我们所能希望得到的只是那些"可预测性口袋",以及如何使经济更加公平、稳健和可持续的提示。

毕竟有钱的投资者早就知道这一点,有些人已经直觉地感到经济与量子现实的联系。正如乔治·索罗斯(George Soros)协助创立了著名的量子基金(据我所知,它与量子经济学无关),他在2014年接受《纽约书评》(*New York Review of Books*)采访时表示,"人类事务与量子物理学之间的显著相似性"在于"亚原子现象具有双重特征:它们可以表现为粒子或波。类似的情况也适用于人类:他们部分是独立的个体或粒子,部分是行为类似波的更大群体的组成部分。他们对现实的影响取决于主导他们行为的选择。从一种替代方案到另一种替代方案存在潜在的临界点,但不确定何时会发生,这种不确定性不能通过预测来获得。"[21]

前摩根士丹利首席全球策略师、现任投资研究集团独立策略公司负责人、金融分析师大卫·罗奇(David Roche)采取了更明确的量子路线。在一份题为《量子经济学》的报告中,他写道,虽然经济并未简化为量子物理学,但"我们可以应用量子物理学理论所暗示的逻辑。首先提出一个问题:为什么我们的预测模型无法预测任何重要的经济冲击？……我们的经济模型是基于对大型的、不可变动的、稳定的经济体系的过时认知而构建的。"[22] 他认为，"如果量子思维改变了人们思想战略上的一件事，那就是永远不要想……一个一成不变的经济体系。因为根本没有。"

如上所述，生命的进化方式使其变得不可预测。引用生物学家安托万·当尚的话："生命只是一个物质过程，它发现应对不可预知未来的唯一方法就是能够自己产生意料之外的事情。"[23] 相反，如果你可以预测某事，这意味着你否认了这种方法。具有讽刺意味的是，我们渴望将智能分配给计算机程序等，而不是植物、生态系统甚至量子经济等。因此，当巧舌如簧的经济学家展示他们基于均衡的机械模型的结果时，他们应该受到我们在集市上为小贩保留的同款怀疑态度。

* 10.6　量子预测 *

当然，人们通常可以在没有复杂模型的情况下做出有用的预测的方法是人们需要能够看到影响结果的最重要因素。在我与英国计算生物学公司（Physiomics）合作期间，我的应用数学职业生涯的重点之一是开发数学模型来模拟和预测抗癌药物对肿瘤生长的影响。迄今为止，这些模型已经过 70 多个项目的测试，由多家公司进行了盲测。我们使用的方法，即使用复杂性科学和系统动力学的方法，涉及相当多的方程，但结构相当简单，而且旨在"复杂变简单"，用经济学家阿诺德·泽尔纳（Arnold Zellner）的话来说。像房地产－金融综合体这样的东西，它在从当地经济中吸走资源的同时呈指数级增长，显示出与肿瘤相同的动态（不同之处在于，与中央银行家不同，医生不太愿意看到更多增长），并且应该可以通过包括货币创造、社会纠缠和阈值效应等因素来制作类似有用的模型。[24]

然而，与医学一样，经济学需要的与其说是对车祸发生的时间等事情做出准确的预测——没有人期待医生能确定可能的心脏骤停的时间——不如说是能够诊断出潜在的问题，警告潜在后果，并提出治疗建议。我们将在下一章回到建模主题，在那里我们考虑量子经济学的一个更窄但仍然有趣的应用。

至于炼金术士梦寐以求的黄铜脑袋，也许最接近的就是量子计算机，后者通常装饰着嵌套在一起的用于移动冷却液的导热镀金黄铜棒。研究人员已经在试验量子机器学习方法，类似于在传统计算机上运行的方法但可能更强大。这些算法的电路很复杂，但它们通常构建的模块类似于图9.2的纠缠电路，图9.2描述了量子概念如何从一个心理框架映射到另一个实际框架。这些模块通过纠缠门连接在一起，因此一个模块的输出会影响另一个模块的背景环境，就像一系列嵌套和相互关联的决策一样。通过调整纠缠强度，可以在人工智能的量子版本中调整电路以拟合和预测数据。[25]由于类似的电路可用于描述心理和金融现象，包括供求动态，不难看出，量子计算不仅提供了一种新的计算机架构，还提供了一种用于建模经济的新语言。正如量子行为以怪异和奇妙而闻名一样，这样的算法可能在捕捉人类行为的怪异和奇妙方面表现出色。

泛心论（Panpsychism）的追随者认为意识是所有物质所固有的，一些物理学家，如罗杰·彭罗斯（Roger Penrose），支持我们在上一章中提到的观点，即人类意识是由大脑中的量子过程驱动的——他提出了一个问题，即当我们将量子技术与人工智能相结合时，会出现什么。[26]量子计算机能学会去感受、被需要和被重视吗？

正如詹姆斯·德·代元和亚历山大·温特所指出的那样，随着科技巨头以及有志向的现有大国建立量子人工智能实验室，人们越来越认识到，量子意识将很快不再只是人类的问题。当意识成为人类和人造物的嵌合体时，如果我们要"在宇宙中安家"[27]，不仅需要新的科学宇宙观，而且还需要新的哲学和精神宇宙观。在股票市场中也是如此，因为人类投资者无法对抗量子算法。

也许量子方法让我们学到的真正内容只是它的体系太复杂而无法可靠地模拟。人们常说，只有模型才能打败模型，因此，新古典经济学只会被能做出更好预测的替代品所取代。也许量子经济学将成为至少在某些时候教会我们放弃以往模型的模型。

无论哪种方式，人们都会以某种方式想象主流经济学将难以应对。新古典经济学对经济预测领域的最大贡献在于它成功地隐藏、掩饰并大体上粉饰了货币和权力的作用，而这正是长期以来使金融体系能够施展其货币魔法的原因，不仅出乎意料，而且神不知鬼不觉。正如我们接下来会看到的，这种魔力在计量金融领域最为强大。

注释

1 From *The Feynman Lectures on Physics, Vol. II* by Richard P. Feynman, copyright © 1964. Reprinted by permission of Basic Books, an imprint of Hachette Book Group, Inc.

2 Orrell, D. (2021) *Quantum Economics and Finance: An Applied Mathematics Introduction* (2nd edn). New York: Panda Ohana.

3 Keynes, J.M. (1936), *The General Theory of Employment, Interest and Money*. New York: Harcourt, Brace.

4 Wood, G. (2002), *Living Dolls: A magical history of the quest for mechanical life*. London: Faber and Faber.

5 Poe, E.A. (1836), "Maelzel's Chess Player".

6 Cochrane, J. (2011), "How Did Paul Krugman Get it So Wrong?" *IEA Economic Affairs* (June): 36-40.

7 Solow, R.M. (1957), "Technical Change and the Aggregate Production". *The Review of Economics and Statistics* 39(3): 312-320.

8 Romer, P.M. (1990), "Endogenous Technological Change". *The Journal of Political Economy* 98(5): S71-S102.

9 Attanasio, O., Bandiera, O., Blundell, R., Machin, S., Griffith, R. and Rasul, I. (20 December 2017), "Dismal ignorance of the 'dismal science' -a response to Larry Elliot". *Prospect*.

10 Stahel, A.W. (2020), "Is economics a science?" *Real-World Economics Review* 94: 61-82.

11 Bernstein, P.L. (1998), *Against the Gods: The Remarkable Story of Risk*. Toronto: John Wiley, p. 203.

12 Storm, S. (8 March 2021), "The Standard Economic Paradigm is Based on Bad Modeling". Institute for New Economic Thinking.

13 Keen, S. (13 November 2020), "Introduction to The New Economics: A Manifesto". *Patreon*.

14 Clarke, A.C. (August 1958), "The Ultimate Machine". *Harper's*.

15 Kelly, K. (1 July 1994), "Cracking Wall Street". *Wired*.

16 Mistry, H.B. and Orrell, D. (2020), "Small Models for Big Data". *Clinical Pharmacology & Therapeutics* 107: 710-711.

17 Keen, S. (2019), "The Cost of Climate Change". *Economics*.

18 Norgaard, R.B. (2021), "Post-economics: Reconnecting reality and morality to escape the Econocene". *Real-World Economics* Review 96: 49-66.

19 Mixon, S. (2009), "Option markets and implied volatility: past versus present". *Journal of Financial Economics* 94, 171-191. Moore, L., Juh, S. (2006), "Derivative Pricing 60 Years before Black-Scholes: Evidence from the Johannesburg Stock Exchange". *The Journal of Finance* LXI (6), 3069-3098.

20 MacKenzie, D., Millo, Y. (2003), "Constructing a market, performing theory: The historical sociology of a financial derivatives exchange". *American Journal of Sociology* 109, 107-145.

21 Soros, G. and Schmitz, G.P. (24 April 2014), "The Future of Europe: An Interview with George Soros". *New York Review of Books.*

22 Roche, D. (2021), "Quantum economics chapter 2: the truth to tell". *Independent Strategy.*

23 Danchin, A. (2002), *The Delphic Boat: What Genomes Tell Us.* Cambridge, MA: Harvard University Press.

24 Orrell, D. (2021), *Quantum Economics and Finance: An Applied Mathematics Introduction* (2nd edn). New York: Panda Ohana.

25 Kondratyev, A. (2020), "Non-Differentiable Learning of Quantum Circuit Born Machine with Genetic Algorithm".

26 Penrose, R. (1989), *The Emperor's New Mind: Concerning Computers, Minds and The Laws of Physics.* Oxford: Oxford University Press.

27 Der Derian, J., Wendt, A. (2020), "'Quantizing international relations': The case for quantum approaches to international theory and security practice". *Security Dialogue* 51(5): 399-413.

第11章
华尔街的量子漫步

交易波动的炼金术对于傻瓜来说并不是魔法。你必须是巫师,而不是他的学徒……你必须控制你所召唤的灵魂,这样做意味着深刻理解涵盖整个全球银行业和现代资本市场的神秘真理。在所有层面上,生活都是关于对冲我们完全理解的风险,并在这样做时承担我们无法理解的风险,这是高深的知识。

——克里斯托弗·科尔(Christopher R. Cole),《阿耳特弥斯资本管理公司 2012 年第一季度致投资者的信》(First Quarter 2012 Letter to Investors from Artemis Capital Management LLC)

成为一名伟大的金融家的本质是保持沉默。

——吉尔伯特·基思·切斯特顿(G. K. Chesterton),《不会唱歌的小鸟》(The Little Birds Who Won't Sing),1935

计量金融领域的基础是资产价格变化类似于数学家所说的随机漫步。因此,价格是不可预测的;然而,定量分析师或"量化分析师"仍然可以使用数学模型来计算期权等金融衍生品的"正确"价格。虽然他们凭空变出利润的能力让量化分析师被称为华尔街的炼金术士,但这些模型在 2007 年至 2008 年金融危机期间都失败了,并且确实是危机的主要原因,因为它们给交易者一种信心错觉。本章展示了金融公司如何以量子模型的形式转向另一种炼金术——一部分原因是这些模型在量子设备上运行,另一部分原因是它们更适合投资者实际做出决策的方式。

虽然如前所述,社会科学已被有效地与量子科学隔离开来,但在某些领域,量子已经被允许以一种中性形式在其中流通。与疫苗一样,它只保留无害的量子元素,特别是随机性的概念,丢弃剩余的特征,如叠加、纠缠和干涉。在这个中性版本中,假设系统是随机的,而不是不确定的,随机性是由外部扰动引起的。这种精简模型的典型例子是有效市场假说,经济学家迈克尔·詹森(Michael Jensen)在 1978 年将其描述为"所有社会科学中最好的既定事实"。[1]

有效市场假说由芝加哥经济学家尤金·法玛在 1965 年的博士论文中首次提出。他将有效市场描述为"许多聪明的参与者之间的竞争所导致的一种情况,即在任何时间点,单个证券的实际价格已经反映了基于已发生事件和市场预计在未来会发生的事件等信息的影响。换言之,在任何时间点的有效市场中,证券的实际价格都将是对其内在价值的良好估计。"他后来指出,实际上无法通过例如预期未来回报的总现值来测试

"内在价值"（也被称为基本价值），因为这些也受到贴现率等因素的影响，但这些细节并没有减损太多的核心信息，即当前价格是对当前价值的最佳估计。[2]

一个推论是，没有人能击败市场，因为所有相关信息都已包含在内，而且变化是随机的。或者正如法玛所说，"我会把投资者比作占星家，但我不想说占星家的坏话。"索普等人和一些对冲基金经理并不赞同他。在这种场景中，泡沫并不存在（法玛曾经说过，"我甚至不知道泡沫是什么意思"），所以历史上的事件，例如17世纪的荷兰郁金香泡沫、18世纪的南海泡沫（让牛顿损失了一大笔钱）、19世纪的铁路泡沫（唐顿庄园几乎破产）、互联网泡沫、美国房地产泡沫（法玛说，有效市场假说"在这一事件中表现很好"）等，都被错误地命名为可怕的名字。比特币也有点奇怪，因为根据法玛的说法，它"不是价值储存手段"，这意味着它是一个泡沫，但那并不存在。[3]

该假说实际上是亚当·斯密看不见的手应用于资本市场的更新版本，它基于金融资产在任何时候都正确定价的假设，因此价格的任何变化都是由于新的信息出现。由于此类新闻本质上是不可预测的（这就是为什么它被称为新闻），价格变化遵循所谓的随机漫步。随机漫步之所以得名，是因为它相当于一个行走的人在每个时刻随机向左或向右转。这一想法后来被普林斯顿大学经济学家伯顿·戈登·马尔基尔（Burton Gordon Malkiel）在他的《漫步华尔街》（*A Random Walk Down Wall*

Street）一书中推广。

模拟随机漫步的一种方法是假设每次转向的方向由抛硬币决定。如果结果是正面，则向右转；反之，向左转。该过程如图11.1a所示。在箭头所示的轨迹中，人从顶点开始，然后抛硬币来确定下一步。结果是反面，则第一次向左转。再次抛硬币，这次结果是正面，所以在第二次时向右转。接下来是向左转两次，向右转一次，依此类推。或者从一开始就每一次都向右转。

如果此模拟中完成了全部转向，并且整个模拟重复多次，则最终统计分布接近均值为零的正态分布（图11.1b）。两端的概率密度反映了这样一个事实，即每次都抛正面，或者是每次都抛背面，这是不太可能的。该曲线类似于第6章中用来表示买卖双方倾向的曲线，但随着模拟次数的增加标准差增加，因为没有平衡熵力来保持它的稳定性。事实上可以看出，标准差随着所转次数的平方根而增加。

随机漫步模型实际上是由另一位博士生路易斯·巴舍利耶（Louis Bachelier）在他1900年关于巴黎证券交易所资产价格的论文中首次提出来的。他的"数学期望原理"（Principle of Mathematical Expectation）指出，投资者的数学期望（即他们的平均收益或损失）为零，而他的"概率辐射（或扩散）定律"（Law of Radiation Cor Diffusion of Probability）描述了随着价格随机漫步，价格不确定性如何随交易次数的平方根增加。该理

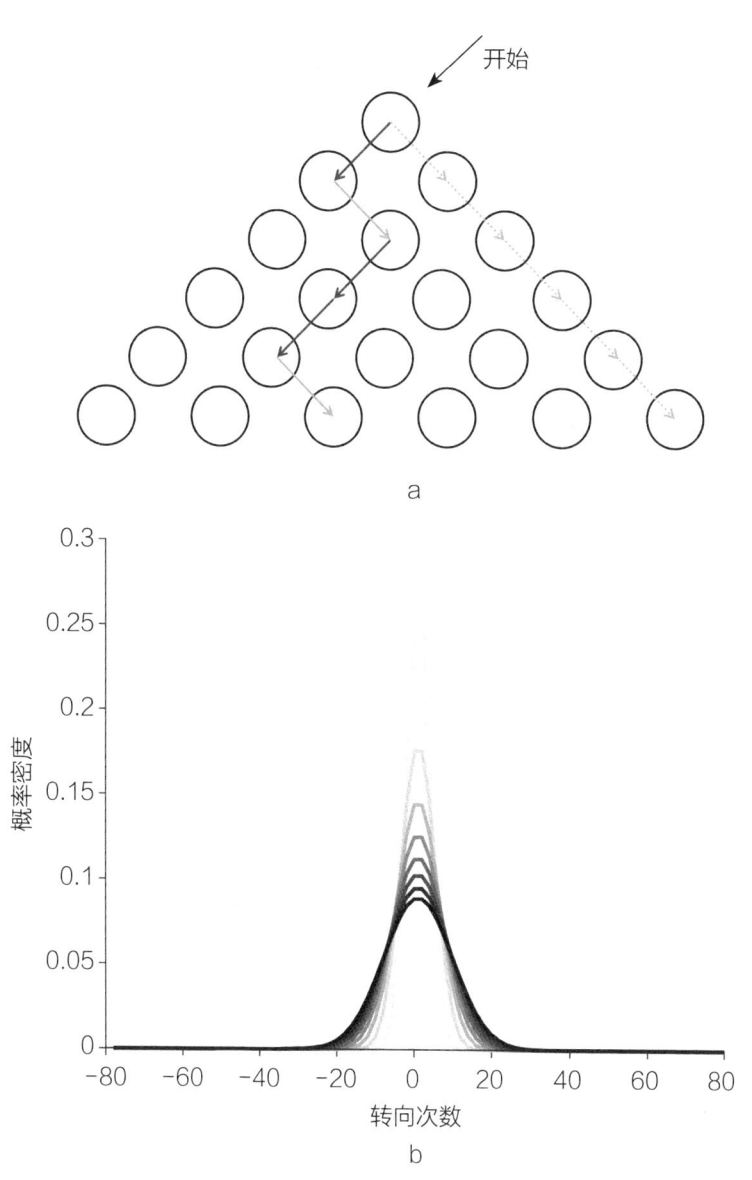

图 11.1 随机漫步及转向次数的概率分布

论后来被修改，使其适用于成比例的价格变化，而不是价格本身，因为投资者关心的是收益比例或损失占他们投资的百分比。

虽然随机漫步的想法始于金融，但它只是在爱因斯坦（他显然不了解巴舍利耶的工作内容）应用相同的数学方法来估计原子的质量之后才获得科学上的尊重。[4] 随机漫步模型后来被用于曼哈顿计划，旨在模拟原子中中子的运动，并与在战争期间受到训练的一批物理学家一起重新进入金融领域。[5] 与尖端数学和物理学的联系增加了 20 世纪 60 年代发展起来的经济学和金融数学的可信度，有效市场假说代表了价格等于价值的稳定和最优均衡的观点。事实上，有人会争辩说，有效市场假说——以及总体上的大部分计量金融——是美国核计划的一个智力分支。

然而，在更深层次上，有效市场假说是新古典经济学思维披着概率外衣的一个极端例子。正如温特所指出的，新古典经济学的五个基本假设是唯物主义、还原论、决定论、机械论和客观主义。有效市场假说：是唯物主义的，因为它将价格波动视为类似于原子的随机运动；是还原论的，因为它将市场视为各部分的总和；是决定论的，因为价格受效用法则支配；是机械论的，因为价格变化是对外部信息的反应；是客观主义的，因为假定投资者相互独立，也独立于整个市场。表面上的随机概率不是内在的量子不确定性，而仅仅是由外部信息引起的。

在这种场景里，市场本身就是魔术师的机器人，当被提问时，它总是给出正确的价格。罗杰·培根会对这个无所不知的现代版新古典经济学的黄铜脑袋印象深刻。

正如我们所见，培根是一位亚里士多德学派的学者。可以说，虽然定量分析确实借鉴了量子物理学，但它的真正根源可以追溯到古希腊人。有效市场假说最强的理论指出，价格会立即调整以适应任何扰动来保持均衡。因此，有效市场假说不对应于不能以无限速度移动的机械系统。例如，自动关闭门之类的装置需要一段时间才能做出反应，并且可能会故障。与货币一样，该假说让人联想到的不是经典物理学或量子物理学（事物确实会变化，但不会达到均衡），而是亚里士多德理论的变体。根据亚里士多德的说法，土、水、空气和火这些独立的元素各自找到自己的层次，和从下到上是相同的顺序，在真空中，这种调整过程会瞬间发生。因此，他得出结论，真空不可能存在。有效市场假说和亚里士多德的说法是相同的，只是它断言真空确实存在，而且真空就是市场。

* 11.1　置换术 *

根据其支持者的说法，有效市场假说被市场似乎是不可预测的事实证明是正确的。然而，这相当于另一个置换术。有效市场假说的检验应是价格准确反映内在价值，这是不可能证明的。因此，经济学家的有效市场假说取代了市场应该是不可预测的事实。这就是詹森将这一假说描述为"所有社会科学中最成熟的事实"时所指的内容。但是不可预测的事实（如天气、交通等）显然并不能证明它是有效的。

因此，有效市场假说似乎只是为经济学家无法预测经济提供了一个创新的借口。但是，如果假设市场波动遵循随机漫步，则可以根据过去的变化计算未来变化的风险。人们可能无法知道明年一只股票的价格是否会上涨或下跌10%，就像人们无法知道特定的镭原子是否会衰变一样，但人们可以预测它发生概率，并计算特定结果的概率。因此，随机漫步理论为保罗·萨缪尔森所称的"随机漫步理论是期权评估和定价的完美公式"指明了方向，如前所述，它赋予购买者权利而不是义务去以特定价格购买或出售未来资产。[6]

这个"完美公式"是在20世纪60年代后期开发的，并由芝加哥大学的费希尔·布莱克（Fischer Black，他最初是一名物理学家，并在兰德公司待了一个夏天）和迈伦·斯科尔斯（Myron Scholes）于1973年发表。长期以来，期权一直被视为一种相当可耻的赌博股票价格走势的方式，监管机构不时试图将其禁止。在1973年，随着布莱克－斯科尔斯模型相关论文的发表，这种情况发生了变化，这些论文的发表时间恰好与当年4月芝加哥期权交易所（CBOE）的成立相吻合。正如他们的律师解释的那样"布莱克－斯科尔斯模型确实使交易所蓬勃发展……

它为对冲和有效定价的整个概念提供了很多合法性。"[7]

该模型还包含了对自动化赚钱系统的承诺。拥有该模型的交易员通过动态对冲他们的赌注，可以利用债券和股票市场的异常情况来赚取看似无风险的利润，就像对冲基金先驱索普所做的那样，而无须担心底层弱小公司的混乱现实。因此，风险被数学的力量驯服和中和了。作为衍生品交易员，斯坦·乔纳斯（Stan Jonas）指出，"这对交易来说是件多么美妙的事情。我们交易得越多，社会就越好，因为风险越小。"[8]

量化分析师很快着手设计越来越复杂的金融衍生品——之所以如此命名，是因为与期权一样，它们的价值来自一些标的资产。例如担保债务凭证（Collateralized Debt Obligation），它将抵押贷款等贷款以定制的风险水平捆绑到金融产品中。这些产品的价格是使用高斯关联结构模型（Gaussian Copula Model）计算的，计量金融专家米歇尔·克劳伊（Michel Crouhy）将其描述为"信用衍生品的布莱克-斯科尔斯模型"。[9] 正如金融作家阿隆·布朗（Aaron Brown）指出的那样，该模型是一种"黑魔法"，它创造了看似安全的资产，"通过将价值基础从金库中的现金或黄金的数量重新定义为风险方程"。[10]

∗ 11.2 代号炼金术 ∗

有效市场假说不仅影响了金融板块的发展，还影响了我们对价值的总体思考方式。有这样一件轶事，2018年社会科学研讨会的一位与会者认为，社会科学不能像研讨会上的一些人所声称的那样陷入危机，因为近年来社会科学家的薪资有所增加，这证明了其持续有用性。在美国，经济学家的薪资在2007年至2008年金融危机之后确实有所攀升。然而，与其说价值决定价格，可能更多是制度力量的作用，正如经济学家纳拉亚纳·柯薛拉柯塔（Narayana Kocherlakota）所指出的那样，"金融危机将有助于解释宏观经济研究缺乏范式转变"。危机后涌现出来抗议经济学教学的国际学生团体可能会同意。[11]

的确，尽管它的拥护者可能将有效市场假说吹嘘为"所有社会科学中最成熟的事实"，但至少在货币方面，社会科学领域最大的国际灾难之一肯定是经济学家未能预测、警告甚至是正确理解金融危机，这在很大程度上是由担保债务凭证等工具的崩溃所推动的。例如，根据旧金山联邦储备银行的研究，金融危机对美国的长期经济影响"相当于每个美国人终生损失折合现值收入约七万美元"，这似乎反驳了为经济学家加薪。[12]

同样，当基于均衡的主流模型失败时，经济学家不会放弃他们的基本假设，而只是添加本轮以使模型看起来更现实。就布莱克-斯科尔斯模型而言，定量分析师已经为这个过程起了一个名字：校准。布莱克-斯科尔斯模型的准确性依赖于一个关键参数，即波动率，它被假定为总结了你需要了解的有关证券行为的所有信息。波动率只是价格变化分布的标准偏差，针对特定时间段（例如一年）进行了标准化。特定股票 20% 的波动率意味着它通常会在一年内上下波动，因此风险相当大。更安全的资产，例如债券，波动率会更低。

因此，至少在模型中，交易期权归结为交易对波动率的看法（事实上，甚至可以使用芝加哥期权交易所波动率指数直接预期市场波动率）。然而，这种波动率是一种数学结构，仅适用于特定时期的历史价格，并且不会随时间保持不变。如果像布莱克－斯科尔斯模型这样的模型与期权的市场价格不一致，那么交易者不必断定该模型是错误的，而是可以简单地假设波动率的输入值需要调整。如此校准后，模型将与观察到的期权价格完全一致，并可用于计算其他期权的价格。或者，它可以用来给出建模者想要的答案——例如，暗示特定工具的风险比它实际的风险要小得多，以便完成交易并收取佣金。

举个例子，金融危机发生后，一家公司针对标准普尔评级机构错误定价金融衍生品的行为发起了民事诉讼。诉讼声称，根据他们公司的内部文件，标准普尔将调整模型结果以适应其自身的业务需求，这意味着它在交易中赚了 9 亿美元左右。

虽然标准普尔曾承诺其评级将是"客观和独立的"，但美国司法部在 2013 年的新闻发布会上声称这与事实相去甚远。"在美国司法部，我们这次调查的代号是'炼金术'。几个世纪前，中世纪的炼金术士尝试了各种方法将铅变成黄金。在这里，我们称标准普尔确保市场份额、收入和利润的愿望导致它误入歧途，收购了明知是铅的证券，并通过其评级告诉全世界它们是黄金。在这样做的过程中，我们认为标准普尔在促使我们的经济走向崩溃边缘方面发挥了重要作用。"[13]

所以这是官方认可的：衍生品等于炼金术。或者正如人类学家大卫·格雷伯（David Graeber）所指出的："金融家成功地说服了公众——不仅是公众，还有社会理论家（我清楚地记得这一点）——由于担保债务凭证和高速交易算法等工具如此复杂，只有天体物理学家才能理解，他们已经像现代炼金术士一样，学会了通过其他人甚至不敢尝试理解的方式从无到有获取价值的方法。"[14]

在2015年的和解中，标准普尔否认违反任何法律，但同意支付13.7亿美元的罚款。当然，所有银行家都逃过了入狱。在魔术中，这被称为逃脱术——哈里·霍迪尼等逃脱术艺术家和金融界毫无相关。

* 11.3 校准错误 *

2008年，艾伦·格林斯潘甚至将金融危机本身归咎于校准错误："输入风险管理模型的数据通常只涵盖过去20年，这是一段欣喜若狂的时期。在我看来，如果模型更适合历史上经济衰退的时期，资本要求会高得多，今天的金融世界会好得多。"

然而，虽然校准在理论上可行，但它有点像一个重量秤，每次使用时都需要重新校准,这表明可能存在可靠性的问题。也许我们需要一个新的秤。

与许多经济理论一样,有效市场假说最终是关于价格和内在价值之间关系的陈述,并认定它们是相同的(至少在理想化的市场中)。然而,令人费解的是,它不仅假设市场遵循随机漫步,而且投资者还认为他们将继续遵循随机漫步。毕竟,如果不是这样,那么基于随机漫步的公式就不会很好地发挥作用。因此,期权定价模型基于一个认知模型,该模型指出想象中的未来价格变化遵循正态分布。

这之所以很奇怪是因为,如果投资者真的认为价格会以这种方式运行,那么他们首先就没有理由购买股票或期权。将他们的钱保留在现金中并省去投资的麻烦会更有意义。

此外,随机漫步模型假设标准差或年化波动率随时间(年)的平方根增长。对于年化波动率为5%的特定资产,4年后的年化波动率可能变为10%。并且人们通常认为资产的价格每年都会上涨或下跌一定的百分比,如果资产的价格在一年内上涨5%,而年化波动率为5%,那么在4年内年化波动率可能变为20%。

总而言之,随机漫步模型假设投资者将股票等资产视为不可预测的。价格集中在一个中心点周围,限制在一个已知的且增速递减的增长范围内。但这似乎是科学产生爱因斯坦所谓的"令人平静的哲学"的又一次尝试。将其与衍生品交易商帕布罗·特里亚纳（Pablo Triana）的言论进行比较，十分有趣，后者将市场描述为"非常难以驯服"。随机性不仅是狂野的，还野蛮到无法被驯服，令人憎恶。没有任何方程式可以征服、控制或破译它。在任何事情都可能发生的地方，不存在数学上强加的界限。[15]

换句话说，交易者不是纯粹客观的，市场不是理性的，价格也不会像随机抛硬币一样——尤其是在例如崩盘等市场崩溃的时候。量子模型可以做到更好吗？

∗ 11.4 超自然分布 ∗

期权定价的量子模型的自然起点是随机漫步的量子版本。这被称为量子漫步，如图 11.2 所示。它从叠加状态开始，然后在每一步由所谓的量子硬币做决策。量子硬币的一个典型选择是前面介绍的阿达马变换。

量子漫步在许多方面与经典的随机漫步不同，其中之一是量子漫步本身实际上并不是随机的。取而代之的是，它每一步的位置由一个随转向次数以确定性方式增长的波函数来描述。随机性仅出现在最后一步，即测量系统以确定位置时。

在一开始，硬币的状态是上下的平衡混合。我们应用阿达马变换，对应于第一次投掷量子硬币，给出了另一种上下混

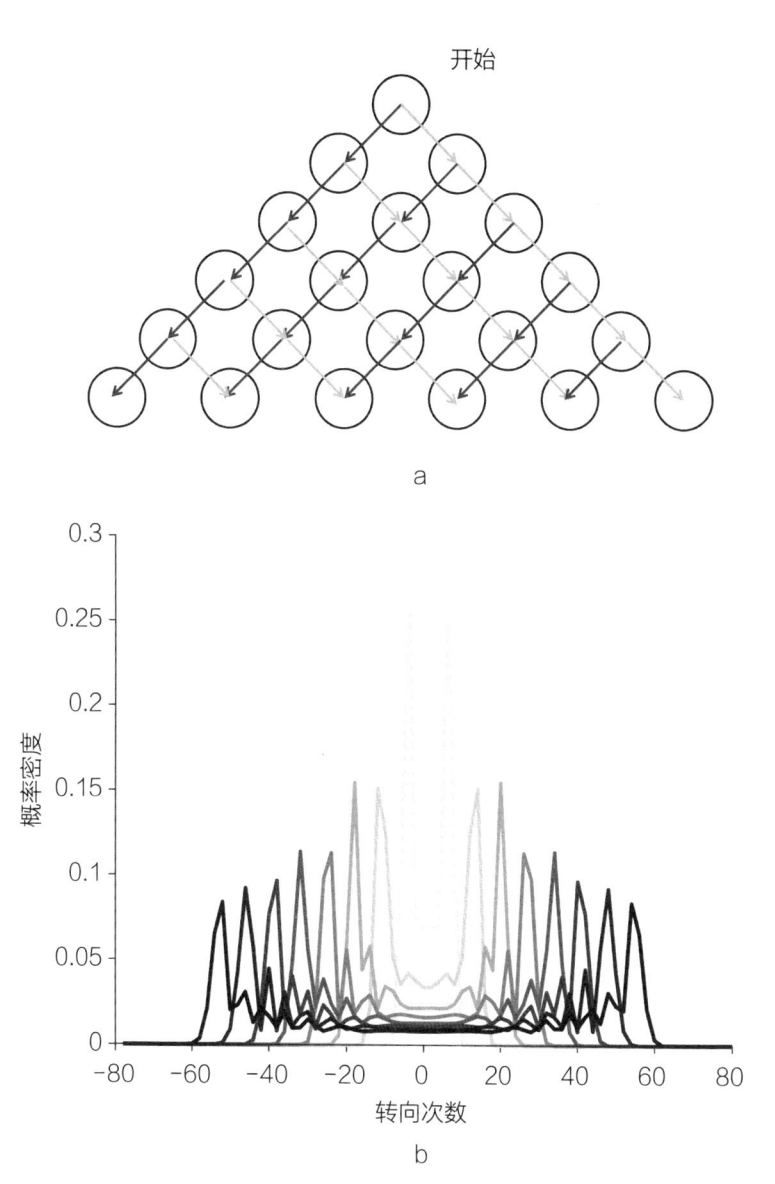

图 11.2 量子漫步 a 及转向次数 b 的概率分布

合。向上的部分向左移动，向下的部分向右移动，好像步行者已经分裂成两部分。然后我们依次对每一步应用阿达马变换，再次将它们分成两个方向，依此类推，以创建一种级合概率波，如图 11.2a 所示。

经典的随机漫步和量子漫步之间的另一个关键区别在于，对于前者，到达特定点的概率是通过将所有不同路径到达该点的概率相加来计算的。如前所述，这就是为什么最终概率在中间附近最高的原因，那里有更多可用路径。然而，在量子漫步中，路径可能会相互干涉，因此概率不是相加的，但可能会抵消。在图 11.2b 中，测量多次模拟的输出，结果可能看起来是一个相当奇怪的概率分布，它在两端附近有两个峰值，而在中间相对较低。这不正常，这是超自然现象。锯齿形状是纯量子概率分布的典型特征，当考虑到退相干程度等其他因素时，在计算过程中趋于平滑。

最后，随机漫步模型和量子漫步模型的另一个区别是前者的标准差随转向次数的平方根增长，而后者的标准差随转向次数线性增长，增长速度快得多，如图 11.2b 所示。这让人想起那些通过在底部引爆炸药来拆除摩天大楼，然后摩天大楼以扩散波的形式倾泻而下的情景。图 11.1 中的随机漫步优雅且可控，但量子漫步代表了更加猛烈的爆炸，两个峰值像冲击波一样相互远离。事实上，量子漫步被用于量子计算机算法中，但它也适用于我们对市场的看法。

* 11.5　平价期权 *

近年来，量子漫步受到了很多研究关注，不仅因为它在量子计算中的应用，还因为它似乎在许多物理和生物过程中发挥了作用，例如光合作用过程中的能量传输。它还被用作人类认知的模型。

如前所述，在量子认知中，一个人的心理状态被建模为处于不同状态的叠加状态——例如，特定股票将在下个月上涨或下跌一定数量的想法。因此，询问这种叠加状态将如何随时间演变是合乎情理的。如果我们只考虑离散的次数，这相当于在每一步应用一个单一的阿达马变换，结果将是量子漫步的形式。

量子漫步模型被视为一个简单的模型，不是关于市场如何表现，而是关于投资者认为未来市场可能如何表现，它似乎比随机漫步模型更现实。价格变化的概率分布不是聚集在零附近，而是有两个不同的峰值，分别对应于价格上涨的可能性和价格下跌的可能性。标准差不是随着时间的平方根缓慢增长，波动率以恒定的速度增长，对应于资产价格每个月或每年都会上涨或下跌一定百分比的想法。

与所有量子模型一样，量子漫步的另一个特征是它对退相干的影响很敏感，这使得它以更经典的方式表现。如果我们将量子漫步模型视为对未来主观预测的模拟，而将随机漫步模型视为对价格客观趋向行为的模拟，那么退相干水平可以被视为一个可调参数，它允许我们来捕捉主观和客观效果的平衡。例如，投资者购买期权的兴趣将取决于他们对未来价格变化的信念，但这些信念会受到客观因素的影响，例如历史价格数据或其他投资者积累的智慧。特别是，卖方可能更关注客观赔率，因为他们处于某个相当于出售博彩门票的位置（参见第 8 章中偏好反转的讨论）。

鉴于随机漫步模型和量子漫步模型的不同行为，它们对期权价格的估计完全不同也就不足为奇了。期权价格取决于许多因素，包括股票的当前价格、波动率、无风险利率、到期时间以及最终行使期权的行使价。例如，如果当前价格为 10 美元，行使价为 11 美元，到期时间为一年，则期权是一种合约，允许所有者在一年的时间内以 11 美元的行使价购买股票。如果投资者确信价格会在这段时间内上涨到 11 美元以上，那么购买期权是下注的好方法：它比购买实际股票便宜得多，如果他们错了，那么他们失去的只是期权的价格。

例如，图 11.3 显示了在六个月内购买股票的特定期权的期权价格与行使价，其中股票的当前值为 1，年化波动率为 20%，无风险利率为 2%。实线表示量子漫步模型，而虚线表示随机漫步模型。这两个模型非常接近。然而，一个有趣的特征是，量子漫步模型预测所谓的平价期权的价格更高，其行使价接近当前价格，在 0.9 到 1.1 的范围内。

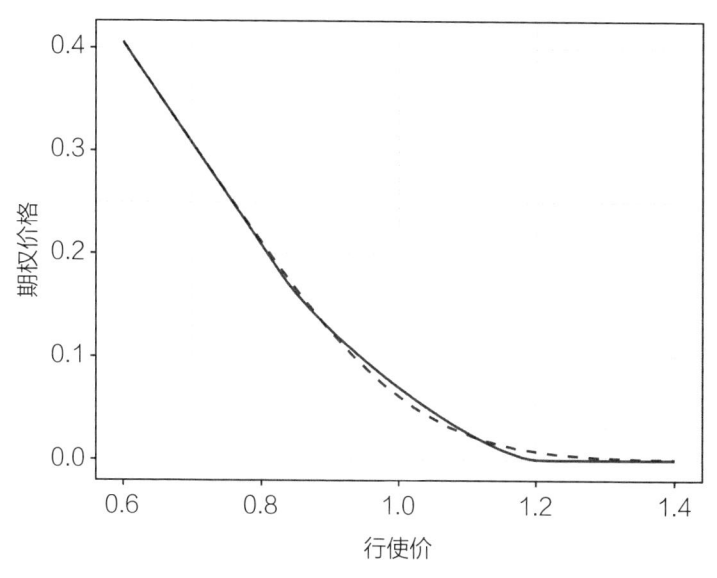

图 11.3　作为行使价函数的期权价格图

在实践中，期权价格往往与随机漫步模型相当接近，这并不奇怪，因为自从大规模期权交易出现的半个世纪以来，随机漫步已被认为是期权定价的正确方式。量子漫步模型告诉了我们一些事情，那就是不要过多关注由供应商设定的价格，而是关注个人投资者的兴趣水平，他们更有可能受到主观因素的影响。如果买卖双方都使用随机漫步模型，则没有理由偏爱一个行使价而不是另一个；然而，如果买家受主观因素的影响更大，那么这些平价期权的交易量应该更高。

通过应用供求量子模型（第6章）可以做出更详细的预测，该模型将交易倾向指定为价格的函数。期权价格的历史分析显示出与供求量子模型预测完全相同的模式。[16] 行使价接近当前价格的期权的成交量要高得多，即使是价外期权也应该为寻求快速获利的交易者提供一个更有趣的主张，因为它们相当于一种对价格走势的杠杆押注。布莱克－斯科尔斯模型可能非常擅长预测价格，但是当与量子供求模型相结合时，量子漫步模型也可以预测交易量。

量子漫步模型也具有直观意义。作为一个极端的例子，假设一个人在2016年考虑早期投资比特币，当时价格约为1000美元。在他们的脑海中，一种情况是价格会以一定的速度上涨，比如平均每年上涨20%。这种情况将通过价格暴跌或比特币可能完全消失的可能性来平衡。如在2014年，一群黑客从名为Mt. Gox的在线交易网站窃取了当时存在的所有比特币的7%左右。他们不想对未来的价格变化进行精细分级的赌注，而是希望保留将来能够以同样的百分比持有比特币的能力，即与平价期权相同。

行为经济学通常将主观性等同于错误，客观性等同于真理，他们会说量子漫步只是认知问题的另一个例子，因为不知情的投资者蜂拥而至。不过，如果每个人都是完全理性的，并且市场是有效的，那么首先购买期权的动力就会很小，交易量就会为零。

一些银行似乎正在对量子计算进行类似的期权式押注。正如苏格兰皇家银行的创新主管约翰·斯图尔特（John Stewart）

在 2020 年所说："在现阶段，为了了解可能危及你数十亿美元业务的事物而进行的百万美元投资可能是很好的权衡。"[17] 另一个例子，多伦多的科技作家亚历克斯·丹科（Alex Danco）比较了不同城市的创业场景。据他所说，风险投资"是一项金融发明，已被完善以购买不同未来的看涨期权，但迄今为止尚未达到明确的里程碑"。[18] 硅谷成功的部分原因在于其风险资本家，其中许多人通过自己的初创公司获得资金，采取长期估值的方法，不太担心诸如达到固定里程碑之类的事情，而在更传统的商业环境中，重点是捍卫当前估值，从而"将它们的估值坍缩到了字面意义上的里程碑"。

在量子观点中，主观模型涉及对未来增长的预测，这些预测可能会实现也可能不会实现，但是通过不断的测量来坍缩模型会使这种增长变得不可能。任何创造性的努力都可以这样说——梵高在他的一生中只卖出了少数几幅画作，所以他并不痴迷于卖画。这是被称为量子芝诺效应现象的社会等价物，在这种现象中，反复观察一个粒子并因此破坏其波函数可以将其坍缩在原地。或者是那句格言：心急水不开。

* 11.6 光速选项 *

当然，量子漫步模型的另一个优点是它原产于量子计算机或者任何可以执行量子漫步的设备。因此，随着量子技术在金融领域的应用不断增长,人们可以期待看到更复杂的量子算法的发展。事实上,由苏格兰皇家银行、摩根大通和高盛等银行以及多元计算(Multiverse Computing)和定量金融(QuantFi)等专业公司领导的量子计算的主要焦点是期权定价领域。到目前为止,他们主要是使用量子计算机来运行经典算法,例如布莱克-斯科尔斯模型,但随着量子方法的优势变得明显,这种情况开始发生变化。

来自欧盟的量子计算下一代应用项目(NEASQC)关于"最先进的"风险定价模型的报告将量子漫步模型捕获的复杂认知交互确定为金融动态建模的"可能的关键性设备"[19],而牛津大学衍生出的量子骰子旨在基于该方法开发一种商业化、完全集成的芯片设备,用于金融应用。[20]量子实体不是静态量子位元,而是单个光子。这些光子是由单光子光源产生的,该光源通过波导(Wave Guide)连接到一个分束器(Bean Splitter)阵列,如图11.4所示。图中,光传输用实线箭头表示,电子传输用虚线箭头表示。SPS代表单光子光源,BSA代表分束器阵列,PD代表光子探测器单元,PU代表处理单元。每次光子遇到分束器时,它都有相同的机会被传输或反射。在执行所需数量的步骤后,输出被传输到光子探测器。最后,将结果转换为数字信号,并使用计算机等处理器进行解释。如果需要,该设计还允许添加一定程度的退相干,可以与上面的图11.2进行比较(或就此与图2.1中描绘的毕达哥拉斯圣十符号进行比较)。

因此，期权的价格被写在一束光中。

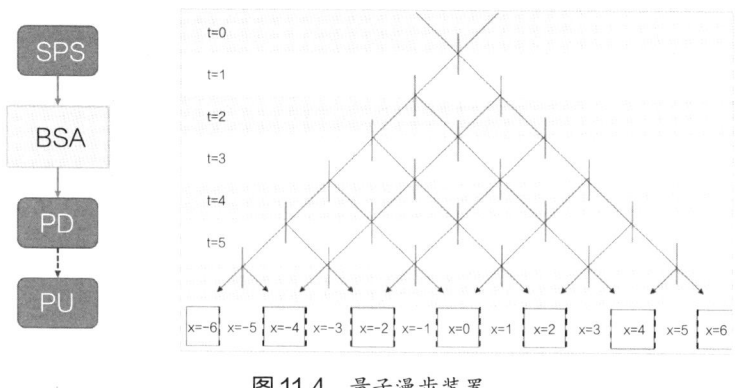

图11.4 量子漫步装置

具有足够功率的成熟量子计算机将需要更长的时间来开发，但银行正在做好准备。高盛量子研究负责人曾威廉（William Zeng）在2020年12月的一次会议上表示，量子计算可能对其运营产生"革命性"影响。[21] 正如《经济学人》杂志所说，量子金融算法"可以在几天内部署"。鉴于市场规模，即使是微小的优势也可能值得大量现金。[22] 据《福布斯》报道，量子计算的"短期和长期最大收益"将出现在金融服务领域。[23] 来自波士顿咨询公司（BCG）声称，"量子计算收益数额巨大——随着技术在未来几十年的成熟，银行和其他金融服务公司的额外营业收入高达700亿美元"。[24] 麦肯锡（McKinsey）警告说，"前浪"企业，例如金融，"需要迅速制定量子战略，否则将被创新公司甩在后面。"[25]

鉴于大多数金融交易已经不是由人执行，而是由运行复杂算法的机器执行，这可能再次给人一种印象，即普通人将没有机会与量子黄铜脑袋竞争。但量子方法也提醒我们，价值、风险和权力等因素的不可简化的复杂性。量子模型的最大意义是，对于全球金融体系的金融衍生品而言，量子计算并不是指计算速度可以加快，而是如果忽略这些因素，金融体系可能会出现错误。下一章将探讨这些因素如何在货币生产中以炼金术的方式结合起来。

注释

1 Jensen, M. (1978), "Some Anomalous Evidence Regarding Market Efficiency". *Journal of Financial Economics* 6: 95-102.

2 Fama, E.F. (1991), "Efficient capital markets II". *The Journal of Finance*, 46(5): 1575-1617. Cochrane, J.H. (2011), "Presidential address: Discount rates". *The Journal of Finance*, 66(4): 1047-1108.

3 Bessa, O. (8 November 2015), "Nobel Prize Winner Eugene Fama on Bitcoin". *CoinTelegraph*.

4 Einstein, A. (1905), "Über einen die Erzeugung und Verwandlung des Lichtes betreffenden heuristischen Gesichtspunkt" (On a Heuristic Viewpoint Concerning the Production and Transformation of Light). *Annalen Der Physik* 17(6): 132-148.

5 Metropolis, N. and Ulam, S. (1949), "The Monte Carlo method". *Journal of the American Statistical Association* 44: 335-341.

6 Clark, M. (director) (1999), *The Midas Formula* (motion picture).

7 Mackenzie, D. (2006), *An Engine, Not a Camera: How Financial Models Shape Markets*. Cambridge, MA: MIT Press, p. 158.

8 Clark, M. (director) (1999), *The Midas Formula* (motion picture).

9 Patterson, S. (2009), *The Quants: How a New Breed of Math Whizzes Conquered Wall Street and Nearly Destroyed It*. New York: Crown, p.

194.

10 Brown, A. (2012), *Red-Blooded Risk: the secret history of Wall Street.* Hoboken, NJ: Wiley.

11 Earle, J., Moran, C., and Ward-Perkins, Z. (2016), *The Econocracy: The Perils of Leaving Economics to the Experts.* Manchester: Manchester University Press.

12 Barnichon, R., Matthes, C., and Ziegenbein, A. (August 2018), "The Financial Crisis at 10: Will We Ever Recover?". *FRBSF Economic Letter.*

13 US Department of Justice (5 February 2013) *Acting Associate Attorney General Tony West Speaks at the Press Conference Announcing Lawsuit Against S&P*, Washington, DC.

14 Graeber, D. (2018), *Bullshit Jobs: A Theory.* New York: Simon & Schuster.

15 Triana, P. (2009), *Lecturing Birds on Flying: Can Mathematical Theories Destroy the Financial Markets?* New York: Wiley, p. 163.

16 Orrell, D. (2021), "A quantum walk model of financial options". *Wilmott* 2021(112): 62-69.

17 Fortson, D. (5 July 2020), "How RBS made a quantum leap into the future". *The Sunday Times.*

18 Danco, A. (2021), "Why the Canadian Tech Scene Doesn't Work".

19 Nogueiras, M., et al. (2021), "Review of state-of-the-art for Pricing and Computation of VaR". NEASQC.

20 Orrell, D. (2021), *Quantum Economics and Finance: An Applied Mathematics Introduction* (2nd edn). New York: Panda Ohana.

21 Anonymous (2020), "Wall Street's latest shiny new thing: quantum computing". *Economist*.

22 Anonymous (26 September 2020), "Commercialising quantum computers". *Economist*.

23 Ibaraki, S. (29 January 2021), "What You Need for Your Quantum Computing Pilots In 2021". *Forbes*.

24 Bobier, J.-F., Binefa, J.-M., Langione, M., and Kumar, A. (2020), "It's Time for Financial Institutions to Place Their Quantum Bets". Boston Consulting Group.

25 Ménard, A., Ostojic, I., Patel, M., and Volz, D. (6 February 2020), "A Game Plan for Quantum Computing". McKinsey & Company.

第12章
货币的力量

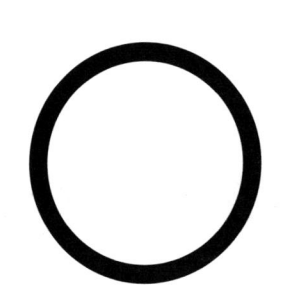

> 黄金就是货币,而绝非它物。
> ——约翰·皮尔庞特·摩根(J. P. Morgan),1912

> 只有信用才是货币,让所有人都趋之若鹜的财产就是信用,而非金银。
> ——阿尔弗雷德·米切尔·英尼斯(Alfred Mitchell Innes),《何为货币?》(What is Money?),1913

> 真正的财富是能源,而非黄金。
> ——巴克敏斯特·富勒(Buckminster Fuller),1966[1]

主流经济学认为价格是由公正客观的市场力量所决定的。由这种假设推导而出的一个结论是,社会或财务层面的权力并不重要,所以主流经济学理论普遍对此予以忽略。然而,量子经济学理论很自然地让人们注意到权力在货币的创造和控制、财富分配以及金融交易和谈判中的作用。本章的重点是介绍货币的神奇力量,并将揭示出它如何扭曲了我们当今的世界,甚至包括我们的时间观。

许多魔术都是这样的,魔术师把一样东西变成另一样:把人变成老虎,把一张随机抽取的纸牌变成观众选出来的那张。胡迪尼最著名的魔术戏法之一就是"变形"(Metamorphosis),这是他和他的妻子贝丝以及助手一起表演完成的。他先将贝丝锁在一个大箱子里,然后给箱子蒙上帘子,几秒之后掀起帘子,神奇的一幕出现了:贝丝居然变成了助手。

也许最著名的变形神话当属吕底亚国王迈达斯的魔法,任何东西只要经他触摸就会变成黄金,连他自己的女儿都不例外。据传,狄俄尼索斯(Dionysus)让他在帕克托勒斯(Pactolus)河中洗澡,同时念出咒语。他照做了,于是所有的黄金都流入了河中——从而为吕底亚铸币提供了原材料。

货币的本质也发生了转变。20 世纪 20 年代曾在魏玛共和国时期担任央行行长的亚尔马·沙赫特表示,"货币的魔力在于它千变万化的特性,这使得它可以在任何时候、任何领域、为任何目的服务。这就是它的法术,它的秘密,它的神秘,它的魔力。"[2]

德国诗人约翰·沃尔夫冈·冯·歌德(Johann Wolfgang von Goethe)的史诗剧作《浮士德》(Faust)生动地揭示了魔法与货币之间的联系,尤其是货币的变革能力。这个故事是基于一个古老的传说,一个魔术师把自己的灵魂卖给了魔鬼,以换取知识和权力。大约在 1772 年,歌德开始创作《浮士德》第一部(Part I)的第一版,但直到几年后这本书才出版。歌德晚年主要在创作《浮士德》第二部（Part Ⅱ），这本书于 1831 年完成，1832 年出版，当时歌德已经不在世了。是什么让歌德这样一位在当时甚至可以说是整个人类史上最伟大思想家之一对这个故事如此着迷？事实上，他人生中有大约六十年都倾注在了这部著作上。

剧情简介：在《浮士德》第一部中，我们遇到了浮士德，他是一个抑郁的学者兼炼金术士。他准备了毒药，正要服毒自杀时，一群天使介入了。于是他改去散步，一条黑狗一直跟着他到家，当他们来到他的房间时，这条狗变成了墨菲斯托（Mephistopheles，魔鬼）。浮士德向墨菲斯托抱怨他在工作、生活、对永恒知识的追求等方面遇到的挫折。墨菲斯托跟他打了个赌。他承诺亲自为浮士德服务，为浮士德创造一个超然时刻，这一时刻十分奇妙，浮士德会觉得心满意足，想永远停留在那一刻。但是，如果他成功了，浮士德所要付出的代价就是跟魔鬼回到地狱，永远做魔鬼的仆人。浮士德当时正抑郁不已又愤世嫉俗，他认为魔鬼永远无法让他真正满足，因此干脆接受了这个赌约。剧透警告：这一步大错特错！

墨菲斯托把浮士德介绍给年轻美丽的格雷琴（Gretchen），格雷琴很快就让浮士德从抑郁中走出来了。有魔鬼在场外指导，浮士德朝着超然的目标继续努力并取得了显著的进步。长话短说，格雷琴和浮士德私奔，并怀上了他的孩子，她的哥哥向浮士德提出决斗，浮士德杀了她的哥哥，然后浮士德和墨菲斯托就离开了，开始进行休整，并与艺术家和哲学家讨论起世界形势。后来，浮士德得知格雷琴杀死了他们刚出生不久的女儿，并被关进了监狱。浮士德和墨菲斯托去监狱探望她，但她已经疯了，他们不得不逃跑。第一部到此结束。

在第二部中，我们又与我们的英雄浮士德和墨菲斯托见面了，但现在他们是商业伙伴。故事发生在一个宫廷里，囊中羞涩的皇帝被自己的债主包围了。墨菲斯托提供了一个解决方案：他声称他发现了炼金术士长期以来寻找的从无到有炼金的秘密。浮士德打扮成财神普鲁托斯（Plutus）出现在一个狂欢舞会上。他和墨菲斯托一起，让皇帝在一张纸上签名，上面写着："本票值一千克朗，其可靠保证为帝国所藏之无数财宝。特此晓谕，一体知照。"

第二天早上皇帝醒来时，已经把一切都忘了；但前一天晚上，魔鬼已经按不同的面值印制了成千上万份钞票，分发给大众，这就是本·伯南克（Ben Bernake），后来所说的"直升机撒钱"（Helicopter Money）。很快，经济又开始活跃起来。每个人都有足够的现金，可以清偿债务，进行投资，充分发挥创业精神等。皇帝对这种变化大为震惊，"人们把这张纸看作纯金吗？法庭和军队把这张纸当作全额工资吗？虽然觉得很奇怪，但我明白我必须接受它。"作为奖赏，他让浮士德和墨菲斯托掌管国库。

在似乎一下子就解决了帝国的货币问题（尽管这个问题很

快就在恶性通货膨胀的漩涡中变得越发糟糕——歌德的故事部分基于第 1 章所描述的约翰·劳皇家银行体系的垮台），又经历了一系列愚蠢的事情，包括用炼金术创造的小矮人、特洛伊（Troy）的海伦（Helen）、地下世界之旅等之后，我们的英雄们把注意力转向了房地产开发。在故事的最后一幕中，浮士德已是一位老人，他借助投资房地产跻身超级富豪之列。他住在一座大城堡里，城堡建在通过巧妙改造堤防和水坝，填海而成的一片土地上。一切都很好，除了附近有一对夫妇住在一间破旧的农舍里，很煞风景，与周遭的格调十分不符，并对房地产价格产生了负面影响。我估计就像我家那条街上的那栋空房子一样。

浮士德让墨菲斯托解决问题，然而，后者做得太过分了，直接谋杀了这对夫妇。浮士德被罪恶感和羞耻感折磨致死。在对他的灵魂进行了波西米亚狂想曲式的辩论之后，他被允许进入天堂，这让墨菲斯托大为沮丧，他变身为了一名房地产经纪人。

现在，很明显，我们不想把《浮士德》这样一部伟大作品简化为几个平淡乏味的关键词，但很明显，它把货币比作炼金术。正如歌德所描述的那样，货币是一种方法，能够将在经济层面上毫无用处的东西——无论是一个正在衰落的帝国，一片沼泽的海岸，还是一张纸——转变为极有价值的东西。

在某种程度上，货币是通过预支未来来完成这个戏法的。

浮士德和墨菲斯托为皇帝印制的钞票承诺"帝国所藏之无数财宝"，也就是尚未开采的贵金属。在资本主义制度下，推动经济发展的是未来收入的增长。例如，当一家公司发行股票或债券时，它实际上是在提供未来收益的股份。

然而，在更深层面上，货币的目标与浮士德所追求的那种超然是相同的。在第一部中，浮士德试图和格雷琴一起达到这种超然的状态，但没有成功；在第二部中，他利用货币更接近这个目标了。但货币究竟是如何实现这些的呢？它的魔力之源是什么？它是魔鬼的杰作吗？与它打交道会变成一道闪光、一缕轻烟吗？

这些问题的答案与时间和权力的概念有关——对于货币来说，这正是它的魔力所在。

* 12.1 大众何在？ *

正如前文讨论过的，新古典经济学理论通过静态的供求曲线来模拟市场力量，它们的交点代表最优均衡价格。虽然这种机械论通常被描述为牛顿理论，但这并不十分准确，因为根据牛顿力学，力指的是作用于一个质量块进而使之产生加速度的东西。不可能瞬间达到平衡，就像汽车不可能从一个地点瞬时移动到另一个地点一样。

通过坚持强调系统始终处于均衡状态，新古典经济学理论有效地将时间维度从其方程式中抹除了。时间唯一出现的地方是作为一种测量指标,例如,将一些商品的供应单位表示为每月或每年。宏观经济学家使用的一些模型也模拟扰动,这些扰动在一个特定的时间段内会趋缓直到均衡,但这些增加的东西只是本轮,而不是这套理论所固有的部分。毕竟,均衡会永远持续下去,因此也就与时间无关。在非主流经济学中,情况并非如此,基于系统动力学等事物的非均衡方法更为常见。

用数学术语来说,去除时间导致的一个后果是,谈论能量或功率毫无意义。例如,在第8章中,我们谈到了与熵力相关的能量,但第一步是确定力的性质,以及力作用的时间。与此同时,功率只是单位时间内消耗的能量。灯泡在一定时间内所使用的能量是用功率乘以总时间来计算的;一个3千瓦的烤箱运行一小时将使用3千瓦时的能量。

换句话说,正如货币(作为一种本身存在的东西,而不是一种度量标准)被新古典经济学排除在外,权力的话题也一样。不光在数学意义上如此,在经济学家的世界观中也是如此。毕竟,启发主流经济学理论的乃是毕达哥拉斯学派的信仰,即一切都可以被简化为数字——或者,正如保罗·罗默所说,"数学可以告诉你宇宙的深层秘密"——所以,如果方程式中没有出现权力,那也没关系。例如,供求曲线假设世界上有无限多的经济主体,彼此处于完全竞争(Perfect Competition)状态,而实际上在现实世界中价格通常由最强大的参与者决定。正如诺伯特·海林和尼尔·道格拉斯（Niall Douglas）在他们合著的《经济学家与有权势者》(Economists and the Powerful) 一书中指出的那样，由于影响力、信息获取、关系、性别、种族、阶级等因素造成的失衡"并不在大多数主流经济学模型的假设之列"。[3]

根据量子社会理论家迈克尔·墨菲（Michael Murphy）的观点，他强调在牛顿的世界观中，"种族主义、性别歧视、不平等和主权等力量在根本上都是不可想象的，尽管它们具有重要的结构性影响。"[4] 经济学家布莱尔·菲克斯（Blair Fix）对经济学教科书进行了词频分析，确实发现经济学用语中权力一词明显缺失，"性别歧视"和"种族主义"等词完全没有出现在教科书中。另外，根据一项统计，仅曼昆的教科书中提到"均衡"一词就多达 669 次，足见对这个词的执着程度之深。

总的来说，用一位经济学家的话来说，权力问题被视为"空谈"和"空洞的概念"，因为你不能赋予它一个确切的数字。经济学家们（当然也有例外）[5] 因为让权力隐身，反倒因此助长了权力的滥用。经济学家迈克尔·佩雷尔曼（Michael Perelman）这样解释："经济学家一贯支持精英而非公众的权力。他们一直在通过忽视或模糊权力达到这一目的，从而给经济学披上了一层科学的外衣，使公众看不到其对人类和环境的影响……当然，经济学在制度上排斥权力本身就是一种不可原谅的权力行使。"[6]

也许货币和权力在社会财富的分配模式中表现得最明显,该话题尚未在主流经济学中流行起来,这一点也不奇怪。美国经济学家约翰·贝茨·克拉克(J. B. Clark)在他 1899 年出版的《财富的分配》(*The Distribution of Wealth*)一书的序言中写道:"本书旨在说明,社会收入的分配乃是受一种自然规律的支配,而这一规律如能顺利实行,那么,每一个生产因素创造多少财富就得到多少财富。"

他所谓的"自然规律"可归结为一种适用于劳动力市场的供求法则。在自由市场中,价格与内在价值相对应,对工人来说,其内在价值就是他们工资支票上的数字。主流经济学家显然认为财富分配问题就此结束了,因为它和其他与货币有关的事情一样,成为一个禁忌话题。例如,莱昂内尔·罗宾斯(Lionel Robbins)在 20 世纪 30 年代提出,由于一个人的主观效用无法与另一个人的进行比较,因此公平分配的问题"与科学的经济学假设毫不相干"。[7] 或者正如诺贝尔经济学奖得主罗伯特·卢卡斯(Robert Lucas)在 2004 年所说的那样,"在对健全的经济学有害的倾向中,最诱人、在我看来也最有害的就是关注分配问题。"[8] 在 2015 年的一次采访中,当英国前央行行长戴维·布兰奇弗劳尔(David Blanchflower)被问及量化宽松是否代表了对银行的不公平补贴时,他回答说:"我正在研究,我是说,经济学家不擅长追求公平,对吧?……不过这是个不错的尝试(笑声)。"

此外，对这个问题保持缄默对富人来说是很有帮助的，他们从再分配中受益颇丰。兰德公司 2020 年的一项研究发现，如果经济收益自 1975 年以来一直平均分配，美国工人的平均收入将是他们实际收入的两倍。[9] 用克拉克的话说，供求法则的真正"目的"并不是解决不平等问题，而是提供一个幌子。任何一个财富集中在少数精英手中的社会都需要一个令人信服的解释。在中世纪，我们用"这是国王的神圣权力"来解释；今天则是用新古典经济学来解释。这已经太过明显，以至于在 2021 年，一位美联储的高级经济学家不得不在一篇专业的讨论稿中加上这样一句话："我暂且不提一个更深层的担忧，即当今社会中主流经济学的主要作用是为一种极具压迫性、不可持续和不公正的社会秩序提供辩护。"[10]

正如新学院大学（The New School）的德里克·汉密尔顿（Darrick Hamilton）在一次演讲中所说："作为经济学家，我们需要做的是更好地理解权力和资本在我们的政治经济中的角色。"[11] 当然，我并不是说经济学家完全忽视了权力的问题——只是说，权力像货币一样，没有被足够重视。例如，经济学入门教科书也会讨论金融摩擦和反常现象，比如垄断的出现。教科书中对权力的讨论仅限于"市场权力"，它被定义为"造成市场失灵的可能原因"，其中"一个人（或一小部分人）"可以"不适当地影响市场价格"。[12] 然而，在实体经济中一个更为常见的问题是寡头垄断的出现，寡头垄断的定义是由少数供应商或消费者控制的市场。任何怀疑此类定价权力的人都应该尝试在加拿大推出手机业务，加拿大的无线通信行业分为三大运营商——罗杰斯（Rogers）、贝尔（Bell）和研科（Telus）——它们的收费非常相似（也非常昂贵）。考虑到它们总共聘用了超过 14 万人，这很难说是"一小部分人"，除非你把个人与公司混为一谈。

同样地，为了生存而进行无情的逐利竞争的信用卡公司的数量也很有限，是维萨还是万事达？此外还有亚马逊、苹果、谷歌和脸书同台竞技——又或者说，他们彼此根本没有竞争，因为同类公司就只有他自己一个。正如经济学家保罗·斯威齐（Paul Sweezy）在 1939 年观察到的，"鉴于完全竞争的假设不再有意义，让人很怀疑，是否还有必要继续探寻针对寡头垄断问题的传统'均衡解决方案'。"[13]

主要交易所的大部分价值来自无形资产，如知识产权、软件等。它的货币价值受到专利法等法律的保护，专利是一种实施临时垄断的方式，斯图尔特·布兰德（Stewart Brand）表示，信息本身想要免费扩散，但许多人靠阻止这种情况的发生谋利。"大数据"的问题不在于数据本身，而在于这样一个事实：大型企业可以扭曲监管框架，并保持对大数据的控制。有效市场假说假定所有人都能获得信息，而十分讽刺的是，这些市场依赖的正是信息流动的壁垒。

新古典经济学家还提出了保罗·萨缪尔森所说的"消费者

是至高无上的"的观点。但现实情况是，价格往往是由供应商而非消费者决定的，原因很简单，供应商通常处于更强大的地位——他们在交易中如同质量更大的一方。根据主流经济学，通货膨胀纯粹是由于货币供应过剩。在这种情况下，货币只是一个度量标准，因此改变流通中的货币数量就像改变测量尺度。然而，生产者和消费者之间，或者资本和劳动力之间的权力失衡也可以引起通货膨胀。[14]

金融危机之后，就连主流的经济学家也意识到，严重的不平等正在成为一个大问题。托马斯·皮凯蒂围绕这个主题的著作《21世纪资本论》(Capital in the Twenty-First Century) 出人意料地成为国际畅销书。[15] 但不平等只会继续加剧。那么，量子方法会有帮助吗？

* 12.2 电费账单 *

正如投资公司卡尔德伍德资本（Calderwood Capital）的迪伦·格赖斯（Dylan Grice）所观察到的那样，"人们不理解权力的逻辑，它有自己的数学模型和自己的动态变化。"要分析权力在经济中的作用，首先要从它在货币创造中的作用说起。[16]如前所述，可以用量子电路来表示基于债务的货币对象（如符木），其中包括发行符木的债权人和必须偿还的债务人。债务人的违约倾向最初接近于1，但如果符木要充当货币，违约倾向就必须降低到接近于 0。为了完成这一壮举，债权人必须施加一种力量来抵消债务人的熵力，其结果表现为符木所捕获的能量。类似的论点也适用于《浮士德》中所印发的钞票，不同的是，在《浮士德》中，强制的力量更像是源自皇帝所承诺的黄金，而非债权人施加的力量。在今天的货币体系下，银行扮演着皇帝的角色。

当然，符木并非一种永远有效的货币形式。因此，为了简单起见，如果我们假设这是一笔必须在一年内偿还的税款，那么执行契约所需的能量可以表示为一定的功率乘以这一段时间。这种能量代表了国家为执行契约所花费的全部努力。根据量子决策理论（Quantum Decision Theory），我们可以认为这种能量有两个组成部分：一个"硬"的客观部分，它反映了军队的实力，或材料的价值；以及"软"的主观成分，体现为忠诚、服从或善意等事物。

另外，可以把货币看作是一种权力形式，尼采将其描述为"权力的撬棍"。[17] 世界上的货币储备由世界上的军队支持并非巧合。特工也起到了一定作用：美国特勤局（United States Secret Service）最早成立于 1865 年，隶属于财政部（Department of Treasury），其具体任务是制止伪造货币。虽然老生常谈的说法是货币是靠信任运行的，但它也靠权力运行。当马可·波罗（Marco Polo）将 13 世纪中国的纸币这一成就比作"完美炼金术的秘密"时，它的成功部分是因为造假者会被处死的事实。

当牛顿还是造币厂主管的时候，对造假者的惩罚包括先绞晕、再阉割并拖出内脏，最后再斩首分尸。我们谈论的是"货币的魔力"，但这部分并不是很神奇。这就像魔术师把助手锯成两半的把戏，只不过牛顿他们真的看到了人被锯成两半。

长期以来，经济活动也与直接的实际能源消耗联系在一起，通常是燃烧某种东西，无论是木头（火的发现开启了穴居人的经济）、鲸油、煤、天然气还是原油。与其说工业革命是关乎人类命运的发展，倒不如说它是让化石燃料为人类所用。像美国这样的国家在 20 世纪早期的快速工业化就是依靠电力网络。而最近，有研究表明电力消耗可以反映经济增长，甚至到了可以将它作为 GDP 替代品的这种程度。在一些发展中国家，GDP 是不可能直接衡量的，但却可以从电力使用中推断出来。事实上，GDP 似乎是更适合做衡量能源消耗的指标，而不是衡量经济状况或人类福祉的指标。在世界上许多地方，我们倾向于把获得可靠和负担得起的能源视为理所当然，但随着化石燃料的使用面临限制，这种情况可能会改变。

评估货币和权力相互关系的方法之一是将全球经济视为一个巨大的热力学系统，并分析其长期的总能源消耗。物理学家蒂莫西·加勒特（Timothy Garrett）做了这样一个实验，得出结论说，这两者之间存在着一种非常稳定的关系："实际上，支撑每张 1000 美元纸币所体现的购买力，并将其与一张纸区分开来的，是连续的一次能源消耗，(7.1 ± 0.1) 瓦。"[18] 可以这样看，这是经济系统的一种新兴属性。加勒特表示，经通胀调整后，全球财富通常以每年 2% 左右的速度增长。因为在一个封闭的系统中，这种增长是由能源消耗驱动的，可以将它视为支撑货币供应的经济发展状况赖以维系的年度能源成本。

* 12.3 不要关灯 *

货币和能源之间这种经验性的、自然出现的关系可以通过多种方式来检验。例如，1 万美元的电力消耗应该相当于一个 70 瓦的灯泡使用寿命所消耗的电量，据估计，全球人口的净资产中位数约为 4210 美元，对应了一个 30 瓦的灯泡。[19] 另一种比较货币和能量的方法则是反过来，想想可以通过投资换取多少能量。如果以 2% 的回报率（也就是全球经济增长率）投资同样的金额，每年将赚 200 美元；如果让一个 70 瓦的灯泡照明一年，通常每千瓦时的电力成本为 0.15 美元，那么它的年均电力成本约为 92 美元，这是比较低的，但考虑到所涉及的不确定性（电力成本通常是有补贴的，并因来源和地点而不同；在撰写本书时，德国的平均一度电电费为 0.37 美元，而中国则为 0.09 美元）。[20] 就能量而言，1 万美元所产生的利息就等同于相当明亮的灯泡了。

每年以 2% 的利率投资 1 美元，应能对应产生 0.007 瓦的能量，这点儿能量可能会让一盏小小的 LED 灯发出微弱的光芒。如果我们用能量除以回报率，得到1美元需要的能量约28千瓦时。烧开一壶水大约需要1千瓦时，所以1美元相当于大约一个月的早餐茶水，差不多是这样。一桶石油包含了1700千瓦时，因此每桶石油的价格约为60美元。当然，这些对比还取决于汇率和能源成本等因素，但答案基本还是落在正确的区间内，在撰写本章时，也就是2021年年中，西得克萨斯（West Texas）中质原油的价格恰好就在每桶60美元左右。

与之相应的，人类基本的代谢过程每天消耗约2千瓦时的能量，而一个人类劳动者在一个工作日可以完成约0.6千瓦时的工作，相当于每天约2美分，或每年约5美元。[21] 也许这个数字在你看起来低得离谱，然而据报道，加纳的人均收入中位数是47美元。[22] 尽管这些国家有大量的债务——仅贝莱德（Blackrock）这家投资公司在加纳、肯尼亚、尼日利亚、塞内加尔和赞比亚就持有近10亿美元的债务。[23] 这也说明了为什么现代经济不太依赖直接的体力劳动：人类相对虚弱的身体与其能够通过给汽车加满汽油或贷款买房等事情而占用大量能量之间形成了鲜明的对比。在1900年，美国的生产工人需要工作大约一个小时，才能赚到足够的钱来购买1千瓦时的能源；今天只需要14秒。[24]

货币可能只是一种信息形式，但信息和能源是一如既往相关联的：生产货币需要能源，而货币又可以用来购买能源。与《浮士德》中"1000克朗的法定货币"不同，1美元相当于可以使用 28 千瓦时的电量。现代货币理论的重要思想是，一个主权国家永远不会缺钱，只要它的债务是用自己的货币计量的，因为它总是可以印更多的货币。但正如弗雷德里克·索迪在 1922 年所写的那样，"人类法律和惯例的原则与伦理不能与热力学定律相违背"。虽然一个国家不会耗尽自己的资金，但它可能会耗尽自己利用和开发能源的能力。[25] 当一家私人银行发放 100 万美元的购房贷款时，这笔钱显然是凭空产生的，但正如金银通货主义者早就知道的那样，它对应了对地球资源的一种非常真实的索取。

与能源关系最直接的货币就是比特币，因为比特币的价值是由"矿工"决定的，他们的主要成本就是耗电量。因此，矿工通常会选择电价低廉的地区。根据 2020 年的一项分析，如果能源价格略低于每千瓦时 0.12 美元，矿工就可以实现收支平衡。[26] 比特币通常被认为是一种不环保的货币，因为它的开采消耗了大量的能源（尽管其中一些是可再生的），[27] 但至少它不需要大规模的银行基础设施，或军队。

我们再将这些粗略的估计与核装置的能量进行比较，三位一体核试验爆炸相当于约 2.2 万吨 TNT 当量或 2500 万千瓦时的能量。就货币而言，这等同于将近 100 万美元。一个现代核装置的能量可能是它的 100 倍，因此相当于包含了 1 亿美元的能量。世界上大约有 1 万枚核武器，因此总能量大约是 1 万亿美元。史上试验过的最大核弹是俄罗斯的"沙皇炸弹"（The

Tsar Bomba），它在 1961 年爆炸时释放了约 670 亿千瓦时的能量，按货币计算约为 24 亿美元。它产生了一个底部宽约 40 千米的蘑菇云。它的设计者之一是安德烈·萨哈罗夫（Andrei Sakharov），不久之后，他将自己的精力放在了反核运动上，成为一名主要的持不同政见者。

据估计，2015 年加拿大的房地产总价值为 48000 亿加元，到 2021 年已增长到约 81000 亿加元。这相当于 1100 亿桶石油储量，与该国的石油储量（包括油砂储量在内，约 1700 亿桶）相当。如果我们想用《浮士德》中的做法，以地下石油储备来为房地产的财富背书，那么很快石油就会耗尽，这对一个石油储备仅次于委内瑞拉和沙特阿拉伯的世界第三大储备国来说是相当惊人的。

最后，我们可能会问这些能源的量与气候系统的能量有何关系。大气层的质量估计约为 60000000 亿吨。[28] 平均温度每升高 1℃所需的能量按货币换算则为 500000 亿美元。全球 GDP 约为 810000 亿美元，这就揭示出了为何会有气候问题。

当然，这些粗略的计算或警告信号在主流经济学中都无关紧要，因为它们的分析在很大程度上忽略了能源（连同货币）。正如生态经济学家内特·哈根斯（Nate Hagens）所提出的那样（他特意强调），"经济学家认为资本、劳动力和人类创造力是首要的，能源是次要的或不存在的。事实上，实际情况却恰恰相反。我们对能源视而不见。"[29]

* 12.4 货币的颜色 *

货币是硬的客观因素和软的主观因素共同作用的产物,正如我们已经看到的,这些因素以复杂的方式叠加在一起,因此将它与一套物理系统进行任何比较都可以。例如,仅仅因为一些东西使用能源并不意味着它是有价值的;石油价格的波动表明,在短期内,货币和能源之间的关系是多变的(然而,加勒特却认为这种关系在较长时期内是非常稳定的)。可再生能源的巨大成本也会影响平衡。经济不是一套物理系统,它是一套建立在物理系统之上的心理建构。然而,正是这种不确定性和不兼容性使得我们可以为经济构建量子框架;我们只需要认真定义我们的术语和单位。

在量子物理学中,量子的能量是这样表示的,一个被称为普朗克常数的数字乘以一个频率,后者指的是该量子的波动频率。对一个光子而言,这个频率就是光波的频率,对可见光来说就相当于其颜色。在量子经济学中,货币(如一美元纸钞)的相应价值公式同样可以用普朗克常数的金融版本乘以频率来表示。[30] 因为我们面对的是一个经济系统,所以价值是用货币单位而不是物理单位来定义的。然后频率将随面值(此处是1美元)变化,也取决于利率,这在符木的例子中扮演着类似的有违约风险的债务人角色。

在物理学中,普朗克常数指的是作用量,其物理单位为能量乘以时间。普朗克最初选择字母 h 作为他的常数的符号；然而，物理学家保罗·狄拉克（Paul Dirac）后来（出于数学上的方便）对之进行了修改，用普朗克常数除以 2π，以符号 $\hbar$（"h-bar"）来代替。炼金术士会认出这是土星的炼金符号，它与铅有关。当然，金融炼金术的目的就是在最短的时间内将铅转化为黄金。

如第 8 章所述，量子阈值效应会影响包括抵押贷款违约率在内的各种现象，类似于物理学中的光电效应，即电子只有在与频率足够高的光源所产生的光子碰撞时才会发生跃迁。在经济学的版本中，重要的是货币的相关频率，这取决于面值和间接衡量货币供应健全程度的利率。一个常见的美式英语表达是"某人的钱的颜色"，它的意思是"证明某人会付钱给你"。由于光的颜色体现了其频率，量子经济学又为这一表达增加了一重含义——也为毕达哥拉斯学派数字与音符频率之间的联系增加了一重含义。

当然，我们并没有针对心理量子能量的简洁公式，用以计算量子阈值效应，因为心理量子能量的数量会随着环境和人的变化而变化。把货币和频率联系起来的想法（即使是在理智的物理杂志上）[31]听起来像一个新时代的骗局——把你自己调整到货币的频率就能致富！或者更糟糕的是，这听起来像是又一次试图借用物理学的崇高威望，来进行经济学骗局。

然而，我需要再次重申一下，我们并不是想要在物理学和经济学之间建立一种完美的映射，因为这样的东西并不存在；也不是说货币可以简化为一种直接的能量度量，就像货币也不能简化为一种劳动或效用度量一样。相反，我们是想在量子数学和量子经济学之间建立一种独立于量子物理学之外的映射。再回想一下，量子数学的主要特征是，它是基于概率倾向的，正如使用 2 范数所分析的那样，这很自然地导致了一整套量子现象，包括叠加、干涉和纠缠，这似乎很适合为经济中的信息流，以及借金融交易来衡量价值等事物建模。

因此，量子模型以同等的尺度将客观和主观现象结合起来。如果我们选择用货币单位来表示类似的能量，或者用频率来衡量货币的能量，这并不意味着这些物理量具有相同的物理意义，因为它们有主观成分——而且我们都知道人对时间和精力的感知并不完全符合某种客观标准。然而，这些术语确实提供了一种思考货币和经济的新方式。

在量子物理学中，频率与系统对扰动反应的速度有关。可以将量子心理能量的频率看作是代表了注意力或专注度，其维度与对主观时间的体验有关。我们都知道大量的货币和时间压力之间的心理联系。据传本杰明·富兰克林（Benjamin Franklin）曾说过"时间就是金钱"，但从心理学的角度来说，更准确的说法是，时间与金钱是呈负相关的——这就解释了为什么随着金融化的步步推进，世界的发展速度似乎越来越快，而所用时间越来越短。

* 12.5 快速的时代 *

为了进一步探讨这种软的、主观的、通常不适用于严肃科学书籍的想法,我们要举一个透过对建筑项目的传统态度看出主观的时间与金钱呈负相关的例子。大多数现代企业或政府都不愿承担延续几代人的大型项目——即使它们确实会带来长期的巨大回报。然而,在中世纪的符木时代,教会最大的开支之一就是建造富丽堂皇又造价极高的大教堂。例如,巴黎圣母院(Notre-Dame)的建造款来自教会拨款、富有的主教和市民的遗赠以及人头税。亚眠(Amiens)等许多城镇借了大笔贷款来建造大教堂。

大教堂是当时的旅游胜地,吸引了大量的朝圣者,即使在今天,它们也在继续促进当地的经济发展。大教堂的建造往往会持续几个世纪,这在一定程度上是因为融资是零星进行的,但它也让我们了解到了中世纪时期人们对待金钱和时间的态度。放高利贷被认为是一种罪过,所以至少在原则上,人们不那么急于偿还债务。反对高利贷的主要论点是它被认为是犯了贪婪这种大罪;然而,高利贷也被认为是一种盗窃,即对时间的盗窃。高利贷从偿还贷款所需的时间中赚钱。

更普遍地说,可以将中世纪时期看作是基于某一版本的礼物经济(Gift Economy),正如卡尔·波兰尼(Karl Polyani)所写的那样,这种经济"嵌在了社会关系的迷宫中"。[32]

对高利贷的禁令反映了一种相对静止的世界观，在这种世界观中，时间尺度相应较长。经济理论和思想似乎与交换礼物的关联更深，而不是"硬的"商业价值计算。圣方济各（St Francis）甚至告诉他的追随者们，"我们对货币和铸币的使用和尊重应该跟对石头的态度差不多。"[33] 我们经常把中世纪农民的命运与长期的艰苦劳动联系在一起，但正如经济学家朱丽叶·肖尔（Juliet Shor）所指出的那样，"在资本主义出现之前，大多数人根本不会长时间工作。生活节奏是缓慢的，甚至是悠闲的，工作节奏是很放松的。我们的祖先也许并不富裕，但他们有充足的闲暇时间。"[34]

以仁爱为基础、视贪婪为致命罪恶的慢社会理念与我们基于货币、高利贷盛行的现代借贷体系形成了鲜明对比，我们的体系中用看不见的手取代了仁爱，用无节制地追求财富取代了道德伦理，而且这样发展的速度似乎还越来越快了。时间与金钱呈负相关最明显的例子可能是最近几十年发生在金融市场上的事情。根据纽约证券交易所（New York Stock Exchange）的数据，股票的平均持有期从1960年的100个月稳步下降到今天的6个月左右。[35] 许多交易活动是由Citadel这样的高频交易（HFT）机构进行的，这些公司每天进行成千上万的股票和期权交易，通常只持有几秒钟甚至更短的时间。[36]

从多个方面来看，金融时钟正在以越来越快的速度运行。人类行为也会出现类似的加速效应，这或许并不令人意外，至少就富人而言是这样。在一项实验中，由美国心理学家保罗·皮夫（Paul Piff）领导的一个团队对司机在十字路口的行为进行了监测，发现驾驶高级轿车的司机强行加塞的可能性是其他司机的4倍，在人行横道上不让路的可能性是其他司机的3倍。[37]加州大学洛杉矶分校（UCLA）的神经学家基利·马斯卡特尔（Keely Muscatell）表示，财富会抑制大脑中与同理心相关的部分："你的社会地位越高，你越有可能违反交通规则、撒谎、欺骗……直接的经济分析难以理解这种结果。"[38]从量子的角度看，可以简单地用货币和某种主观频率之间的联系来解释这种现象：货币使人失去耐心。你听到的嘀嗒声就是金融核弹倒计时的声音——而且它似乎正在加速。在最后一章中，我们将探索如何在这个金融设备造成实质伤害前关闭它。

注释

1 Tomkins, C. (1 January 1966), "In the Outlaw Area". *The New Yorker*.

2 Schacht, H. (1967), *The Magic of Money*. London: Oldbourne.

3 Häring, N. and Douglas, N. (2012), *Economists and the Powerful*. London: Anthem Press, p. x.

4 Michael, P.A.M. (2021), *Quantum Social Theory for Critical International Relations Theorists: Quantizing Critique*. Cham: Palgrave Macmillan, p. 91.

5 Bichler, S. and Nitzan, J. (2020), "The Capital As Power Approach: An Invited-then-Rejected Interview".

6 Perelman, M. (2015), "How economics bolstered power by obscuring it". In *State of Power: Annual Report 2015* (Amsterdam: The Transnational Institute), p. 97.

7 Robbins, L. (1932), *An Essay on the Nature and Significance of Economic Science*. London: Macmillan, p. 125.

8 Lucas, R.E. (1 May 2004), "The Industrial Revolution: Past and Future-2003 Annual Report Essay". Federal Reserve Bank of Minneapolis.

9 Price, C.C., Edwards, K.A. (2020), "Trends in Income From 1975 to 2018". Santa Monica, CA: RAND Corporation. See also: Hanauer, N., Rolf, D.M. (14 September 2020), "The Top 1% of Americans Have

Taken $50 Trillion From the Bottom 90%—And That's Made the U.S. Less Secure". *Time.*

10 Rudd, J.B. (2021), "Why Do We Think That Inflation Expectations Matter for Inflation? (And Should We?)". *Finance and Economics Discussion Series* 2021-2062. Washington: Board of Governors of the Federal Reserve System.

11 Hamilton, D. (2021), *Fordham Distinguished Lecture in Economics.*

12 Mankiw, N.G. (2018), *Principles of Economics.* 8th edn Boston, MA: Cengage Learning.

13 Sweezy, R.P.M. (1939), "Demand Under Conditions of Oligopoly". *Journal of Political Economy* 47(4): 568-573.

14 Nitzan, J. (2020), "Neoclassical Political Economy: Skating on Thin Ice".

15 Piketty, T. (2014), *Capital in the Twenty-First Century.* Cambridge, MA: Belknap Press.

16 Orrell, D. (2021), "The Color of Money: Threshold Effects in Quantum Economics". *Quantum Reports* 3(2), 325-332.

17 Nietzsche, F. (2008), *Thus Spoke Zarathustra: A Book for Everyone and Nobody.* Oxford: Oxford University Press, p. 44.

18 Garrett, T. (2014), "Long-run evolution of the global economy Part I: Physical basis". *Earth's Future* 2: 127-151.

19 根据瑞士信贷研究所（Credit Suisse Research Institute）2018 年《全

球财富报告》(Global Wealth Report)。

20 数据来自世界银行。

21 IIER (2011), "Green Growth - an Oxymoron?". IIER.

22 数据来自世界银行。

23 Dearden, N. (14 October 2020), "It's Official, The Global Economy Is a 'Debtor's Prison'". *New Internationalist.*

24 Fix, B. (2020), "Can the World Get Along Without Natural Resources?"

25 Soddy, F. (1922), *Cartesian Economics: The Bearing of Physical Science upon State Stewardship.* London: Hendersons.

26 Kraken Intelligence (September 2020), "Kraken's The Great Debate: Bitcoin & Intrinsic Value".

27 Gladstein, A. (2021), "Can Governments Stop Bitcoin?". *Quillette.*

28 Trenberth, K.E., Smith, L. (2005), "The Mass of the Atmosphere: A Constraint on Global Analyses". J. *Climate* 18(6): 864-875.

29 Hagens, N.J. (2020), "Economics for the future-Beyond the superorganism". *Ecological Economics* 169: 106520.

30 Orrell, D. (2021), "The Color of Money: Threshold Effects in Quantum Economics". *Quantum Reports* 3(2), 325-332.

31 Orrell, D. (2021), "The Color of Money: Threshold Effects in Quantum Economics". *Quantum Reports* 3(2), 325-332.

32 Quoted in LeGoff, J. (2012), *Money and the Middle Ages*. Oxford: Polity, p. 128.

33 Francis of Assisi (1906), *The Writings of St Francis of Assisi*. Translated by Paschal Robinson. Philadelphia: Dolphin.

34 Schor, J.B. (2000), *The Overworked American: The Unexpected Decline of Leisure*. New York, Basic Books.

35 Harding, S. (2011), "Stock market becomes short attention span theater of trading". Forbes.

36 根据咨询公司 Tabb Group 的数据，高频交易占"美国 2015 年每日股票交易量的 73%，比 2005 年高了 30%"。Bailey, T. (3 July 2015), "Flash and burn: high frequency traders menace financial markets". *World Finance*.

37 See Miller, L. (1 July 2012), "The Money-Empathy Gap". *New York*.

38 Quoted in Lewis, M. (12 November 2014), "Extreme Wealth Is Bad for Everyone-Especially the Wealthy". *New Republic*.

第13章
拆弹小组

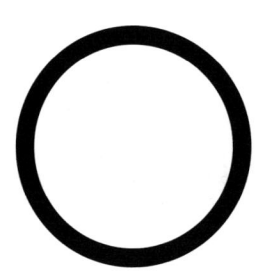

> 但是,那些专讲赚钱的人们,终日孜孜为利,对这些穷汉熟视无睹,只顾把自己金钱的毒饵继续抛出去,寻找受骗的对象,用高利率给以贷款,仿佛父母生育子女一样,使得城邦里的雄蜂和乞丐繁殖起来,日益增多。
>
> ——柏拉图,《理想国》(The Republic)

> 我们需要这种增长。
>
> ——蒂夫·麦克莱姆(Tiff Macklem),时任加拿大央行行长,2021

货币是量子的,债务是可裂变的,世界经济倚靠的是大量借来的能源。本书的最后一章展示了货币的神奇属性是如何让银行的金融奇才积累了巨大的权力,掌控着我们的生活;并提出,我们需要重新获得控制权,拆除威胁社会和地球的金融核弹,同时也揭示出了货币的秘密。

在曼哈顿计划期间,科学家们面临的最大挑战之一不仅是如何让链式反应发生,还包括如何设法使该反应减速,从而制造出一个可以正常运转的装置。主要的进展来自意大利物理学家恩里科·费米(Enrico Fermi),他在"二战"爆发前就离开了法西斯专政的意大利，费米提出，石墨可以吸收中子从而调节反应速率，是理想的物质。1939年，利奥·西拉德首次演示了链式反应，费米与他共同合作，进行了一个名为"芝加哥一号堆"（Chicago Pile-1）的绝密实验，以测试该方法。

这项实验是在芝加哥大学一个球场的地下进行的。该装置由一大堆重达500吨的铀块组成，中间穿插着石墨块，以减缓反应速度，也可以插入石墨控制棒来终止反应。通过炼金术一般的核嬗变，该反应的副产品是一种新元素，名为钚（Plutonium，根据当时的冥王星Pluto命名），它比铀更能裂变。

1942年12月2日，石墨控制棒被移除，反应堆自此激活。探测器一直在监测其活动。正如费米的妻子劳拉（Laura）所写的那样："计数器响起来了；记录器绘制的线条开始往上走。记录器没有显示出要趋于稳定的迹象。反应堆里发生了链式反应。每个人心里都有一个无法回避的问题：'我们何时才会害怕？'"[1]

4分30秒后，费米命令重新插入石墨控制棒，停止实验。假如实验再多进行一会儿，芝加哥可能会成为世界上第一处发生核泄漏的地点。实际情况也差不多，费米和在场的其他科学家和技术人员都暴露在了危险的核辐射中。费米后来死于癌症，年仅53岁。

当然，与真正的核武器所发出的核辐射相比，这根本不算什么。《纽约时报》在费米的讣告中称他为原子弹之父，[2]但也许这个角色应该留给铀的命名出处——天神乌拉诺斯

（Uranus）。

* 13.1 增殖反应堆 *

根据赫西俄德（Hesiod）的《神谱》（*Theogony*），古希腊神话中最初的核心家庭是由天神乌拉诺斯与大地女神盖亚交配并生下许多孩子而形成的。不幸的是，他恨他的孩子们，他们也恨他。其中一个孩子克洛诺斯（Cronus）甚至阉割了乌拉诺斯，并把割下的生殖器扔进了海里。这在海洋中留下了一个白色的泡沫，长成了爱神阿佛洛狄忒（Aphrodite）。不管怎么说，这个故事的结局还是好的。

神话作家阿波洛道鲁斯（Apollodorus）将乌拉诺斯简单地描述为"第一个统治整个世界的人"。[3] 当然，现在这个角色已经被货币取代了。那么，为了保护大地之母盖亚免受其踩踏，我们现在是否需要象征性地阉割货币，将其抛入大海，开启一个充满爱的新时代呢？抑或插入几根控制棒就够了？

货币让人联想到孩子和增殖，这一点换个角度看其实可以追溯到柏拉图。他在《理想国》中写道，货币往往像"父母生儿育女"一样增殖，可能导致社会不稳定[4]。也可以追溯到亚里士多德，他教育人们任何形式的货币收益都等同于盗窃，他写道："至于'钱贷'则是更加可憎！人们都厌恶放债是有理由的，这种行业不再从交易过程中牟利，而是从作为交易的中介的钱币上取得私利。为了交易之方便,人们引用了货币,而钱商竟然强使金钱进行增殖。这里就显示了'子息'一字的真意,'儿子必肖其亲',而今本钱生子钱,所谓'利息'正是'钱币所生的钱币'。我们可以由此认识到,在致富的各种方法中,钱贷的确是最不合乎于自然的。"[5]

虽然这些说教对中世纪时期教会禁止放高利贷起到了重要作用,但这种限制早已失效。事实上,现代经济的金融框架完全基于高利贷的概念。货币系统是增殖反应堆的一种,它主要的产出就是基于债务的金融增长,但以极严重的不平等、不稳定和环境破坏为代价。一旦失去控制,它就会变成金融核弹。

还以多伦多的住房市场为例,它约占加拿大住房市场总额的 25%,总价值约为 20000 亿美元,将其转化为能量而言,这是世界核武器库的 2 倍。显然,每个人都希望它能得到控制。

那么,量子经济学能提供什么帮助呢?

＊ 13.2　我们何时才会害怕？　＊

正如本书开篇所提到的,世界经济正面临着社会不平等、金融不稳定和迫在眉睫的环境灾难等紧迫而又互联的问题。像房地产泡沫这样的事情似乎只是代表了一种令人愉悦的价格上涨,但实际上它直接导致了上述 3 个问题。

如多伦多和其周围区域的房价暴涨——(其中许多地区在

2020年升值30%甚至更多）导致了社会不平等，因为人们拥有的财产往往随着他们的财富扩张，低收入人群没有资格获得抵押贷款。房价暴涨还会导致金融不稳定，因为抵押贷款代表着对金融资产的高杠杆押注。最后，它在很多方面造成了环境破坏。

数据显示，在多伦多和温哥华，约20%的房主在疫情前拥有两套或更多的住房，自疫情以来，这一数字可能进一步增加。[6] 此外，迅速膨胀的价格并没有阻止购房者，他们囤积住房，仿佛房子是黄金做的一样。其中一些房屋被出租，但许多房屋一直空置或偶尔使用。在房价暴涨时期，人们搬家时通常会保留原来的房产，作为对价格上涨的一种杠杆操作。类似的情况也出现在世界其他地方，比如伦敦。2020年，人们发现，阿拉伯联合酋长国的谢赫·哈利法·本·扎耶德·阿勒纳哈扬（Sheikh Khalifa bin Zayed Al Nahyan）拥有价值约55亿英镑的房产，但这些房子并非全部有人住着。[7] 根据英国绿色建筑委员会（UK Green Building Council）的数据，英国总碳足迹中约6%是由新建筑造成的，而建筑环境整体（包括用于供暖的能源消耗）贡献了约40%。为了履行2008年《巴黎协定》(The Paris Agreement)中规定的英国碳减排义务，该委员会表示，到2050年，这一数字需要降低约40%。[8] 但是，当节能设计节省的潜在成本与拥有房产的成本相比微乎其微时，相当于节能基本没有任何经济激励。

加拿大的房子反而越来越大,自20世纪70年代以来已经翻了一番。加拿大没有建造永世辉煌的大教堂,而是有计划地建造起了富丽堂皇的住宅。所有这些房屋的建造和维护都需要材料和能源;这些房屋导致人口密度较低,从而造成城市扩张和空气污染;房屋需要能源来供暖、降温;还会需要很多家具和其他物品来填充。例如,许多多伦多人除了在城里有自己的房子,还有一栋"小屋"(通常和他们城里的房子一样大),距离湖边很近,或许还有一间公寓可以出租。每栋房子都有自己的家具、厨房等;"小屋"可能配有小船或雪橇;当然,他们还需要一辆大型车,好在几所房子之间往返——国际能源机构(International Energy Agency,简称IEA)最近的一项研究表明,加拿大人驾驶的汽车是世界上污染最严重的,最畅销的是轻型福特皮卡。[9]这是一种很有意思的生活方式,但在一个人类制造的物质已经超过所有生物质的时代,它也似乎是对环境危机一种不当的回应。[10]盖亚可不会喜欢这样。

当然,这枚特别的金融核弹只是世界各地安装的许多金融核装置之一。其中最大的一枚是由美联储监管的,美联储的遏制策略似乎就是持续保持尽可能低的利率。与其说这种做法是像中世纪那样禁止贷款利息,倒不如说是将高利贷直接发售。

美国联邦存款保险公司(US Federal Deposit Insurance Corporation)主席希拉·拜尔(Sheila Bair)在美国政府应对2008年金融危机中发挥了关键作用,2020年,她在推特上写道:"就像不断扩大的财富和收入不平等带来的相关'副作用'一样,持续的低利率会让强者更强,抑制创新和生产力,同时抬高了富人所拥有的金融资产的价值。然而,两党都没有人谈论这个问题。如果两党曾在任何事情上达成共识,那就是'增加'(而不是'减少')对廉价债务的依赖来推动经济增长。讽刺的是,我认为普通大众'明白这一点'。但美国的政治领导层似乎不愿从根本上重新思考货币政策在经济中的作用。"也许是因为他们的教科书里没有金融核弹的内容。

* 13.3 三步走战略 *

关于如何让金融体系更公平、更有弹性、更环保,有很多文章是由比我更了解这个问题的人写的。保罗·威尔莫特(Paul Wilmott)和我还在我们合著的《金融方程式》(*The Money Formula*)一书中尝试提出了一些改革(即收缩)金融部门的建议。不过,请注意,这本书的标题不是"如何监管金融核弹";越来越多的人不想监管或改革这个体系,他们想要废除它。因此,我将只描述一个简单的三步走方法,不需要任何先进的专业知识;并提出一些量子途径可能会有用的方法。

- 第一步

  首先检测设备。正如在第 4 章"消失术"中所讨论的,金融核弹被一件由主流经济学制成的神奇隐形斗篷保护着。为了成功地定位到该装置，必须首先清除这种经济学思想。有一点很重要，这种经济学思想实际上已经被清除了——我们真的已经经过了"反思"的阶段。主流经济学思想似乎在自身矛盾的重压下慢慢崩溃，但这并不完全是一回事，甚至可能是危险的。

这时经济学家可能就会出现了，会想出各种各样的借口和烟幕弹，像之前在2009年，迈伦·斯科尔斯（Myron Scholes）说，"要说什么东西不行，你必须得先找到它的替代品，到目前为止，我们没有一个新的范式可以取代有效市场假说"。[11] 想想看，这是不是有点奇怪——就像说一辆汽车的刹车只有在要更换时才算失灵。你好歹能从冒烟的残骸上看出来吧？但好在如今听从这话的人越来越少了，而且确实出现了一种新的范式。

一旦发现了这一装置，要小心地拆除保护易爆物的经济学外包装，以便检查整个装置和其工作机制。

打开这台装置可能会像电影中那样，导致其计时器突然加速。但是当你更加仔细地查看所有人一直都在担心的计时器时，你会发现其实它什么也没有连接。核弹早就已经引爆了（见图1.1的指数曲线），它的冲击波已经扩散到全世界，辐射已经扩散到整个地球。

- 第二步

一旦外包装被轻轻剥开，第二步就很简单了，那就是拉响警报，然后撤退。该装置一旦暴露在外，最终应该会停止增长，或者完全自行失能。如果似乎什么都没有发生，可以查看下面的一些方法来加速这个过程。但你的工作不是防止未来的崩盘——或者像加拿大住房部长在某一天乐观地表示的那样，"制定一个既公平又可控的精确纠正措施"——而是应对后果。不平等、不稳定和环境破坏不会自行消失。

这就引出了最难的部分，也就是最后一步。

- 第三步

什么也不做。

这一步之所以难，是因为政策制定者会发现当假定的无限增长的经济源泉不再如预期般发挥作用时，我们不可能袖手旁观，什么也不做。例如，在多伦多，房地产-金融综合体主导着经济，长期的房地产衰退肯定会对高杠杆金融构成挑战。一些背负抵押贷款的人将会违约，一些公司和个人将会宣布破产，货币制造机器将会发生逆转，政客们将会寻找巫师做替罪羊，将其烧死。每个人都喜欢说些陈词滥调，类似"人人都买得起的房子"和"可持续发展的经济"，但是要达到这一目标将会需要一些令人痛苦的政治对抗。

如果什么都不做听起来不太可能，那么请记住，加拿大政府为了应对新冠疫情，实施了一位评论员所谓的"有控制地摧毁世界经济""迫使数亿人在几周内失业"。[12] 我们还需要面对挪威商业作家安德斯·因塞特（Anders Indset）在其2020年出版的《量子经济学》一书中提出的问题："我们应该保留什么体系和模式？哪种体系和模式才是我们需要重建或者彻底抛弃的？"[13] 在这种情况下，政府的目标不是帮助受影响的行业复苏，而是只鼓励有益于实现社会发展的部分，如提高社会平衡、金融稳定和环境健康，这样的要求实际上并不算太高（再说一遍，人们所居住的房屋不应该在GDP中占据一大部分）。

如果事情真的失控了，那么债务可能需要重组或减少（可能以股权交换）。非主流经济学家圈子里广泛讨论的一个选择是，发起一场禧年（Jubilee）债务运动，拨出一部分钱给负债者，取消其背负的债务。[14] 虽然这看起来像是让债务人搭便车，而且还会引发道德危机，但禧年和货币一样古老，自古以来就是解决反复出现的问题的方法（尽管如前所述，债务水平从来没有这么高过）。如今，债务减免通常只适用于经历了危机的大型银行和企业，但将同样的想法应用于更广泛的领域也无妨。真正会引发道德和伦理危机的是金融核弹。在一场直接行动、全凭自觉的禧年运动中，人们也可以停止偿还债务，自行承担后果，但结果会有点混乱。

另一种拆除核弹的方法是，中央银行以某种方式制造恰到好处的通货膨胀,借此消除债务。[15] 但央行多年来已经用实践证明,除了资产价格——行为经济学家称之为"控制错觉定律"(the Illusion of Control),一个恰如其分的魔术术语,它们无法故意抬高任何东西。此外,一旦更广泛的经济领域开始出现通胀,就很难控制(这是2021年年底人们很担心的一个话题,因为一些商品价格确实开始回升)。通货膨胀只是另一种再分配,惩罚的是储蓄者和拿固定工资的人。或许他们可以尝试将房价增长纳入他们的目标通胀指数(目前包括加拿大在内的许多国家都将其排除在外),[16] 这会让人们注意到它是通胀的一种形式,并引发有关利率的精彩辩论。

至于金融核弹在气候方面的影响:为了将全球气温升幅控制在1.5℃以内,据估计,2030年之前,全球温室气体排放必须减少近一半,并在2050年前后达到净零排放。正如经济合作与发展组织(OECD)所指出的那样,"这是一项前所未有的变革任务,因为同时需要解决生物多样性丧失、土壤退化和污染问题,使得这一任务更加艰巨。"[17] 如果我们关停经济的主要组成部分,如航空,是一个办法。而收缩部分高能耗且很大程度上不高效的寄生型经济,当然也说得通。在当今的政治和经济体制内,气候和生态危机是无法得到解决的。当这个国家的主要商业模式是建造大量价格过高的巨大住宅,让房主像在跑步机上一样必须为了还贷不停奔忙时,这个问题肯定无法解决。

* 13.4　让人纠缠的货币魔术 *

当然，被债务所困的并不只是富裕的西方国家的房主。例如，撒哈拉以南非洲等地区的欠发达国家还面临着主权债务问题。2020年，世界银行（World Bank）行长戴维·马尔帕斯（David Malpass）谴责说："不存在允许支付部分债务和减少索赔的主权国家破产程序……在最糟糕的情况下，它相当于现代的债务人的监狱。"[18]这些债务中有很大一部分的债主是很有钱的公司，比如做的是"上帝的工作"的高盛、汇丰银行（HSBC）、贝莱德等。这些金融链条就像当年进行奴隶贸易的南海公司正如日中天时的铁链一样真实。正如加拿大经济学家威廉·怀特所指出的那样，世界各地的债权人并不同意债务重组，而是"延长债务期限，假装债务仍然有效。表面上看，宽松的货币政策使这一切变得可行。"但最终，"很多债务都要冲销。否则，这些国家将被迫继续努力还债，他们将以牺牲医疗等为代价。这是人类灾难的根源。"

人们最终会像弗雷德里克·索迪在早些时候所做的那样，怀疑我们的货币体系——基于主权国家和私人银行之间的公私权力共享关系——在21世纪不能满足实际的需求。索迪自己在《货币的作用》（The Role of Money）中提出的建议是停止纳税——大部分税款都用于偿还金融部门的债务。索迪说："只需要足够多的合适的人团结一致，拒绝纳税。由于大范围的货币私人问题，整个税收的大部分都是伪造的。这些人就是为了要彻底清扫魔术师们编织出的各种让人相互纠缠的网，这些如何无中生有，以及最重要的，使之长期产生利息的网。"

这种反纳税的方法可能不会奏效，至少在加拿大是这样，尤其是因为主要住房的资本收益是免税的，所以房屋所有权算是生活中正儿八经的免税品。毗邻各大银行的非营利机构 C. D. Howe Institute 警告说，"对资本收益征税不会给房地产市场降温"，但我们什么时候开始通过征税来降低房价了？[19] 然而，在撰写本书时，也就是 2021 年，英国的灭绝叛乱（Extinction Rebellion，简称 XR）成员正在计划推出为期一年的税收罢工，他们要减免约 3.5% 的商业或个人所得税，他们辩称，这正好对应了政府为"伤害地球"所支付的比例。正如 XR 联合创始人盖尔·布拉德布鲁克（Gail Bradbrook）所说，我们的经济体系的意识形态是基于"匮乏、分离和无力"的理念。现在是时候"挑战一个充满破坏和激励伤害的经济体系……人们不再认为政治和经济需要剧烈变革是激进和荒谬的。这已经成为一个主流话题。"[20] 第一步是"打破当前经济体系以人们的最大效用为核心的幻想。"在 2007 年至 2008 年的金融危机中，银行成功逃避了所有它们应当承担的责任，但下一次危机发生时，它们可能就不会这么一帆风顺了。

2021 年，市场策略师克里斯·沃特林在著名的"革命性小报"《金融时报》上发表了一篇文章，呼吁对金融体系进行

"重大重置"（Great Reset），目标是让经济"减少对新增债务的依赖，更多地依赖生产率、全球贸易和创新带来的收益"。在这种情况下，更多人得以分享生产率提高带来的益处，收入不平等应该会缩小。解决方案既包括取消债务，也包括各国就"某种形式的锚定"达成协议——"无论是将两国之间的货币绑定在一起，还是将它们与一种中央电子货币或电子特别提款权（国际货币基金组织，IMF，创造的国际储备资产）捆绑在一起。"[21]

正如货币理论家贝尔纳德·列特尔（Bernard Lietaer）所指出的，"每个现代社会——无论其文化或政治背景如何——都已经接受了当前的货币体系是不证自明的正确。"[22] 但货币是一种技术，就像我们的经济一样，它早该升级了。索迪所说的真实财富和虚拟财富之间的分裂永远不会消除，因为它反映了货币虽不相容但又交织在一起的两个方面。也许我们可以让经济更真实一点，减少它对虚拟债务的依赖。此刻很难看到这样一个"重置"的发生，有些人会将危机看作是在为"世界新秩序"铺路的精英策略，这个名字来自赫伯特·乔治·威尔斯1940年的同名书，由全球社会主义政府运行。但是现有货币体系不会永远持续下去，各国央行数字货币的实验正在探索新的可能性。经济学家巴里·詹姆斯（Barry James）指出，这种货币可能为中央银行提供一系列类似量化宽松政策的新工具，远比现有方法更精确，并帮助"解除商业银行与货币创造的纠缠，使货币创造可以为所有人拥有,并朝着对其有利的方向运行"。然而,它们也可能变成一种控制和监视的工具,这就是为什么需要"对其设计及所有含义进行彻底的公开辩论"。

* 13.5 量子跃迁 *

现在,对于坚持看到这里的本书读者来说,上面概述的观点似乎并不直接依赖于量子经济学,说到底这还是我们推崇的魔法学派,如果核弹本身就会自动解体,那么拆除它并没有多大帮助。但仅仅变革金融工具是不够的,因为它来得有点晚了;我们需要变革最初导致它们产生的一系列观念和权力结构。这就是量子的作用。金融和心理现象一直是相互联系的,我们虽然很难直接戳破金融泡沫,但我们可以戳破心理泡沫——最终戳破支撑这个泡沫的集体社会波函数。

主流经济学的核心观点是,人的行为表现就像古典原子:坚硬、独立、稳定、永恒。因此,可以将经济建模为一个均衡系统。这种叙事非常成功:正如我们所看到的,它利用了古代神话,唤起了我们对秩序的渴望,并让我们不去追逐金钱。然而,其结果是一种由不稳定的金融部门主导的不公平、不可持续的经济。量子经济学的主旨是,人们是相互纠缠的:与自己的主观感受、与他人、与他们在新闻中读到的东西,尤其是与货币体系纠缠。经济是一个复杂的、动态的系统,可以使用各种混合建模技术，只要人们尊重思想和货币的量子的、非命定论的、纠缠的本质，特别是货币体系将认知层面和金融层面的纠缠扩大到社会层面的能力。

长期以来，主流经济学一直对货币这个敏感的话题视而不见，同时也从自己作为金融部门首席辩护者的角色中间接受益。量子经济学将货币置于分析的中心，从而颠覆了这种方法。价格不再被当作效用的衡量标准，而是取决于金融交易中买卖倾向的自然结果。这些倾向反过来又成为与各种主客观因素相混合的产物，并且会受到干涉和纠缠的影响，这可能导致复杂的行为，如阈值效应。货币的独特之处在于，以自己的货币单位计的话，它们有明确的固定价格，而它们的颜色——我们实际上可以用它们购买什么——取决于对货币供应的主观信任。

在这种情况下，最好不要将房地产繁荣这样的事情看作是供求关系的表现，而是货币动态变化的表现。因此，只要政策制定者继续受主流经济学家的影响，而这些经济学家最终（往往是不明智地）代表银行，政策制定者就会竭尽所能地刺激泡沫，制造新的金融核弹来取代旧的。量子经济学为金融权力、债务的双面性、彻底改变的可能性以及货币的裂变性提供了一种新的理解，如果我们要建立一个更公平、更稳定、更可持续的经济，这些都是我们所需要的。

在上述第一点上，量子经济学强调权力的作用，无论是在货币的创造过程中，还是在整个经济中。我们在第 1 章中看到，房地产 – 金融综合体有自己高薪且干劲十足的部队，其中包括房地产经纪人、银行家、律师、经济学家等，可以执行自己的意志——他们可不想听什么类似如何少赚钱，或者如何让客户摆脱债务这样的二十条政策建议。但一旦明白了这一点，我们就可以专注于我们可以改变的事情，从我们对货币和债务的态度开始。

当前的金融系统能持续这么久的一个原因是，我们对其核心放射性物质的危险视而不见。就像镭曾经被认为是无害的，甚至被用来治病一样，经济学家、银行家等人一直是这样兜售债务的：这是一种中性或者积极的东西，就像房地产经纪人所宣扬的，"真正的财富是通过杠杆积累的""你得让钱转起来"。然而，量子经济学分析表明，债务的价值主要是通过强制的力量获得的，因此债务缠身如同一种奴役。《共产党宣言》(*The Communist Manifesto*) 是这样写的："无产者在这个革命中失去的只是锁链。他们获得的将是整个世界！全世界无产者，联合起来！"如今，工人阶级们已经变成了债务奴隶，新的枷锁是由贷款和抵押贷款等金融层面的纠缠组成的，他们的劳动为金融核弹提供了燃料。在这种关系中，货币不再服务于劳动者，而是变为他们的老板。

更普遍地说，量子经济学还可以解放我们的思想，从而想象和发明一种完全不同的经济体系。因为新古典经济学是基于经济可以达到稳定均衡的观点，它的方法只适用于对该均衡的微小偏离。它假定了一个古老的原则：自然不会发生突然的跃迁。因此，它不具备处理重大跃迁的能力，而这些跃迁偏偏是处理结构问题所必需的。例如，气候变化问题无法通过渐进式的变化或不甚明显的行为推动解决，特别是当气候系统已经主动推着我们行动的时候，比如那些失火的国家。正如社会学家卡伦·奥布莱恩（Karen O'Brien）所说，"打个比方，量子社会科学让人们注意到个人如何能够帮助达成'集体影响力'（Collective Impact），如何通过量子跃迁实现可持续发展。"[23]

养老基金等投资主体为了鼓励企业与更大的社会目标保持一致，通常是通过"环境、社会和公司治理"，又叫 ESG 投资（ESG Investing）的方式，即根据可持续性、多样性等对企业进行排名。在加拿大，房地产－金融综合体的得分相当高，而且至少与我们的污染行业——如采矿和石油——相比，被视为企业美德的典范。2021 年，加拿大六大银行甚至将 ESG 投资因子纳入了首席执行官的薪酬框架。但系统来看，这个综合体具有巨大的破坏性，这种破坏性在使用传统指标衡量时甚至都没有表现出来。根据一份报告，自 2015 年巴黎气候协议（The Paris Agreement）达成以来，全球最大的 60 家银行，包括加拿大的银行，已经为化石燃料公司提供了 38000 亿美元的融资，这似乎不太符合 ESG 投资。[24] 气候活动组织 DeSmog 声称，82% 的加拿大银行董事与高碳排放行业有联系，这可能会影响他们的动机。[25] 我们不应该将价格与价值混为一谈，将逐利与理性行为混为一谈，将经济增长与进步混为一谈，并提供 ESG 投资这样的"创口贴"，而是需要通过承认社会与环境的纠缠本质，从头开始取代现有 ESG 投资。

正如量子决策理论所强调的那样，决定行动——进行量子跃迁——是客观和主观力量的混合。改变自己或他人的想法很难，通常是因为我们重新审视问题的方式会引发不同的情绪反应。1947 年，爱因斯坦在接受《大西洋月刊》(The Atlantic) 采访时表示："我认为，原子科学家们已经确信，仅凭逻辑无法引起美国人民对原子时代的真相的关注。"还必须加上作为宗教基本要素的深厚的情感力量。我们希望，不仅是教会，还有学校、学院和主要舆论机构也都能很好地履行它们在这方面的独特责任。[26] 今天，同样的观点也适用于经济学，它还没有直面我们所处的金融化时代的真相。

环境经济学家邓肯·奥斯汀（Duncan Austin）可以在 2020 年写下经济学是如何"陷入还原论的掌控之中，这种还原论已经慢慢从硬科学蔓延到自然科学，再到社会科学……今天，自然科学和许多社会科学正在慢慢放弃狭隘的还原论视角。经济学和金融学仍是还原论最后的堡垒，但结果也是如此，因为这些学科还将继续在很大程度上影响决定我们对世界的态度。我们亟须忘掉 20 世纪的经济和金融基础。"[27] 最好的方法就是学习（或重新学习）数学家和物理学家们在 20 世纪发展的量子观点，它提供了理解经济这种复杂的、纠缠的系统所需的工具，只是由于科学禁忌和金融激励而惨遭闲置。正如量子社会科学家也渐渐发现的那样，除非我们放弃将自己和世界视为机器的观点，否则不会有任何进展。在经济学中，这意味着将理论核心的新古典经济学替换为心理和金融层面纠缠的量子经济学。在科学领域，量子物理学引领并帮助奠定了复杂性革命的基础；经济学正在经历相反的过程，因为在系统层面对复杂性的认识使我们重新审视其基础。

经济学家阿萨德·扎曼（Asad Zaman）在总结经济学家迈克尔·赫德森 2021 年的一场演讲时（也相当于是在总结本书的关键论点）写道："经济学理论纯粹就是一种幻术，最好将其理解为最上层 0.01% 的人的权力投射。它旨在欺骗政策制定者，让他们担心错误的问题，并掩盖真正的问题。如果我们想了解为什么这些绝对不合理并且有违大众自身利益的经济政策能在一个国家经常实行，我们必须了解政治经济学。如果不了解金融游说团体的力量，以及他们运用经济理论来增进自身利益的能力，我们就无法了解世界。要改变政策，我们必须分析权力结构、赢家和输家，并让输家合力建立联盟，传播知识，以对抗金融权力。"但是，要打破这种幻象，获得这种知识，并对抗金融权力，第一步是要理解金融的本质是量子的。

最后，通过揭露货币的魔法，量子经济学可以让人们更好地理解货币，无论它以何种形式存在。在 20 世纪 20 年代早期，适逢量子革命开始显露神奇的量子本质，哈里·胡迪尼给自己设定了一个任务，揭穿欺骗人的千里眼和声称能与死者接触的灵媒。他在 1924 年出版的《幽灵中的魔术师》(*A Magician Among the Spirits*) 一书中公开了他的发现。一个世纪之后，我们需要对经济学做一些类似的事情，剥去货币那些让人震惊、上当的力量——不是通过忽视它，或者对超自然事件视而不见，而是通过观察它是如何起作用的。这样一来，我们就会看到……

* 13.6 秘密 *

读者可能会担心，我在本书的导言中暗示货币的"秘密"是在效仿 2006 年同名的新时代自我成长类畅销书和电影的成功经验，[①]根据这本书和改编的电影，最好的赚钱方式就是把秘密形象化，因为"吸引力法则"(Law of Attraction) 意味着你的想法会成真。这样做显然会把你变成"宇宙中最强大的磁铁！"在机场过安检时带着这种磁性可是会很尴尬。全世界最富有的 1% 的人之所以富有，是因为他们知道这个秘密，当然他们不想让其他人知道。

虽然《秘密》邀请了一些可疑的"量子物理学家"为这些说法添加伪科学的内容，但量子经济学的论点略有不同。富

---

① 《秘密》(*The Secret*) 是 2006 年 Atria Books/Beyond Words 出版的图书，作者是朗达·拜恩 (Rhonda Byrne)。——译者注

有的精英们可能想让你相信，成为富人的诀窍就是考虑吸引资金。要让你不再注意到不平等这一结构性原因，还有比这什么更好的办法吗？

那么，货币的真正秘密是什么（我们能用它致富吗）？当然，我没有什么特殊的神秘知识，但我们至少可以从货币的故事中整理出一些量子线索。过去，经济学家认为货币是劳动或效用的衡量标准，或者只是一种惰性的衡量标准。金银通货主义者（Bullionists，源自拉丁语 bullire，意为"煮沸"）认为秘制调料在一个熔化的金属大锅里，而名目主义者（Chartalists，源自 charta，意为符号或记录）认为秘密是抄写员的记录。这些理论的一个试金石是比特币等网络货币，根据金银通货主义（它不是黄金）、名目主义（它不是政府债务）或传统经济学（它不怎么用作交换手段或记账单位），比特币毫无意义。这就是为什么从艾伦·格林斯潘（Alan Greenspan）到尤金·法玛（Eugene Fama）再到努里尔·鲁比尼（Nouriel Roubini）等主流经济学家长期以来都宣称它毫无价值的原因。

其他理论也存在：将货币描述为记忆的替代品，人类欲望的载体，社会权力的象征性量化，一种叙事手段等。虽然这些理论都抓住了货币的某个方面，但其中很少强调（有时甚至不提）它最明显的特征，即它与数字的联系。正如本书所述，货币更应该被视为具有双重（真实/虚拟）属性的量子实体，而价格则是自然出现的特征。除了货币单位，货币不能直接衡量任何东西，但它可以被视为能量和信息的存储，通过熵的概念将能量和信息关联起来。因此，货币远不像经济学教科书中通常描述的那样，是一个被动的衡量标准。

货币本身得名的原因在于，罗马铸币最初是在朱诺·莫内塔（Juno Moneta）的神庙里铸造的。朱诺是婚姻女神，与青春和活力联系在一起，但她经常被描绘成有很好战的一面，被视为社群的守护者。鉴于货币是软与硬的结合，它与能量和创造力的联系，以及它的军事造诣，这个名字似乎很合适。但这仍然没有完全解释清楚为何货币在我们的生活中如此重要。

围绕它神奇的魔力，我们再举最后一个例子，看看委内瑞拉的"金币农夫"（Gold Farmer）。这些人大多是年轻人，他们玩电子游戏，可以获得虚拟金币、游戏点数、角色升级或虚拟城市中的虚拟土地等奖励，他们可以将这些虚拟土地以真正的货币（也就是比特币）出售给其他玩家。他们更喜欢像 Tibia 和 RuneScape 这样的老游戏，因为这些游戏仍然有很多玩家，而且委内瑞拉的网络连接太慢，不稳定，不适合最新的游戏。这些"农夫"一天可能只赚几美元，但这让他们比大多数以贬值的国家货币为工资的人过得更好。其中一个人是一位 20 多岁的年轻人，他在工作日也忙着砍杀虚拟的牛头怪，在接受彭博社（Bloomberg）的采访时他将自己的一天描述为"狩猎，杀戮，点击，重复"。还有一个人说，为了养活妻子和孩子，他一周玩七天，"作为一家之主，应该由我来支付各项生活费。"他的妻子起初不赞成他玩游戏，但她说："他挣钱呢，我能说什么。"

正如弗雷德里克·索迪所强调的那样，这再次说明了货币的双重（真实/虚拟）本质和量子经济学。一方面，它是虚拟的——杀死牛头怪获得积分，并将其投资于"虚拟地产"，这与现实世界无关——但另一方面，它确实为人们提供了食物。

然而，它也让人们注意到货币的另一个方面，以及金融核弹的终极力量来源，那就是，货币利用了宇宙本质中非常深层的东西——即现实是一种魔术。

* 13.7　消极魔法 *

例如，想想现实和电子游戏之间的相似性。虚拟现实游戏已经达到了这样一种程度，即人们可能会误以为自己在游戏中所看到的东西就是现实。想象一下一百年后的游戏会是什么样子，那时可能就会是在量子计算机上玩游戏了。根据哲学家尼克·博斯特罗姆（Nick Bostrom）的说法，事实上，未来的游戏可能复杂到在其中四处奔跑的游戏小人实际上是有意识的。[28] 由于可以进行的模拟既便宜又丰富，我们认为周围很可能都是模拟的人，而不是原始的生物学意义的人，这种想法完全是合乎情理的。在这种情况下，这些金币农夫就是在玩"现实"中的游戏。

这种所谓的"模拟假说"（Simulation Hypothesis），即没有什么是真实的，都是虚构的，被许多聪明人当了真，包括埃隆·马斯克（Elon Musk），他很可能就用这种假说来让特斯拉（Tesla）的股价合理化的。所以这不是我本人编造的。

就我个人而言，我希望我们不只是未来青少年手机上的应用程序，但重点是，至少在原则上，我们可能就只是模拟。毕竟，我们以为自己是通过感官体验一切，但实际上并非如此——我们从自己周围的世界得到一些提示，然后大脑根据之前的经验进行预测从而补充其余信息，把印象与刚发生的东西混装在一起形成连贯的记忆。例如，在感官感知方面，眼睛可能是我们的主要资产，但它们只能清楚地看到一小点，其余的分辨率非常低。在某种程度上，眼睛通过快速移动扫描场景来进行补偿；但纽约州立大学州南部医学中心（SUNY Downstate Medical Center）的神经科学专家斯蒂芬·马克尼克（Stephen Macknik）坦言："几乎所有你看到的东西——99%以上——都是你的大脑捏造出来的。这是对实际发生的事情的估计。"[29] 现实和虚拟相互混淆了。

因此，大脑很容易被愚弄，这一点可以从行为心理学家和魔术师都喜欢的认知故障中看出来。[30] 大多数决定都是无意识做出的，我们自诩的理性力量更多是用来编造一个围绕我们经历的连贯故事，并维持一个稳定的自我意识，而不是进行理性的论证。大脑不仅会忽略，还会积极地抑制与这种描述不相符的信息。因此，意识本身就包括了产生幻觉；假如世界是一个虚拟现实游戏，我们会坚定不移地接受它。注意，这跟一个生物学家所解释的还原论的观点可不一样,根据还原论,"自由意志基因"巧妙创造出如同"相信魔法"的错觉,从而提供了"负责任的错觉这一进化优势"——好像只有基因才是真实的。[31]

任何游戏都需要一种计分方法,而货币在游戏中如此有效的原因是,它利用了这种创造幻觉的心理机制。再说一遍,货币将主观价值瓦解成一个硬性数字的把戏并不是我们发明的新东西,而是可以被视为人类大脑双侧结构,即左右半脑由各自的特点所决定的。同样的现象当然也存在于现实的波/粒子双重本质中,测量它是通过将一个波函数坍缩为一个精确的数字来实现的(对于货币而言,权力的争夺在于我们将使用谁的数字)。事实上,货币很好地融入了我们的心理过程,并利用了这种无意识,这意味着它们似乎是无害的、自然的,但却极其吸引人乃至迷人。而经济学是我们专门讲的一个故事,好让一切都有意义,并让人们注意不到经济学理论的基础设施存在的任何故障,"是的,房价是某某万美元。它反映了供求关系、人口压力和当前的市场现实——除非你来自外太空。"

不过,好消息是,我们可以控制货币幻术,因为这是我们发明的,所以,如果我们想要改变自己的行为,那么最好的方法就是改变游戏规则。第一步是对货币进行长期的、严格的审查——并意识到没有什么只有超级富豪才知道的秘密,或者一旦发现就能让你变得富有的秘密。它实际上是非常透明的。

货币是一种强大的社会技术,正如我们所看到的,在过去的几千年里，它已经显示出了表演精彩又迷人的魔法的能力，包括帮助开启了神奇的人类活动兴盛期，帮助人类文明的建设等。尤其是它能通过干涉使人目眩神迷进而催眠控制人的思维，其方式总是令人意外又有趣。由未来的子孙后代或路过的UFO组成的观众将会惊讶于它（借助它的家族成员，那些聚在一起的新古典经济学的闲谈者）让我们真的相信，人类是理性的，不受束缚的，市场是有效的，高利贷竟会是一件美妙的事情；当我们陷入环境危机时，通过能源消耗或GDP衡量我们的成功竟会是一种合适的策略；最重要的是，货币本身并没有什么特别之处，只是一种被动的、惰性的交换媒介。虽然货币是一种魔法，但它是真正的魔法——宇宙魔法——的廉价复制品。一位作家曾经说过，"成年意味着承认魔法不存在"，但实际上，这意味着我们不再承认存在的魔力。货币恰恰与之相反，因为它把所有东西都简化为千篇一律的数字，分散了观众的注意力。它用金融纽带取代了社会纽带。它让我们依赖它的同时又给了我们自己是独立的这种错觉。货币是一种量子技术，却让我们用经典逻辑来思考它。它到处渗透，无处不在。因此，货币是一种消极的魔法，不仅仅是在禁忌意义上，还因为——如果不当使用——它会改变我们的想法，祸乱我们的仁爱之心，并赶走生活中真正的魔法，即对这个世界带给我们的惊喜和愉悦的感知。事实上，有些人认为只要最大限度地利用货币或运用货币，我们面临的问题就会如魔法般得以解决，这正是货币最伟大的魔法。

注释

1 Fermi, L. (1954), "Success". In: Martin Gardner, ed. (1984) *The Sacred Beetle and Other Great Essays in Science*. Oxford: Oxford University Press.

2 Anonymous (23 November 1954), "Enrico Fermi dead at 53; Architect of atomic bomb". *The New York Times*.

3 Apollodorus (1921), *Apollodorus, The Library*, with an English Translation by Sir James George Frazer, F.B.A., F.R.S. in 2 Volumes. Cambridge, MA: Harvard University Press.

4 De Bruin, B., Herzog, L., O'Neill, M., and Sandberg, J. (2020), "Philosophy of Money and Finance". *The Stanford Encyclopedia of Philosophy* (Winter 2020 Edition), Edward N. Zalta (ed.).

5 Aristotle, *Politics*.

6 Gold, K. (28 April 2021), "In Vancouver and Toronto, as many as 1 in 5 homeowners own more than one property". *The Globe and Mail*.

7 Davies, H. (18 October 2020), "Revealed: Sheikh Khalifa's £5bn London property empire". *Guardian*.

8 UK Green Building Council (2021), "Climate change". https://www.ukgbc.org/climate-change/.

9 IEA (2019), *Fuel Economy in Major Car Markets*, IEA, Paris https://

www.iea.org/reports/fuel-economy-in-major-car-markets.

10 Elhacham, E., Ben-Uri, L., Grozovski, J., et al. (2020), "Global humanmade mass exceeds all living biomass". *Nature*.

11 Anonymous (16 July 2009), "Efficiency and beyond". *Economist*.

12 Collum, D. (2020), "2020 Year in Review. Peak Prosperity".

13 Indset, A. (2020), *The Q-Economy: Saving the Mensch with Humanistic Capitalism*. Berlin: Econ.

14 Vague, R. (2020), "It's Time for a Debt 'Jubilee'". Hudson, M. (2020), "Jubilee Perspectives with Steve Keen".

15 英国央行首席经济学家安迪·霍尔丹(Andy Haldane)称通货膨胀为"被央行抓住尾巴的老虎"。Haldane, A. (26 February 2021), "Inflation: A Tiger by the Tail?".

16 2021年，加拿大有一场类似的请愿活动。

17 OECD (2020), *Beyond Growth: Towards a New Economic Approach*, in New Approaches to Economic Challenges series. Paris: OECD Publishing.

18 Dearden, N. (14 October 2020), "It's Official, The Global Economy Is a 'Debtor's Prison'". *New Internationalist*.

19 Kronick, J .and Laurin, A. (3 April 2021), "Why taxing capital gains won't cool the housing market". *The Globe and Mail*.

20 Taylor, M. (5 April 2021), "Extinction Rebellion to step up campaign

against banking system". *Guardian.*

21 Watling, C. (18 March 2021), "Time for a great reset of the financial system". *Financial Times.*

22 Lietaer, B. (2000), "The Mystery of Money, Beyond Greed and Scarcity".

23 O'Brien, K. (2016), "Climate change and social transformations: Is it time for a quantum leap?". *WIREs Climate Change* 7(5): 618-626.

24 Orland, K. (18 March 2021), "Canadian banks tie CEO pay to ESG, setting them apart from the crowd". Bloomberg News. Rainforest Action Network (2021), "Banking on climate chaos". https://www.ran.org/ bankingonclimatechaos2021/#score-card-panel.

25 Holden, E. and Atkin, E. (7 April 2021), "Banks pledge to fight climate crisis-but their boards have deep links with fossil fuels". *Guardian.* Cooke, P., Sherrington, R. and Hopeon, M. (2021), "Revealed: The Climate-Conflicted Directors Leading the World's Top Banks".

26 Einstein, A. (November 1947), "Atomic War or Peace". *Atlantic.*

27 Austin, D. (14 September 2020), "Milton Friedman's hazardous feedback loop". *Responsible Investor.*

28 Bostrom, N. (2003), "Are You Living in a Computer Simulation?" *Philosophical Quarterly* 53(211): 243-255.

29 Hurt, A. (5 April 2021), "What Magic Can Teach Us About the Human Mind". *Discover.*

30 Macknik, S. and Martinez-Conde, S. (2011), *Sleights of Mind: What the Neuroscience of Magic Reveals about Our Everyday Deceptions.* London: Profile.

31 Zyga, L. (3 March 2010), "Free will is an illusion, biologist says". *Phys.org.*

延伸阅读

量子经济学是一个新领域，所以大多数研究是以专业论文的形式体现的（本书中引用了很多），但也有一些相关领域的书籍，包括量子社会科学、量子认知和量子金融。

第一本围绕量子社会科学的书可能是丹娜·左哈尔的《量子自我》（Flamingo 出版社，1990 年）。左哈尔的书借鉴了物理学家罗杰·彭罗斯等人的研究，彭罗斯认为心理现象最终是基于大脑内部的量子过程，这本书将心理学和社会行为与量子物质的行为联系了起来。1993 年，左哈尔与伊恩·马歇尔合著了《量子社会》一书，之后又出版了一系列关于如何将量子原理应用于管理等领域的书籍。

亚历山大·温特的《量子心灵与社会科学》（剑桥大学出版社，Cambridge University Press，2015 年）旨在为社会科学构建量子本体论，这本书为量子社会科学这一主题提供了一个更加学术但仍然容易理解的观点。牛津大学出版社（Oxford University Press）定于 2022 年出版由詹姆斯·德·代元（James Der Derian）和温特负责编辑的论文集，书名暂定为《量子国际关系：世界政治的人文科学》（*Quantum International Relations: A Human*

Science for World Politics）。

虽然这些书在量子物理学和人类行为之间建立了明确的联系，但许多量子认知研究人员专注于使用量子数学来模拟认知现象，如不兼容的概念之间的干涉。量子金融的相关领域把来自量子物理学的技术用于分析市场行为。这些领域的大多数出版物专业性都很强，主要面向学术界的受众。杰尔姆·布斯迈尔（Jerome Busemeyer）和彼得·布鲁扎（Peter Bruza）合著了《认知与决策的量子模式》（*Quantum Models of Cognition and Decision*，剑桥大学出版社，2014年）一书，对量子认知进行了很好的介绍。从物理学家转行为证券交易员的杰克·扎尔基西安写了《量子市场：市场微观结构的物理理论》（*Quantum Markets: Physical Theory of Market Microstructure*，高等科学出版社，Advanced Scientific Publishing，2020年）一书，书中对量子金融的介绍很有价值。

在本书以及我之前的书《人类货币史》（*Evolution of Money*，哥伦比亚大学出版社，Columbia University Press，2016年）[与罗曼·克鲁帕提（Roman Chlupaty）合著]，以及在《量子货币》（Icon Books出版社，2018年）中概述了相关的方法，其灵感并非来自量子物理学，更多是来自量子数学对货币交易研究显而易见的适用性。我在《量子经济和金融：应用数学入门》（第二版，Panda Ohana出版社，2021年）中介绍了数学细节，以及与量子计算的联系。

本书还借鉴了我在各种期刊上发表的研究，包括 *Physica A*（物理学）、《安全对话》（*Security Dialogue*，国际关系）、《经济思想》（*Economic Thought*）、《量子报告》（*Quantum Reports*）、《人工智能前沿》（*Frontiers in Artificial Intelligence*）和《威尔莫特》（量化金融）。